经济思想史视域下
中国分配制度演化研究

Research on the Evolution of
China's Distribution System from the
Perspective of
History of Economic Thought

赵麦茹　何爱平　著

社会科学文献出版社
SOCIAL SCIENCES ACADEMIC PRESS (CHINA)

教育部哲学社会科学研究重大课题攻关项目"中国特色社会主义政治经济学理论与实践研究"（20JZD005）成果

目　　录

第一章　导论···1

　　第一节　研究背景与研究意义·····················1

　　第二节　研究思路与研究方法·····················8

　　第三节　研究内容与研究框架····················10

　　第四节　主要贡献·······························15

第二章　文献综述与理论基础··························16

　　第一节　文献综述·······························16

　　第二节　理论基础·······························26

第三章　经济思想史视阈下百年分配制度演化的理论分析···54

　　第一节　经济思想史视阈下百年分配制度的演化机制···54

　　第二节　经济思想史视域下百年分配制度的演化脉络···59

第四章　1921~1949 年：新民主主义革命时期分配制度的演化···73

　　第一节　新民主主义革命时期各阶段的时代背景····73

　　第二节　新民主主义革命时期分配思想的演化·····80

　　第三节　新民主主义革命时期分配制度的演化·····87

　　第四节　新民主主义革命时期的分配实践及影响···110

　　第五节　本章小结······························130

第五章　1949~1978年： 社会主义革命和建设时期分配制度的演化
　　…………………………………………………………… 134
　　第一节　社会主义革命和建设时期分配制度演化的时代背景……… 134
　　第二节　社会主义革命和建设时期分配思想的演化……… 140
　　第三节　社会主义革命和建设时期分配制度的演化……… 149
　　第四节　社会主义革命和建设时期的分配实践及影响……… 167
　　第五节　本章小结………………………………………… 180

第六章　1978~2012年： 改革开放和社会主义现代化建设新时期分配
　　　　　制度的演化…………………………………………… 183
　　第一节　改革开放和社会主义现代化建设新时期分配制度演化的
　　　　　　时代背景………………………………………… 183
　　第二节　改革开放和社会主义现代化建设新时期分配思想的演化
　　　　　　………………………………………………… 185
　　第三节　改革开放和社会主义现代化建设新时期分配制度的演化
　　　　　　………………………………………………… 192
　　第四节　改革开放和社会主义现代化建设新时期的分配实践及影响
　　　　　　………………………………………………… 205
　　第五节　本章小结………………………………………… 216

第七章　2012年至今： 中国特色社会主义新时代分配制度的
　　　　　进一步优化…………………………………………… 220
　　第一节　时代背景：中国迈入高质量发展阶段……… 220
　　第二节　中国特色社会主义新时代分配思想侧重点：共享共富…… 224
　　第三节　中国特色社会主义新时代分配制度：不断完善的制度体系
　　　　　　………………………………………………… 233
　　第四节　中国特色社会主义新时代的分配实践及影响……… 246
　　第五节　本章小结………………………………………… 254

第八章　经济思想史视阈下百年分配制度演化的特点、逻辑
　　　　及其现实影响 ·· 257
　　第一节　百年分配制度的演化特点 ···························· 257
　　第二节　百年分配制度演化的历史逻辑、理论逻辑与实践逻辑····· 263
　　第三节　百年分配制度演化的理论与实践意义 ················· 268

参考文献 ·· 277

后　记 ·· 288

第一章

导论

第一节　研究背景与研究意义

一　研究背景

2021 年中国共产党迎来建党 100 周年。从 1921 年成立至今，中国共产党一路风雨兼程、筚路蓝缕，历经各种考验，经过不懈的艰苦奋斗，终于在党的十八大后带领中国迈入中国特色社会主义新时代，并正带领我们国家向全面建成社会主义现代化强国这个目标努力，为实现中华民族伟大复兴的初心使命而不断实践。在此期间，中国共产党团结带领全国各族人民取得了新民主主义革命的伟大胜利，建立了社会主义制度，开辟了中国特色社会主义道路，使中华民族迎来了从站起来、富起来到强起来的伟大飞跃，创造了中华民族发展史、人类社会进步史上令人刮目相看的奇迹。在社会主要矛盾发生历史性转变的同时，我国也进入了高质量发展阶段，制度优势越发凸显、治理能效逐步提升、经济发展稳中求进。截至 2021 年，我国已全面建成小康社会、实现第一个百年奋斗目标；脱贫攻坚战取得了全面胜利，9899 万农村贫困人口全部脱贫，832 个贫困县全部摘帽，12.8 万个贫困村全部出列，区域性整体贫困得到解决，完成了消除绝对贫困的艰巨任务[①]；人均 GDP 从新中国成立初期的 23 美元提高至 12551

————

[①]　习近平：《在全国脱贫攻坚总结表彰大会上的讲话》，《求知》2021 年第 3 期，第 4~10 页。

美元，名义增长约 545 倍①。

经过 40 多年的改革开放，进入新时代以来，由于人民生活实现了从贫困到温饱和从温饱到全面小康的历史性跨越，所以我国社会主要矛盾发生了新的转化，由人民日益增长的物质文化需要同落后的社会生产之间的矛盾转化为人民日益增长的美好生活需要和不平衡不充分的发展之间的矛盾。从基尼系数来看，2020 年全部居民收入基尼系数为 0.468，相较于 2015 年的 0.462 有所提高，在一定程度上反映了我国收入分配差距有扩大迹象；从区域结构来看，东西部地区收入差距巨大，2020 年北京、上海人均可支配收入均达到 7 万元，而全国尚有 20 个省级行政区人均可支配收入不足 3 万元，甘肃人均可支配收入仅 20335 元，不足上海的三成②。

针对不平衡不充分发展及分配不均这一重大问题，中国共产党始终坚持以人民为中心的立场，不断强化及完善分配政策。党的十八大报告提出"初次分配和再分配都要兼顾效率和公平，再分配更加注重公平"的改革思路；党的十九大报告提出"坚持在经济增长的同时实现居民收入同步增长、在劳动生产率提高的同时实现劳动报酬同步提高"；党的十九届四中全会通过的《中共中央关于坚持和完善中国特色社会主义制度　推进国家治理体系和治理能力现代化若干重大问题的决定》（简称《决定》），首次明确将"按劳分配为主体、多种分配方式并存"的分配制度上升至社会主义基本经济制度；党的十九届五中全会发布的《国民经济和社会发展第十四个五年规划和 2035 年远景目标纲要》（简称《纲要》），提出"探索通过土地、资本等要素使用权、收益权增加中低收入群体要素收入"；2021 年的中央财经委员会第十次会议、2022 年世界经济论坛视频会议及中共中央政治局第二十八次集体学习时，习近平总书记均强调并明确为达到共同富裕，需要通过合理的分配制度把发展成果更多更公平地惠及全体人民。近年来党中央围绕分配问题的密集表述见图 1-1。

当前，国际形势复杂多变，国际体系深刻调整，大国博弈空前激烈，各种矛盾错综交织。传统热点纷争挥之不去，非传统安全问题进一步显

---

① 数据来源：国家统计局。
② 数据来源：国家统计局。

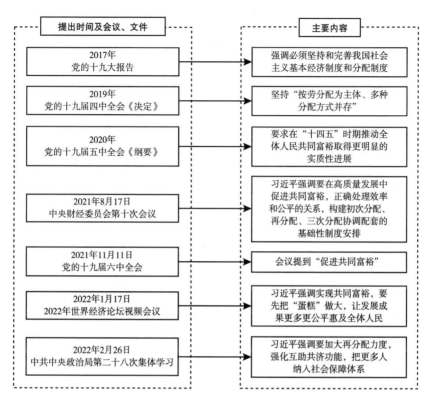

图1-1　近年来党中央围绕分配问题的密集表述

现。单边主义、保护主义、霸权主义盛行，全球治理赤字、信任赤字、和平赤字、发展赤字有增无减。世界大变局正在向纵深发展，大国关系深度调整，国际秩序受到严重冲击，国际社会面临诸多跨国性和全球性问题的挑战。国内方面经济已经基本恢复至疫情发生前的常态水平，GDP增速进入5%时代，以人脸识别、机器学习、大数据分析为代表的数字科技发展迅猛。尽管中国长期发展的基本面向好，但新的挑战和风险也不断出现，特别是2020年以来受国际环境更趋复杂严峻和国内疫情冲击明显的超预期影响，经济下行压力进一步加大。因此，我国仍然面临贫富差距不断扩大、城乡居民收入水平日益悬殊、收入分配结构不尽合理、各种社会矛盾越发凸显等问题。面对众多艰巨的改革任务，我国收入分配制度改革的方向和原则应该何去何从？如何通过制度建设缩小群众、地区间的贫富差距来促进共同富裕？以史为鉴，可以知兴替。本书重在梳理总结百年来中国共产党分配制度的演化过程，并分析凝练分配制度演化的规律与特点，对于已实现第一个百年奋斗目标、全面建成小康社会、历史性解决绝对贫困问题的当前中国而言，这一工作的必要性不言而喻。

二　研究意义

中国共产党成立百年来，以为人民谋幸福、为民族谋复兴为初心和使命，团结带领人民一直致力于消灭不公平的分配制度，构建起以共同富裕为目标的分配制度，通过中国特色社会主义的分配体制和分配机制不断提高人民生活水平。本书在经济思想史视域下深入研究中国共产党百年分配制度发展历程，并在此基础上总结改革进程中取得的成就和经验，不仅有利于正确认识我国收入分配问题，还有利于更好地健全和完善我国的基本经济制度，为实现共同富裕的目标做出指导，具有深刻的理论意义和现实意义。

（一）理论意义

第一，以经济思想史视域研究中国共产党百年分配制度演化，有利于马克思主义收入分配理论的不断创新与发展。马克思主义的收入分配理论，包括按劳分配理论、按劳分配与按要素贡献分配相结合理论、社会保障理论、公平正义理论等，这些理论为中国历代马克思主义研究者的研究提供了深厚的理论基础，尤其是在中国共产党的带领下，使我们的国家长期受马克思主义思想的熏陶并使其实现深化和发展。收入分配理论不是一成不变的，马克思指出，"一定的分配关系只是历史地规定的生产关系的表现"[1]，随着社会和时代的进步，收入分配理论也在不断发展并与之相适应。中国共产党的收入分配理论创新，从建党初期的新民主主义革命到当今的习近平新时代中国特色社会主义，坚持把马克思主义收入分配理论同中国具体实际相结合，坚持实践是检验真理的唯一标准，是一个自觉适应历史任务变化和历史阶段演进的历史过程。因此，深入理解中国共产党领导下收入分配的理论发展历程，对马克思主义收入分配理论中国化有着重大实践价值。

---

[1] 《马克思恩格斯文集》第7卷，人民出版社，2009，第998页。

第二，以经济思想史视域研究中国共产党百年分配制度演化，有利于探索和揭示中国特色社会主义的收入分配规律并深刻理解和认识社会主义的再生产规律。分配关系与生产关系密不可分，分配制度的发展反映了生产关系的变革。在马克思主义经济运行的生产、分配、交换、消费四个环节中，分配是指社会的经济资源的配置过程，主要是指劳动力、资金或资本等资源的分配，是以分工为前提的社会生产按比例进行的物质条件，是与广大人民群众利益联系最为紧密且直接的环节。马克思指出"分配并不仅仅是生产和交换的消极的产物；它反过来也影响生产和交换"①。这表明分配不单是一个经济学问题，它不仅关系到分配的利益，还涉及下一步通过交换提高社会再生产能力的问题。中国共产党领导下的百年收入分配制度改革，极大地提高了广大群众的利益，同时也使得生产力不断提高，进而反作用于交换、消费，再到下一阶段的再生产过程，这使得我们能更好地对收入分配规律进行观察并总结经验，为我国现阶段的分配制度改革提供指导。

第三，以经济思想史视域研究中国共产党百年分配制度演化，有利于促进中国特色社会主义政治经济学的理论创新。目前我国研究社会经济问题所依据的理论体系主要来源于西方经济学体系和马克思主义政治经济学体系。由于西方经济学理论是以服务于西方资本主义制度为出发点的，致力于维护少数资产阶级利益，所以它所秉持的立场和观点与我国社会主义市场经济相悖，因此我们不能将其作为指导思想而只能进行学习借鉴。马克思主义收入分配理论的立场和观点均是以维护广大劳动者利益为出发点，与我国社会主义发展目标相吻合，但马克思和恩格斯的收入分配理论是在资本主义市场经济的背景下提出的，并没有提供社会主义市场经济制度下的收入分配理论。中国共产党领导下的百年分配制度改革，不仅完善了我国收入分配制度的内容，还为我国基本经济制度的内容添砖加瓦。因此为促进中国特色社会主义政治经济学的发展，应在我国社会主义实践中对收入分配理论进行进一步的研究和探索。

（二）现实意义

第一，以经济思想史视域研究中国共产党百年分配制度演化，有利于

---

① 《马克思恩格斯全集》第 26 卷，人民出版社，2014，第 156 页。

更好地实现共同富裕的目标。从新民主主义革命时期的底蕴启蒙、社会主义革命和建设时期的初步探索、改革开放和社会主义现代化建设新时期的创新发展到中国特色社会主义新时代的推进深化，从探索消灭生产资料私有制下的分配制度，到推动生产力发展从而满足人民利益要求的分配制度变革，再到以实现共同富裕为目标的分配制度①，这四个时期的分配思想、分配制度的变革表明中国共产党在理论和实践上都深入探索和落实有利于人民群众利益的分配机制与分配制度。这体现了中国共产党为人民群众谋利益、全心全意为人民服务思想的先进性，也为现阶段以共同富裕为目标的分配制度变革提供了深刻的实践经验支撑。

第二，以经济思想史视域研究中国共产党百年分配制度演化，有利于更好地解决当前我国的主要矛盾。随着建党以来百年的发展，我国社会主要矛盾经历了四个阶段的演化。首先，在中国共产党成立初期我国处于半殖民地半封建社会，社会的主要矛盾表现为各阶级之间的斗争，随着日本帝国主义在九一八事变后入侵，我国的主要矛盾转化为中华民族和日本帝国主义之间的矛盾。其次，新中国建立后我国开始进行社会主义建设的探索，此时社会主要矛盾变为人民对于建立先进的工业国的要求同落后的农业国的现实之间的矛盾。再次，到1978年改革开放，我国社会主要矛盾转变为人民日益增长的物质文化需要同落后的社会生产之间的矛盾。最后，到2017年我国国民经济发展水平已经得到了大幅提升，习近平总书记在党的十九大上提出，我国社会主要矛盾已经是人民日益增长的美好生活需要和不平衡不充分的发展之间的矛盾。以史为鉴，可以知兴替，以往每个时期主要矛盾的解决都与中国共产党适时的正确分配制度及其实践不无关系。以上四个时期的主要矛盾即人民需要和社会生产都发生了深刻的变化，研究以往历次主要矛盾的解决及解决过程中的分配制度及其实践规律，有利于当前我国主要矛盾的解决。在进入新时代之前，我国收入分配制度先是消灭了剥削，使得广大人民群众当家做主，接着是初步建立按劳分配制度来提高生产力，最后是利用按劳分配为主、多种分配方式并存的分配制度，解决

---

① 韩喜平、何况：《中国共产党百年分配制度变革及其人民立场》，《经济纵横》2021年第5期，第1~8页。

经济发展的动力问题。在进入新时代后，一方面我国已经全面建成小康社会，人民对美好生活的需要日益增强，另一方面我国人均 GDP 已从 1978 年的 156 美元逐步跃升至 2021 年的 12551 美元，这是三次分配机制的不断改革、完善取得的良好成效。在当今国际复杂局势的影响下，我国经济下行压力加大，研究过往面对主要矛盾时相关收入分配制度的改革经验，有助于为我们当前的复杂局势和发展不平衡不充分的问题提供解决方案，也是有效提高广大劳动者的收入并更多共享发展成果的内在要求。

第三，以经济思想史视域研究中国共产党百年分配制度演化，有利于促进我国经济高质量发展。高质量发展下的收入分配制度应该追求更加公平的收入分配，即立足于发展，努力在高质量发展中逐步缩小区域、城乡、居民收入和财富差距，这是走向共同富裕的必由之路，也是中国共产党百年来始终坚持马克思主义基本原理与中国具体实际相结合，探索出的一条中国特色的共同富裕之路。中国共产党自成立之初就在为保障和改善最广大人民的根本利益、为中国人民谋幸福做出努力的探索实践。新民主主义革命时期中国共产党制定了致力于消灭剥削的分配制度，并最终在解放战争后通过"按人口平均分配土地"彻底打破陈旧的分配制度，彻底消灭了剥削与压迫；社会主义革命和建设时期中国共产党在三大改造的基础上建立了保障人民当家做主的分配制度，为随后的社会主义建设提供了实践经验与警示；改革开放和社会主义现代化建设新时期，随着社会主义市场经济体制的确立，中国共产党依据国情将分配制度调整为以按劳分配为主、多种分配方式并存，形成了既有利于生产力提高，又能有效平衡公平与效率、促进共同富裕实现的社会主义初级阶段的分配制度体系；中国特色社会主义新时代中国共产党构建起保障人民共享改革发展成果的分配制度，保证多种分配方式更加公平和高效。中国共产党成立百年来对收入分配的改革，使我国取得了综合国力由积贫积弱走向国强民富、经济结构由落后失衡变为协调发展、人民生活由温饱不足迈向全面小康、基础设施从瓶颈制约变为坚实保障的伟大成就。当今我国经济发展面临需求收缩、供给冲击、预期转弱三重压力，困难和风险增多，而研究过去分配制度的发展历程，对解决当下所面临的问题和今后我国高质量发展过程中共同富裕目标的实现具有重要的现实意义。

第二节　研究思路与研究方法

一　研究思路

本书的研究思路为"文献梳理—理论基础及机制分析—内容剖析—当代意义",结合历史长视角,主要阐述经济思想史视阈下中国共产党百年分配制度演化的内容,并对制度演化特点和影响做出总结。

首先,文献梳理。对研究所参考的相关文献做出介绍和梳理,即一些学者对我国各个时期中国共产党的分配思想、分配制度的认识,总结前人研究的不足并引出本书对中国共产党成立百年来的收入分配制度总结概括的重要性。

其次,理论基础及机制分析。理论工具为马克思主义收入分配思想、马克思社会存在与社会意识的辩证思想以及马克思主义的制度及制度变迁思想。理论机制为社会存在决定社会意识,即社会主要矛盾、中国共产党的政治语境等主要内容决定中国共产党各个时期的分配思想;社会意识反作用于社会存在,即在分配思想的指导下,相应的分配制度形成,进而在社会实践中影响社会主要矛盾及中国共产党的现实处境;新的社会存在又会产生新的社会意识,如此往返不已。

再次,内容剖析。阐述中国共产党成立百年来对我国收入分配制度所做出的探索与成就,对新民主主义革命时期(1921~1949年)、社会主义革命和建设时期(1949~1978年)、改革开放和社会主义现代化建设新时期(1978~2012年)、中国特色社会主义新时代(2012年至今)四个阶段中国共产党的分配制度演化进行梳理与分析,将中国共产党百年来分配制度的演化分别在每一时期都按照"时代背景—分配思想—分配制度—实践及影响"的思路进行研究。着重阐述在新民主主义革命时期、社会主义革命和建设时期、改革开放和社会主义现代化建设新时期以及中国特色社会主义新时代,中国共产党在不同社会历史背景下分配思想与分配制度演化的历史脉络及分配实践的推进及影响。重点介绍从建立消灭剥削的分配制度到建立保障人民当家做主的分配制度,再到建立改善人民生活的分配制度,最终到如今建立保障人民共享改革发展成果的分配制度的整个过程。

最后，当代意义。总结分配制度百年演化的特点和现实影响，利用历史经验为我国今后收入分配制度改革提供理论基础和思想前提。

二　研究方法

本书站在历史的角度利用社会存在和社会意识之间的相互作用关系阐述百年来中国共产党带领下我国分配制度的演化历程。主要采用思想史和社会史相结合的研究方法、制度分析法、案例分析法以及多学科交叉分析法分析我国收入分配制度的历史演化过程及其对社会产生的影响，并在此基础上总结历史经验，为我国进一步缩小各方面收入差距，进一步实现共同富裕提供参考指导。

（一）思想史和社会史相结合的研究方法

经济思想史视阈的长时段剖析不同于其他研究视角的静态剖析，且任何思想的产生都离不开其所处的社会背景。本书重在把思想史与社会史结合，以此来深刻阐释中国共产党百年分配思想与社会背景的互动，并基于社会存在决定社会意识、社会意识反作用于社会存在的马克思主义意识形态理论，对中国共产党百年分配思想与社会背景的动态演化机制、演化过程、演化内容进行细致梳理与分析。

（二）制度分析法

基于马克思主义制度理论及诺斯制度变迁理论，分析中国共产党百年分配制度演化的内容、特点、逻辑及规律。通过构建"社会背景—分配思想—分配制度—分配实践—新社会背景……"的分析框架，把分配制度的演化置于生产力与生产关系的动态演化与相互影响的过程之中，并将产权、国家与意识形态三位一体的制度变迁理论有机融入分析过程之中，凸显中国共产党百年分配制度演化的动态性、系统性与复杂性。

（三）案例分析法

以中国共产党百年分配制度演化过程中每个层面、每个阶段处于关键时间节点的典型案例，分析中国共产党百年分配制度演化的时代特征。抓住四个历史时段初次分配、再分配、三次分配等三个层面的典型案例，通过安徽小岗村的家庭联产承包责任制、1994年分税制改革、腾讯"99公益日"等案例，分析中国共产党百年分配制度的动态叠加效果与社会影响。

（四）多学科交叉分析法

结合政治经济学、西方经济学、经济思想史、历史学等多学科的分析工具与范式，从多维度对中国共产党百年分配制度的演化进行系统性分析。以经济思想史视阈分析中国共产党百年分配制度演化，这一分析主题决定了其所涉猎与囊括的学科较多。多学科交叉分析法将分析对象置于多种学科分析范式的共同聚焦点，有助于对研究对象进行全方位深度考察。本书同时借鉴马克思主义政治经济学的生产力生产关系分析范式、西方经济学诺斯的三位一体制度分析范式、经济思想史的思想与社会互动分析范式、历史学的历时性共时性时空分析范式，聚焦并揭示中国共产党百年分配制度演化的深层逻辑与机理。

第三节　研究内容与研究框架

一　研究内容

本书主要研究中国共产党百年分配制度的演化，由八个部分构成，其中第四、五、六、七章为核心内容。

第一章：导论。本章包括四个方面：一是研究背景及意义；二是介绍研究所采用的思路与方法；三是研究的内容及框架；四是研究的创新之处及贡献。

第二章：文献综述与理论基础。本章包括两个方面：一是相关文献综述；二是马克思主义收入分配思想、马克思主义的社会存在与社会意识辩证思想以及马克思主义的制度及制度变迁思想。在文献综述方面主要对中国共产党成立百年来分配思想和制度演进的阶段划分、背景与实践、逻辑及特点、经验启示的学术论文及相关文件进行搜集梳理。理论基础方面从基础与内涵、思想的核心等角度介绍马克思主义的收入分配思想和社会存在与社会意识之间的对立统一关系，为全书理论分析部分提供分析工具；然后介绍马克思主义的制度及制度变迁思想，利用马克思经典著作纠正大部分学者认为马克思主义思想在这方面空缺的误解。

第三章：理论分析。利用社会意识和社会存在之间的关系作为全书理论分析的工具。中国共产党百年来在不同的历史背景下，对当时的社会存在进行了深入了解、观察，站在人民立场上形成符合社会发展要求的分配思想，并进一步制定、落实分配制度，从而影响社会存在即产生新的社会存在。这百年来，从探索消灭生产资料私有制下的分配制度，到推动生产力发展从而满足人民利益要求的分配制度变革，再到以实现共同富裕为目标的分配制度，中国共产党分配制度变革不仅有对社会存在的正确认识，还能形成解决社会矛盾的社会意识。本书通过对当时的社会存在进行认识以及社会存在与社会意识的对立统一关系，即社会存在决定社会意识，社会意识反作用于社会存在来分析百年来中国共产党在各个时期所建立的分配思想、分配制度以及最后的制度落实。利用社会存在决定社会意识，社会意识反作用于社会存在并产生新的社会存在这一循环往复的演化机制，最终形成本书研究中国共产党成立百年来团结带领人民在分配制度上变革的思路。

第四章：新民主主义革命时期（1921~1949年）中国共产党的分配制度。中国共产党成立前后，我国正处于半殖民地半封建社会，来自西方帝国主义、本国封建主义和官僚资本主义的经济剥削促使中国共产党致力于形成改变中国不合理的分配关系的分配制度。在此背景下，中国共产党的分配思想强调通过物质资料高度集中的方式，优先供给革命战争所需①。因此在大革命、土地革命、抗日战争、解放战争时期不断调整收入分配政策，形成新的分配制度，并为新中国成立后进行社会主义改造奠定基础。

第五章：社会主义革命和建设时期（1949~1978年）中国共产党的分配制度。本章从社会背景、分配思想、分配制度及实践等维度，重点分析新中国成立至改革开放时期中国共产党分配制度的演化。新中国刚刚成立时，我国经济已接近崩溃，针对当时社会中存在多种经济成分的现实情况来快速恢复国民经济，成为中国共产党的当务之急。在此背景下，中国共产党的分配思想首先强调兼顾国家、集体和个人利益，因此根据革命任务积极在城市和农村推进改革。在城市方面，对官僚资本进行没收，但"保留其组织机构和生产系统，'原职、原薪、原制度'不变"，只对其遗留下来的不合理的、混乱的工资分配制度进行调整；在农村方面，建立农业生产合作社，实行工分

---

① 陈国涛、杨虎涛：《中国共产党百年经济思想与实践——中国政治经济学界的研究》，《政治经济学评论》2022年第3期，第25~58页。

制的分配方式，以劳动日为计量单位计算工分。三大改造完成后确立了以生产资料公有制为基础的社会主义分配制度，为进行全国范围内的工资制度改革奠定了基础。但随着社会主义改造完成，受到"左"倾路线的影响，按劳分配思想逐渐退化为消灭差别的平均主义分配思想，我国的分配政策逐步转向平均主义分配方式，给接下来的社会主义建设带来了警示和教训。

第六章：改革开放和社会主义现代化建设新时期（1978～2012 年）中国共产党的分配制度。本章从社会背景、分配思想、分配制度及实践等维度，重点分析改革开放至中国特色社会主义新时代时期中国共产党分配制度的演化。改革开放前后，我国整个社会仍处于"文革"的影响中，国民经济和社会发展依旧徘徊不前。在此背景下，为了尽快将中国经济发展方式转变为外延与内涵式增长并存的现代化发展方式，中国共产党在分配思想上主要坚持两个方面：一是坚持按劳分配主体地位，二是承认只要能够促进生产力解放与发展的要素都按照贡献参与分配。此后，我国在多种分配方式并存产生的收入分配差距扩大问题上不断进行改革，具体表现为提高低收入者的收入水平，缩小城乡、区域间收入差距，加快改善人民生活的分配制度改革。同时针对当时民间疲软的经济，党中央尝试破除平均主义思想进行收入分配制度改革，构建新的收入分配体制。通过党的十二届三中全会、十三大、十四届三中全会、十五大、十六大、十七大等会议，依托我国目前仍处在社会主义初级阶段的具体国情，在分配体制改革中注重根据按劳分配和其他生产要素按贡献参与分配的原则，在初次分配中注重效率，再分配中更加注重公平，为我国经济迈向腾飞注入不竭动力。

第七章：中国特色社会主义新时代（2012 年至今）中国共产党的分配制度。本章从社会背景、分配思想、分配制度及实践等维度，重点分析进入中国特色社会主义新时代以来中国共产党分配制度的演化。进入新时代后，社会主要矛盾发生了变化，即人民的美好生活需要日益广泛，不仅对物质文化生活提出了更高要求，而且在民主、法治、公平、正义、安全、环境等方面的要求也日益增长。在此背景下，为了防止我国陷入"中等收入陷阱"，同时解决贫富差距过大问题，中国共产党充分发挥中国特色社会主义制度的优势，通过再分配的调节作用，不断缩小居民、城乡、区域间的收入差距，实现经济增长与人民共享改革发展成果相统一。这一阶段党的分配思想强调共享与发展的协同进步，形成经济增长与居民收入增加的良性循环。党的十八大首次明确提出，"实现居民收入增长和经济发展同步、劳动报酬增长和劳动生产率提高同步，提高居民收入在国民收入分配中的比重，提高劳动报酬在初次分配中的比重"。党的十八届三中全会提出，要"完善企业工资集体协商制度"。党的十九大则将我国在分配方面的政策明确为"坚持按劳分配原则，完善按要素分配的体制机制，促进收入分配更合理、更有序"。由此可见，我国在分配制度改革方面越来越重视发挥"再分配"作用，并逐步由以往的侧重分配结果公正向注重分配过程的协商化和规范化转变。党的十九届四中全会将知识和数据纳入生产要素范围之内，使得生产要素范围逐步扩大。从进入新时代开始我国不断深化收入分配制度改革，巩固按劳分配主体地位，为共同富裕目标的实现提供了良好的制度基础。

第八章：对经济思想史视阈下中国共产党百年分配制度的总结。本章从分配制度的演化特点、逻辑及意义等维度，重点总结中国共产党成立百年我国收入分配制度的变革。经过百年艰苦奋斗，中国共产党团结带领中国人民，实现了从温饱不足到总体小康再到全面小康的历史性跨越，同时我国收入分配制度经历了一个不断演化和创新的过程。本书对收入分配制度的研究和探讨仅是对这一百年来的演化阐述了看法。一是百年来我国收入分配制度变革的特点。通过总结中国共产党百年来分配制度改革的实践经验发现，每一时期的分配制度都产生了不同的社会影响，从而形成新的社会存在进而形成新的社会意识。这一百年来收入分配制度演化和创新的历程充分体现了中国共产党将马克思主义收入分配的理论逻辑和中国特色社会主义实践逻辑进行了统一。二是对未来我国收入分配制度改革的贡献。理论意义方面通过回顾中国分配制度的演化历程及实践经验，总结其为未来分配制度改革与发展提供理论支撑、丰富和发展马克思主义分配理论、为其他中低收入国家解决收入不平等问题提供中国方案等的优点。我们应当将收入分配纳入经济增长的分析框架，这样才能真正理解中国共产党在百年实践中团结带领人民从积贫积弱的旧中国，到逐步实现站起来、富起来、强起来的独立自主的新中国所创造的令世界其他国家惊叹的中国奇迹。实践意义方面通过回顾中国分配制度的演化历程及实践经验，总结对我国收入分配制度的完善和实现共同富裕、更加注重效率和公平、不断缩小收入差距等方面的突出贡献。我国收入分配制度在中国共产党的领导下经历百年变革，始终保持着以人民为中心的价值导向，在面对不同发展时期的不同社会矛盾时坚持人民立场，依据时代及人民的需求进行变革。

二 研究框架

本书研究框架如图 1-2 所示。

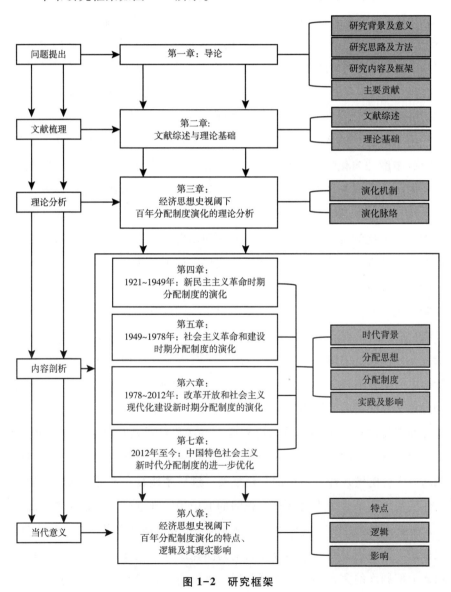

图 1-2　研究框架

第四节　主要贡献

一　历时性视角下百年分配制度演化的动态分析

利用历史长镜头的审视，以中国共产党成立以来我国收入分配制度改革的历史进程为主线，通过对马克思主义经典作家的著作、各时期党的重要会议文件以及学术期刊等文献资料中的分配理论和政策进行归纳、总结，梳理四个时期的时代背景、分配思想、分配制度和分配实践及影响。通过将相关文件和改革历史进程结合，证明了中国共产党能够敏锐洞察我国国情社况，精准把握分配需求并顺应社会发展需求，制定合理的分配制度并积极落实，最后接受实践的检验。这是促进我国分配结果日趋公平公正的关键所在，这些宝贵经验将在我国社会主义现代化建设进程中起到知往鉴今、观照未来的重要作用。

二　基于马克思历史唯物主义剖析百年分配制度演化机理、过程及特点

利用马克思历史唯物主义中社会存在与社会意识之间的辩证关系，即社会存在决定社会意识、社会意识反作用于社会存在并产生新的社会存在，以"文献梳理—时代背景—分配思想—分配制度—实践及影响"为研究思路，分析新民主主义革命时期、社会主义革命和建设时期、改革开放和社会主义现代化建设新时期以及中国特色社会主义新时代利用社会意识来化解社会存在的主要矛盾的渐进式、探索式分配制度的改革实践过程，以此直观反映中国共产党在符合历史发展趋势下，产生出先进的社会意识并对社会存在发展起积极的促进作用，使得全书对建党百年来分配制度的演化研究内容更具有说服力以及对未来完善我国收入分配制度的研究有着进一步的借鉴参考意义。

第二章

文献综述与理论基础

　　思想是人类社会、经济、政治发展过程中，人们对各种经济政治活动、事物、现象提出的看法或观点。随着社会生产生活的发展，这些观点越来越系统化、体系化、深度化，逐渐形成理论化的思想。思想往往会影响个体决策或国家决策，进而推动现实制度演进；而制度的演进往往会引起社会、经济、政治层面的发展变化，从而形成更加系统和完善的经济思想。本章主要的内容有以下五点：一是基于时序的视角梳理了中国共产党百年分配思想与制度的演化研究文献；二是系统梳理了马克思主义的收入分配思想，阐述了马克思、恩格斯分配思想的基础、内涵以及未来分配机制的设想，还补充说明了列宁、斯大林在实践基础上对马克思主义分配思想的应用经验；三是系统说明了社会存在、社会意识的基本内容，阐述了社会存在与社会意识的辩证关系原理；四是对马克思主义的制度及其变迁思想进行了系统的梳理和阐述；五是厘清了新制度经济学派诺斯的制度及其变迁理念，解读了其关于制度变迁理论的合理性认识。

第一节　文献综述

一　百年分配思想与制度演化研究的文献综述

　　党的十九届六中全会审议通过的《中共中央关于党的百年奋斗重大成就和历史经验的决议》进一步推动了长时序历史视野下党的百年经

济、政治、思想文化等多方面的研究与探讨。分配思想和分配制度是党领导我国进行经济建设、改革形成的重要成果，更是党领导我国进行革命、建设和改革的重要支撑。本节重点梳理了当前学术界关于党的分配思想、分配制度演进的阶段划分、背景与实践、逻辑及特点、经验启示四方面内容的研究成果，展现了百年历史视角下学者们的丰富研究成果。

（一）百年分配思想与制度演进的阶段划分研究综述

中国共产党成立 90 周年时，吴丰华等按三个 30 年将中国共产党分配思想的演进大致划分为新民主主义经济时期、计划经济体制准备和建立时期以及市场化取向改革时期。[①] 回顾党的百年经济理论，周文和肖玉飞指出党的经济理论变迁大体可划分为新民主主义与中国革命道路时期（1921～1949 年）、计划经济理论与中国工业化道路时期（1949～1978 年）、中国特色社会主义市场经济理论与经济体制改革时期（1978～2012 年）、新发展理念与中国经济现代化时期（2012 年至今）。[②] 从分配思想的角度出发，白永秀等则认为党的百年分配思想的演进历程可分为四个阶段，第一阶段是 1921～1949 年，这一阶段的分配思想经历了由平均主义向按劳分配的转变，主要是为了夺取革命胜利，建立社会主义政权；第二阶段是 1949～1978 年，从整体来看这一阶段党的分配思想与分配实践存在一定的偏差，主要是为了在保障群众基本生活的基础上重视国防建设的需要；第三阶段是 1978～2012 年，这一阶段党的分配思想是以按劳分配为主体并承认各种生产要素要按贡献参与分配，主要是为了坚持改革开放与推进社会主义现代化建设；第四阶段是 2012 年至今，这一阶段党的分配思想的创新主要体现在拓宽了按要素贡献参与分配的范畴，主要是为了在分配领域解决农村贫困问题以及完成全面建成小康社会的宏伟目标。[③] 与白永秀等不同，对党的分配思想的人民分配观考察后，吴星泽等发现党的分配思想

①　吴丰华、白永秀、周江燕：《中国共产党 90 年分配思想：阶段划分与成果梳理》，《经济学动态》2011 年第 6 期，第 16～21 页。

②　周文、肖玉飞：《中国共产党百年经济实践探索与中国奇迹》，《政治经济学评论》2021 年第 4 期，第 30～50 页。

③　白永秀、周博杨、王泽润：《中国共产党百年分配思想演进的历史逻辑、理论逻辑与实践逻辑》，《中国经济问题》2021 年第 3 期，第 20～27 页。

与实践有四个阶段，第一阶段是中国共产党成立到大革命失败（1921～1927 年），这一阶段在实践层面主要表现为生活资料的限价、减税等；第二阶段是土地革命到中华人民共和国成立（1927～1949 年），这一阶段主要解决了农村、农民的土地分配问题；第三阶段是社会主义"三大改造"完成到十一届三中全会召开（1956～1978 年），这一阶段的主要目标是解决全国人民基本生活保障问题；第四阶段是改革开放至今（1978 年至今），这一阶段的主要导向是建成小康社会、全面脱贫以及实现共同富裕。①

分配思想只是一种分配理念或原则，而分配制度则是对分配思想的一种具体应用。对新中国个人收入分配制度演化历史考察后，高志仁和邹文娇认为可将其变迁历程分解为四个制度的转化时期。一是过渡时期的混合收入分配制度向按劳分配制度的转化；二是全面建设社会主义时期的按劳分配制度的实施；三是"文化大革命"时期按劳分配制度实践遭到扭曲和破坏；四是改革开放后的多种收入分配制度的改革和完善。新中国的成立，意味着中国共产党取得了国家政权的领导地位，自此便开启了我国收入分配制度改革的历程。② 杨德才和潘熙庆认为，党的收入分配制度的形成和发展有初步探索期（1949～1978 年）、改革探索期（1978～2012 年）、不断完善期（2013 年至今）三个阶段。③ 但是，他们的研究往往都忽视了新中国成立以前党的分配制度建设。回顾党的百年发展历程，收入分配制度的探索和思考绝不是以新中国成立作为起点的。在一个百年分配制度的演变视角下，朱方明和贾卓强认为以农民土地所有制和战时供给制实施作为划分标准，可将新民主主义革命时期（1921～1949 年）划为中国共产党第一阶段的分配制度实践时期；以分配方式的多少作为划分标准，可将社会主义革命和建设时期（1949～1978 年）划为中国共产党第二阶段

---

① 吴星泽、喻斯敏讷、王月丽：《中国共产党以人民为中心的分配观：历史考查与现实进路》，《审计与经济研究》2021 年第 5 期，第 14～16 页。

② 高志仁、邹文娇：《新中国个人收入分配制度变迁及其动因分析》，《文史博览（理论）》2008 年第 3 期，第 55～58 页。

③ 杨德才、潘熙庆：《从"不患寡而患不均"到"既患寡又患不均"——中国共产党收入分配制度改革的历史演进及其经验总结》，《江苏行政学院学报》2021 年第 6 期，第 37～44 页。

的分配制度实践时期；以按劳分配为主体、多种分配方式并存的分配体系作为划分标准，可将改革开放和社会主义现代化建设新时期（1978~2012年）划为中国共产党第三阶段的分配制度实践时期；以初次分配、再分配以及三次分配的完善、改进与发展作为划分标准，可将中国特色社会主义新时代（2012年至今）划为中国共产党第四阶段的分配制度实践时期。① 税收制度体现的是国家对社会生产结果的再分配，也是国家分配制度的重要体现。研究百年视角下党的税收体制的演变历程，薛钢等发现，党的一系列税收主张和方针政策也可以被划分为新民主主义革命时期（1921~1949年）保障革命物质供给的税收理念；社会主义革命和建设时期（1949~1978年）以生产建设为主体的税收理念；改革开放和社会主义现代化建设新时期（1978~2012年）服务于社会主义现代化建设的税收理念；中国特色社会主义新时代（2012年至今）服务于推进国家治理体系和治理能力现代化的税收理念。②

如果税收理念反映的是中国共产党百年来对生产结果的再分配，那么土地分配则体现的是生产资料分配模式。从农地制度演进的视角出发，徐亚东认为中国共产党的历史可以被划分为"站起来 I"时期（1921~1949年）、"站起来 II"时期（1949~1979年）、"富起来"时期（1979~2013年）和"强起来"时期（2013年至今）。③

由于分配思想和实践存在阶段性演进的过程，学者从不同的角度出发，可能有不同的具体时间区间的划分。但是，总的来说，学者在厘清中国共产党百年分配思想与实践的阶段性特征的基础上，还是基本达成了一致的意见。

（二）百年分配思想与制度演进的背景与实践研究综述

从本质上来看，思想属于社会意识的范畴，分配思想和分配制度都是从属于上层建筑的基本内容。收入分配内在的包含总量和结构两个层

---

① 朱方明、贾卓强：《共担、共建、共享：中国共产党百年分配思想演进与制度变迁》，《经济体制改革》2021年第5期，第5~10页。

② 薛钢、刘紫斌、程明梅：《中国共产党百年税收改革实践与新时代税收之治》，《税收经济研究》2021年第3期，第9~14页。

③ 徐亚东：《建党百年中国农地制度变迁：动态演进与逻辑》，《农业经济问题》2021年第12期，第16~36页。

面，收入分配制度则是用来规范待分配的收入总量以及不同要素、区域、行业、群体之间的收入结构的契约安排。① 随着社会主要矛盾的变化，分配思想与分配制度的变迁总是难以避免。中国共产党百年来的领导特点和优势就在于能够坚持马克思主义的基本原理，准确把握和处理不同社会历史时期的主要矛盾，在不同时期的历史背景下推动分配制度的变革。②

杨晖认为，从改革开放到党的十三大这一时期，由于在分配体制和分配思想方面还面临原有平均主义为导向的分配制度的束缚，所以这一时期的实践目标主要是破除平均主义思潮；党的十三大后，平均主义思想束缚基本得到破除，但是社会层面还存在效率与平等的纠葛，此时分配制度的实践主要体现为坚持以按劳分配为主体、多种分配方式并存和效率优先；党的十五大后，社会的分配现状表现出非劳动收入不断上升，因此在分配实践中将初次分配与再分配分离，强调初次分配注重效率，再分配则要更加注重公平；党的十七大后，由于我国收入差距日益拉大，我国分配思想和分配制度实践越来越强调要兼顾效率与公平。③

回顾新中国成立70年来收入分配制度演变的历史，王赞新认为"所有制—分配制度"一直主导着我国收入分配制度发展的历史进路。④ 新中国成立到改革开放这一时期，单一公有制和计划经济为主要特征的经济体制，直接导致我国收入分配制度实践的基本特征是以按劳分配作为消费品分配的唯一方式以及国家成为主导社会产品分配的唯一主体；而改革开放后以公有制为主体、多种所有制经济共同发展的基本经济制度确立，收入分配制度的实践特征主要是强调兼顾效率与公平，注重引入市场、政府以及个人等多重主体参与收入分配与经济发展的动态调整过

---

① 刘文勇：《社会主义收入分配的思想演进与制度变迁研究》，《上海经济研究》2021年第1期，第42~55页。

② 毛升、马越：《中国共产党建党百年解决社会主要矛盾的逻辑意蕴》，《云南师范大学学报》（哲学社会科学版）2021年第1期，第11~18页。

③ 杨晖：《我国收入分配制度的演进与理念创新》，《兰州大学学报》（社会科学版）2008年第3期，第17~21页。

④ 王赞新：《我国70年收入分配制度发展的历史进路与理论逻辑》，《湖湘论坛》2019年第3期，第80~88页。

程。纵观党百年来收入分配理论演进与实践的历史轨迹，谢地和武晓岚认为党的百年分配制度围绕着共同富裕的目标进行完善和发展。① 新民主主义革命时期，面对旧社会贫富分化、民生疾苦的现状，革命根据地和解放区普遍推行减租减息的政策；社会主义革命和建设时期，面对国民经济需要恢复、生产资料所有制转换、社会主义建设的压力，党在这一阶段逐渐建立起了不完善的按劳分配制度；改革开放到党的十八大探索时期，收入分配制度主要存在的问题是高速发展后城乡之间、区域之间以及个体之间的发展不平衡问题和收入分配不公问题日益显著，这一阶段的分配制度实践主要体现在逐渐规范分配秩序、调整分配格局以及健全社会保障体系上；跨越到新时代后，我国经济发展进入新常态和高质量发展阶段，这一阶段收入分配实践更加强调精准脱贫、基本公共服务的均等化。

从马克思主义的基本原理来看，分配关系不只有结果端收入分配，还包含生产开始端生产资料或者生产条件的分配。土地是一种重要的生产资料，对党的百年土地分配制度的历史演进进行研究，李正图和徐子健发现党的百年土地分配制度及思想主要服务于解决当时社会主要矛盾、实现社会革命、完成社会主义经济建设和社会主义改革任务的目标。② 新民主主义革命时期，受到大革命失败、城市武装斗争遭遇挫折等因素的影响，土地分配实践主要考虑满足农民的土地诉求，提高农民革命积极性；社会主义革命和建设时期，党掌握了国家政权，为了尽快解决农业生产力水平低下的问题并且增加国家工业化的积累，土地合作制度得到推广；改革开放和社会主义现代化建设新时期，为调动农民积极性、提高农业生产效率，土地分配制度经历了由家庭联产承包责任制向土地流转制度的转化；进入中国特色社会主义新时代，农业生产面临土地荒废和城市用地不足困境，土地资源利用也逐渐朝着专业化、市场化的改革方向演进。土地制度是国家的基础性制度，党的百年分配制度演进是每个阶段形势变化的产物，也包含每个阶段的演变特征。新民主主义革命时期，中国共产党面临的现状

---

① 谢地、武晓岚：《以实现共同富裕为目标探索合理的收入分配制度——建党百年收入分配理论演进与实践轨迹》，《学习与探索》2021年第10期，第88~96页。

② 李正图、徐子健：《中国共产党农村土地制度思想百年变迁》，《福建论坛》（人文社会科学版）2021年第11期，第5~23页。

是旧有土地制度严重阻碍生产的发展以及"帝国主义""封建主义""官僚资本主义"压迫,这一时期土地制度的实践必然是"以革命为主线";社会主义革命和建设时期,封建土地所有制被彻底消灭,形成了"以公平为目标"的土地分配制度;改革开放和社会主义现代化建设新时期,经济体制从"计划经济"转化为"社会主义市场经济",相应的土地要素分配原则也转变为效率优先;进入中国特色社会主义新时代,资源供给瓶颈的现状和发展不平衡问题的涌现,使得土地分配朝着"全面深化改革"的战略方向演进。党的百年土地政策是依据时代背景变化而不断调整的,目的是满足人民的利益和需求。

　　财税体制是现实层面中国共产党百年分配制度设计的具体体现。回顾党的税收实践与治理历程,薛钢等认为,革命战争时期,税收制度既尽可能减少革命经费的消耗,又激励生产自给、公债发行、公粮征收,保障革命军事的进行;社会主义革命和建设时期,抛开部分受到"左"倾思想与"文化大革命"的错误影响的税收制度,总体上,灵活多样的税收管理办法很好地适应了多种经济成分并存的局面;改革开放和社会主义现代化建设新时期,"内外资并行,分别征税"的双轨税制以及后面的分税制改革有效地促进了我国的对外开放及经济建设;新时代,税收制度服务于国家治理体系和治理能力的现代化,实践目标是优化资源配置、维护市场统一、促进社会公平和国家长治久安。① 马金华等认为,党百年不同时期财税管理模式的实践反映的是社会主要矛盾的变化。② 从财税制度实践背景来看,新民主主义革命时期社会主要矛盾是帝国主义、封建主义与人民大众之间的矛盾,为满足战争需要,财税实践必须以革命战争为导向;新中国成立后,为初步解决先进工业国与落后农业国之间的矛盾,财税制度实践必须采取统一调配的方式尽量满足国家建设需要;改革开放后,我国现实矛盾是人民日益增长的物质文化需要同落后的社会生产之间的矛盾,因此财税管理从管理模式转变为调控模式,以推动市场经济建设并激发经济活力;进入新

---

① 薛钢、刘紫斌、程明梅:《中国共产党百年税收改革实践与新时代税收之治》,《税收经济研究》2021年第3期,第9~14页。

② 马金华、毕学进、林源:《中国共产党百年财税治理的演进逻辑、基本向度与当代价值》,《中央财经大学学报》2021年第11期,第3~11页。

时代，社会主要矛盾转变为人民日益增长的美好生活需要和不平衡不充分的发展之间的矛盾，财税管理也就被定义为国家治理的重要支柱。

中国共产党百年分配思想和分配制度的演变是一个因时而变、因事而行的演变历程。分配制度和思想变迁的根本原因在于其所处的历史背景和历史现状，而变迁的目的则是推动革命、建设的发展，推动社会主要矛盾的解决。

（三）百年分配思想与制度演进的逻辑及特点研究综述

分配思想与分配制度是中国共产党在革命和建设过程中不断形成的基础性经济思想和制度，对分配思想与制度的演进逻辑进行探讨是对二者变化的深层次思考。关于党的百年分配思想的演进逻辑，白永秀等认为可划分为历史逻辑、理论逻辑与实践逻辑。从历史逻辑来看，党的百年分配思想服从于全体人民实现共同富裕的阶段性和特殊性目标；从理论逻辑来看，党的百年分配思想内生于经济制度内部的互动以及对生产力与生产关系矛盾变化的认识；从实践逻辑来看，党的百年分配思想着力于激励生产并优化收入分配格局。[1] 研究党的百年分配观及现实进路后，吴星泽等发现党成立百年来始终坚持以人民为中心、坚持为人民谋利益。此外，党在初次分配方面始终强调赋予劳动者参与剩余分配的权利，提高劳动者的分配地位，节制资本权力，促进共同富裕目标的实现。[2]

相较于思想演进，制度变迁更具有现实性和可触摸性，分配制度构建及其演变直接反映了分配理念和重点。收入分配制度在经济社会的发展和建设中既是基础性又是根本性的制度安排。从社会主义收入分配制度的演进来看，刘文勇提出中国收入分配制度演变史是生产力的进步史、生产关系的演变史以及上层建筑的调整史。[3] 从收入分配制度变革的历史史实出发，社会主义改造时期的收入分配制度的特征是强调"公私兼顾，劳资两利"；社会主义初级阶段初成与探索时期的收入分配制度体现的是有差别的

---

[1]　白永秀、周博杨、王泽润：《中国共产党百年分配思想演进的历史逻辑、理论逻辑与实践逻辑》，《中国经济问题》2021 年第 3 期，第 20~27 页。

[2]　吴星泽、喻斯敏讷、王月丽：《中国共产党以人民为中心的分配观：历史考查与现实进路》，《审计与经济研究》2021 年第 5 期，第 14~16 页。

[3]　刘文勇：《社会主义收入分配的思想演进与制度变迁研究》，《上海经济研究》2021 年第 1 期，第 42~55 页。

平均主义分配思想；社会主义初级阶段共识期的收入分配制度的特征是着重强调"效率优先""允许先富"；社会主义初级阶段共建期的收入分配制度特征则表现为可持续发展与和谐社会建设理念；社会主义初级阶段共享期的收入分配制度特征则体现为有"橄榄型"收入分配结构目标、关注结构性分配政策应用、注重重点领域关键环节的改革任务要求以及人民共享的发展思想。谢地和武晓岚考察了中国共产党百年收入分配制度实践轨迹后发现，共同富裕是中国共产党百年分配制度设计的核心目标，现实任务则是为人民服务。[①] 新民主主义革命时期的收入分配实践体现了党对共同富裕问题的最初关切；社会主义革命和建设时期的收入分配实践轨迹虽然有偏差，但不可否认追求共同富裕、防止贫富分化仍是中国共产党坚定不移的追求目标；改革开放到党的十八大的收入分配实践推动全面建成小康社会取得重大进展，也体现了共同富裕的目标；进入新时代，中国共产党新时代收入分配制度的发展和完善，则体现出了新时代共同富裕的新内涵。

韩喜平和何况认为分配关系的本质是与生产关系紧密相关的人与人之间的利益关系。[②] 从中国共产党分配制度改革的历史进程可以看出，新民主主义革命时期的分配制度的现实逻辑是保障最广大人民的根本利益、消灭剥削；社会主义革命和建设时期的分配制度的现实逻辑为致力于保障人民当家做主；改革开放和社会主义现代化建设新时期的分配制度的现实逻辑为改善人民生活；中国特色社会主义新时代的分配制度的现实逻辑为保障人民共享改革发展成果。百年分配制度的演进，以实现共同富裕为目标和基本导向，以以人民为中心的分配制度变革为主线，以先富与后富推动共同富裕的实现。朱方明和贾卓强从历史时序的研究视角提出，中国共产党百年分配思想与制度的特点可以总结为共担、共建、共享。[③] 其中，共担为实现生产资料和生活资料公平分配的同时，发动群众支援革命战争，共担革命使命；共建指人民共同建设社会主义经济；共享则体现为发展成

---

① 谢地、武晓岚：《以实现共同富裕为目标探索合理的收入分配制度——建党百年收入分配理论演进与实践轨迹》，《学习与探索》2021年第10期，第88~96页。

② 韩喜平、何况：《中国共产党百年分配制度变革及其人民立场》，《经济纵横》2021年第5期，第1~8页。

③ 朱方明、贾卓强：《共担、共建、共享：中国共产党百年分配思想演进与制度变迁》，《经济体制改革》2021年第5期，第5~10页。

果的共同享有。值得注意的是，共担、共建和共享是中国共产党百年来面对现实困难和建设的必然理论选择和现实分配制度的逻辑基础。

（四）百年分配思想与制度演进的经验启示研究综述

中国共产党百年来经济建设和收入分配制度演进的目的和实质是通过发展与改革来推动共同富裕目标的实现。分配制度是经济体制的核心和根本内容，有必要进一步总结百年来收入分配制度演进的经验和教训。从基本经验方面来看，周浩波从收入分配制度改革的视角出发，回顾了社会主义初级阶段中国收入分配制度改革的历程，他认为我国收入分配制度改革是理论逻辑与实践逻辑相统一的过程。[①] 社会主义初级阶段收入分配制度改革的基本经验告诉我们，收入分配制度的演变必须遵循生产力与生产关系发展的内在规律，把满足不同时期生产力发展的要求作为体制变革的出发点，并合乎整体经济体制变动的要求。另外，保障我国收入分配制度内含"人民性"，必须始终坚持按劳分配的主体地位，健全和完善按要素分配的体制机制。除此之外，还要注重效率与公平的问题，注重充分吸收他国经验但不失"中国特色"的体制机制构建。与之类似，杨德才和潘熙庆指出在新中国成立的 70 余年的时间中，中国共产党对收入分配制度的改革始终坚持人民至上的核心理念、坚持按劳分配的主体地位、坚持立足国情的渐进式改革思路，以及坚持效率与公平的统一。[②]

龙玉其提出了几点关于收入分配制度改革的思考，他认为收入分配制度改革的根本前提是明确公平共享的价值理念；基本方针是完善社会主义市场经济体制，确保不同要素公平参与分配；重要手段则是完善再分配的调节机制，加大农村投入，促进城乡之间的协调发展，缩小城乡之间的显性和隐性差距。[③] 韩喜平和何况指出，依靠中国共产党百年分配制度建设的经验，构建共同富裕的现代化分配制度至少应包含三方面的要求。一是

---

① 周浩波：《社会主义初级阶段收入分配制度改革：历程、成就与经验》，《辽宁大学学报》（哲学社会科学版）2020 年第 3 期，第 18～25 页。

② 杨德才、潘熙庆：《从"不患寡而患不均"到"既患寡又患不均"——中国共产党收入分配制度改革的历史演进及其经验总结》，《江苏行政学院学报》2021 年第 6 期，第 37～44 页。

③ 龙玉其：《中国收入分配制度的演变、收入差距与改革思考》，《东南学术》2011 年第 1 期，第 103～115 页。

坚持公有制主导；二是将分配制度上升为基本经济制度；三是通过精准扶贫缩小收入差距。[1] 张亮则更具体地指出，由于先天条件或后天因素，收入分配制度仍然存在许多问题。解决收入分配制度带来的问题，必须持续保持经济稳定增长，并且创造一个更加公平的市场环境。除此之外，还要完善社会保障制度，充分发挥慈善的调节作用，规范收入分配秩序，完善体制机制。[2]

第二节　理论基础

一　马克思主义收入分配思想

（一）马克思、恩格斯的收入分配思想

马克思、恩格斯将分配问题置于非常重要的地位。从某种程度上来看，他们的经济学理论就是在探讨社会各阶级之间如何形成合理的分配制度的问题。他们在批判继承古典政治经济学代表人物分配思想和分配观念的基础上继续向前发展，科学解决了价值规律与资本主义条件下分配问题的矛盾、揭露了资本主义分配关系的实质并提出了对未来社会分配制度的构想。

1. 马克思、恩格斯分配思想的基础与内涵

马克思分配理论的基础是科学的劳动价值论。一方面，在劳动价值理论的阐释中，马克思指出，"作为价值，一切商品都只是一定量的凝固的劳动时间"[3]，而且着重强调"劳动并不是它所生产的使用价值即物质财富的唯一源泉"[4]。据此，价值创造的决定因素与财富创造的决定因素可以得到区分，财富的分配要依据劳动和其他生产要素在劳动过程中的贡献进行。另一方面，劳动也可被划分为具体劳动和抽象劳动两个方

---

[1] 韩喜平、何况：《中国共产党百年分配制度变革及其人民立场》，《经济纵横》2021年第5期，第1~8页。

[2] 张亮：《改革开放40年中国收入分配制度改革回顾及展望》，《中国发展观察》2019年第1期，第23~29页。

[3] 《马克思恩格斯选集》第2卷，人民出版社，2012，第100页。

[4] 《马克思恩格斯选集》第2卷，人民出版社，2012，第103页。

面。具体劳动是生产使用价值、物质财富的劳动，它需要结合具体的物质生产资料才能开展；抽象劳动是抽象于具体劳动之外的、纯粹的人的脑力、体力的耗费，是价值的真正源泉。劳动价值论的基本观点认为，无论是社会生产的总产品还是个别商品的价值都可被划分为生产资料转移的价值、补偿预付可变资本的价值和剩余价值等三个部分。所以，马克思的分配又可以被视为对生产中转移的物质资料的补偿性分配和新产生的剩余价值的分配。

马克思的分配思想建立在科学的劳动价值论基础上，从生产与分配相联系的角度去论述价值的分配和财富的分配两种不同的分配方式并构建起合理的分配原则及体系。价值分配不仅包含价值创造和价值生产过程的补偿，还包含剩余价值的由来和剩余价值的分配。财富分配不仅包含社会生产资料或生产条件的分配，还有生活资料和收入的分配。这两种分配中的任意一种都是由生产关系所决定的。

"分配关系，是同生产过程的历史地规定的特殊社会形式，以及人们在他们的人类生活的再生产过程中相互所处的关系相适应的，并且是由这些形式和关系产生的。这些分配关系的历史性质就是生产关系的历史性质，分配关系不过表现生产关系的一个方面。"[①] 马克思的分配思想体现出的分配关系至少有三个特征。第一，从生活资料方面来看，"在分配是产品的分配之前，它是（1）生产工具的分配，（2）社会成员在各类生产之间的分配（个人从属于一定的生产关系）"[②]，即生产关系决定分配关系，生活资料或生产成果的分配都是由生产条件的分配决定的，都是生产条件本身分配的结果。第二，从分配关系和生产关系的本质方面来看，"分配关系本质上和这些生产关系是同一的，是生产关系的反面"[③]。这体现在生产的范畴也是分配的范畴，生产关系必须通过分配关系来实现。有什么样的生产关系就会有与之对应的什么样的分配关系，资本主义社会的生产关系决定了其分配采取工资、利润、地租的形式，生产资料凭借着私有权的性质来获得相应的报酬。第三，由生产力决定生产关系、经济基础

①　马克思：《资本论》第3卷，人民出版社，2004，第999~1000页。

②　《马克思恩格斯全集》第12卷，人民出版社，1962，第746页。

③　马克思：《资本论》第3卷，人民出版社，2004，第994页。

决定上层建筑的基本原理我们可以知道，分配关系必须存在与之相适应的生产关系以及必须与生产力的发展要求相适应。当生产关系适应于生产力的发展要求时，其会推动生产力向前发展；当生产关系不适应于生产力的发展要求时，其会阻碍生产力的发展。但是这种阻碍是短期的，存在一定的时间期限。一旦生产关系的这种阻碍作用超过一定的时间界限，这种生产关系就会被取代。

与部分古典政治经济学家不同，马克思认为政治经济学研究中的社会生产与再生产是由生产、交换、分配与消费四个部分组成的。在生产、交换、分配与消费的相互关系中，生产起着决定性作用，生产决定交换、分配及消费。生产出什么样的产品决定市场上存在什么样的交换，生产的发展状况也决定了交换的发展状况。同样，生产决定分配与消费体现在，生产的产品的数量、质量、类型决定了人们能够获得多少数量、什么质量和什么类型的产品，决定了分配和消费的方式与结构。另外，交换、分配以及消费对生产具有反作用，生产出来的产品只有通过交换才能满足生产者的全部需求，只有分配给劳动者消费后才能为再生产提供动力，推动生产活动的进一步发展。

2. 马克思、恩格斯对分配方式的构想

马克思分配理论的科学性不仅在于它阐释了分配理论的一般化的内容和原则，还在于它科学地揭示了未来社会可行的分配制度。马克思对未来社会分配方式的直接阐述主要有两个方面，一是共产主义初级阶段的按劳分配方式，二是共产主义高级阶段的按需分配方式。

马克思分配制度设想的未来共产主义社会的两个阶段对应的分配方式也有两种，第一种是"按等量劳动领取等量产品"；第二种是"各尽所能，按需分配"。这两种分配方式无论是实施的前提条件、尺度还是实施的手段都具有明显的不同。第一种分配方式后来被列宁称为"按劳分配"，第二种则被简明扼要地称为"按需分配"。

马克思的按劳分配思想既可以被视为一种科学的分配理论，又能被视为一种分配制度。作为一种制度，其必然有建构的基础和前提。从按劳分配的前提来看，马克思认为按劳分配是建立在共产主义社会第一阶段的基础之上的。在这个阶段，"这样的共产主义社会，它不是在它自身基础上已经发展了的,恰好相反,是刚刚从资本主义社会中产生出来的,因此它在各方面,在经济、道德和精神方面都还带着它脱胎出来的那个旧社会的痕迹"①。从马克思的表述中可以看出,按劳分配的实施至少存在两个本质层面的规定性条件。第一,按劳分配建立的社会制度基础不是资本主义社会而是共产主义社会;第二,这个共产主义社会的社会生产力水平、社会文化水平以及社会体系建设水平都还不够高,还存在资本主义社会的残留。但是,由于已经进入共产主义社会,社会生产资料的所有制形式是公有制,劳动者生产的产品直接变成了社会产品。

从分配的对象来看,由于马克思设想的未来社会的生产资料的所有制形式是公有制,所以这里的分配对象主要指的是社会生产的社会产品。但是,这里的社会产品不是指社会生产的全部产品,而是经过必要扣除后剩余的社会产品。根据马克思的论述,这里的扣除至少包含两轮扣除。第一轮包含"用来补偿消耗掉的生产资料的部分""用来扩大生产的追加部分""用来应付不幸事故、自然灾害等的后备基金或保险基金"②三个方面的扣除。第二轮是在总的消费资料内部的预先扣除。这样的扣除也至少包括"同生产没有直接关系的一般管理费用""用来满足共同需要的部分""为丧失劳动能力的人等等设立的基金"三个方面。③只有经过至少两个阶段六个方面的扣除后,才能够保证社会生产持续循环发展。当然,这种扣除并不是一成不变的,而是要根据现有的社会生产力水平决定扣除的比例和数量。因此,按劳分配的对象是在现有的社会生产力情况下,经过必要扣除后所剩余的可分配的劳动产品。

明确了按劳分配的对象后,那么按劳分配是按照什么样的尺度进行分配和分配的凭证是什么?在共产主义社会,生产者不交换自己的劳动产品,个人劳动直接作为社会总劳动的组成部分而存在,生产资料是由全社会成员共同所有。因此,从理论上来说一个人能够给予社会的就只有劳动。劳动又只能够通过劳动者或社会成员在社会生产中所付出的劳动时间体现。自然,在共产主义社会第一阶段的按劳分配只能是按照个人在社会

---

① 马克思:《哥达纲领批判》,人民出版社,2015,第14页。
② 马克思:《哥达纲领批判》,人民出版社,2015,第13页。
③ 马克思:《哥达纲领批判》,人民出版社,2015,第13页。

劳动中所付出的必要劳动时间进行分配。"每一个生产者，在作了各项扣除以后，从社会领回的，正好是他给予社会的。"① 在共产主义社会，按劳分配制度以劳动者的劳动为尺度，多劳多得，少劳少得，不劳者不得。然而共产主义社会不存在商品与货币，因此按劳分配制度当中还存在一个劳动者劳动量的计量问题或者说劳动者在社会劳动中所付出的劳动量或劳动时间如何体现的问题。马克思提出，劳动者可以"从社会领得一张凭证，证明他提供了多少劳动（扣除他为公共基金而进行的劳动），他根据这张凭证从社会储存中领得一份耗费同等劳动量的消费资料"②。也就是说，劳动量的计量需要使用"券"或凭证，这种凭证直接反映出劳动者在社会生产中所付出的必要劳动时间。劳动者将这种凭证作为一种外在依据，最终到社会中去领取相应的消费资料。由于生产力水平还不够高，在按劳分配制度构想中，马克思并没有强调满足劳动者所有的欲求，而是强调满足劳动者的付出所应该得到满足的欲求。体现了马克思分配构想的公平和效率、预见性和科学性的统一。

马克思的按劳分配理论已经科学规划了分配过程和分配机制上的公平。在按劳分配制度下，劳动被作为同一尺度去计量劳动者对社会的付出，生产者参与分配获得消费资料的权利与他们所付出的劳动直接相关。一方面，这样的计量方式的平等之处在于，它并没有承认人与人之间的阶级差异的不同会导致分配结果不同；另一方面，这样的计量方式的不平等之处在于，它没有考虑到人与人之间、劳动者与劳动者之间存在智力、脑力、体力等先天禀赋的差异，并且这种差异会导致不同的人进行同样的劳动但是对社会生产的贡献不同，体现在产生了不同的劳动结果上。事实上，先天禀赋带来的天然特权所导致的分配结果不同仍然是一种不公平。因此，按劳分配并不是马克思分配理论的终极追求。

但是，共产主义社会第一阶段，由于刚刚经历了从资本主义社会脱离出来的阵痛，"权利决不能超出社会的经济结构以及由经济结构制约的社会的文化发展"③。在这个阶段，实行按劳分配制度是不可避免的，并且

---

①《马克思恩格斯选集》第 3 卷，人民出版社，2012，第 363 页。
②《马克思恩格斯选集》第 3 卷，人民出版社，2012，第 363 页。
③《马克思恩格斯选集》第 3 卷，人民出版社，2012，第 364 页。

按劳分配制度的实施也不是亘古不变的，"分配方式本质上毕竟要取决于有多少产品可供分配，而这当然随着生产和社会组织的进步而改变，从而分配方式也应当改变"①。从本质上来说，分配方式取决于社会生产力的发展水平，取决于所要分配的产品数量。一旦进入共产主义社会的高级阶段，社会生产力和物质资料极大丰富，人与人之间已经不存在体力劳动和脑力劳动的区别，就不必再去计量人对社会的贡献，而只用考虑是否对社会有付出。马克思认为，这个阶段超脱了资产阶级的权利观念，于是便可以实现"各尽所能，按需分配"。遗憾的是，马克思并没有对"按需分配"这种分配方式做出任何规定性的设想。但是我们可以推知，共产主义社会的高级阶段继承了共产主义社会第一阶段的一些规定，例如需要预先扣除满足社会生产所需要的物质资料和满足非生产性部门的物质资料。在共产主义高级阶段，一方面，物质资料已经极大丰富，扣除并不会影响每个人对自己需要的满足；另一方面，由于个人需要都能够得到满足，因此交换和消费也应该不复存在，分配的方式、尺度也将消失，生产与分配将直接对接，劳动者的劳动不再是为了生存的劳动，而是成为一种精神享受的需要。

实际上，除了按劳分配和按需分配两种分配方式，马克思分配理论还存在未明确提出的一种分配方式，即按生产要素分配的思考。正如马克思提出，"劳动不是一切财富的源泉。自然界同劳动一样也是使用价值（而物质财富就是由使用价值构成的！）的源泉，劳动本身不过是一种自然力即人的劳动力的表现"②。也就是说，仅仅依靠劳动创造出财富是不可能的，创造财富还需要借助其他自然物与劳动相结合才能够实现。拥有使用价值的自然物也能作为一种生产要素，投入财富的生产中。也就意味着，财富的生产同样需要资本、土地、技术、管理等其他生产要素，这些生产要素同劳动一起为财富创造做出贡献。既然其他生产要素也投入到了生产当中，为社会财富的形成贡献了自己的力量，那么其他生产要素也应该参与社会财富的分配。但是生产要素是自然物并不需要得到补偿，得到补偿

① 《马克思恩格斯选集》第 4 卷，人民出版社，2012，第 599 页。
② 《马克思恩格斯选集》第 3 卷，人民出版社，2012，第 357 页。

的只能是拥有它们产权的所有者。"对劳动力、资本和土地这三者的所有权，就是商品的这些不同的价值组成部分所以会分别属于各自的所有者，并转化为他们的收入的原因。"① 在《资本论》中马克思揭示了资本主义社会的分配关系涉及资本与劳动分配和剩余价值分配两个方面。其实际上，就是在阐述资本主义生产条件下的生产要素分配理论。

马克思的分配思想或者分配制度构想是科学的和公平的。随着生产力的发展，社会生产分配制度将经历一个逐步从不平等转向相对不平等，最后变为完全平等的过程。

（二）列宁、斯大林的收入分配思想

列宁和斯大林是马克思主义思想的实践者，虽然两位伟大的革命导师并没有系统地阐述他们的分配思想，但是在苏维埃俄国革命实践中他们对经济政策的运用和经济制度的设计无不体现着他们以马克思主义基本原理为基础的实践以及不断探索发展的收入分配思想。

列宁的收入分配思想特别是关于按劳分配的设想主要集中于《国家与革命》一书中。他指出收入分配在共产主义的发展过程中不是一成不变的，在共产主义的第一阶段，由于社会经济、文化条件的限制，只能够部分或者全部消除生产资料由私人占有的问题而不能够完全按照劳动者的需求进行分配。他表明："人类从资本主义只能直接过渡到社会主义，即过渡到生产资料公有和按每个人的劳动量分配产品。"② 也就是说，列宁认为即便在这一阶段并不能实现按需分配，只能够实行按劳分配，其对于共产主义的过渡也具有重要意义。除此之外，他还认为按劳分配是共产主义第一阶段即社会主义阶段的必要分配原则。与马克思的观点大致相同，在列宁眼中，这个分配原则包含两个方面的内容，一是"不劳动者不得食"，二是"等量劳动领取等量产品"。他强调，按劳分配的分配原则首先意味着"不劳动者不得食"，如果劳动者没有将自己的体力或脑力劳动投入到生产的过程当中，那么这样的劳动者就没有权利参与生活资料的分配。这实际上是列宁对以往资产阶级或地主阶级凭借生产资料的占有而驱

---

① 马克思：《资本论》第3卷，人民出版社，2004，第982页。
② 《列宁选集》第3卷，人民出版社，1995，第64页。

使劳动者劳动，并无偿占有劳动者部分或全部劳动成果的不合理现象和剥削行为的否定。按劳分配还意味着"等量劳动领取等量产品"。在社会主义阶段，社会主义的分配制度必须体现劳动者参与分配的平等，也即社会主义的分配制度能够公平合理地按照每个人为社会生产投入的劳动来分配相应的消费品。

实际上，列宁对按劳分配原则的阐述是对马克思关于共产主义第一阶段的分配理论设想的继承。不过，这种设想究竟应该如何嵌入具体的制度架构当中，马克思并没有回答，更没有条件实践。而列宁的重大贡献就在于将按劳分配这一种理论上的设想变成了应用于俄国革命实践的具体分配制度。十月革命之后，列宁结合现实面临的国内外危机，实行以余粮收集制、劳动义务制和取消货币流通为核心的"战时共产主义"政策，并试图通过不利用商品和货币关系而直接过渡到纯社会主义的生产和分配中，但是却产生了严重的经济危机和政治危机。也正是危机的产生，使得列宁认识到社会主义阶段的具体形式和制度并不能如马克思所设想的那样完全取缔商品和货币关系，采取纯而又纯的单一公有制。不仅共产主义存在初级阶段和高级阶段的区别，社会主义同样存在初级阶段和高级阶段的区别。如同共产主义初级阶段到高级阶段需要经过一个相当长的时期发展一样，社会主义社会的发展从建立到成熟也需要很长一段时间才能达到马克思所设想的生产资料公有制条件以及取消商品和货币关系的条件。在这样的条件下，列宁果断放弃了"战时共产主义"政策，推行"新经济政策"。列宁认为劳动者的生产积极性在生产中具有重要作用，劳动者是生产力最积极活跃的因素，必须发挥好劳动者的积极性。因此他提出"分配是提高生产的一种方法、工具和手段"①，实行货币工资制，适度扩大不同群体之间的分配差距，发挥消费性分配对生产的反作用，可提高生产。他认为，虽然工资在资本主义制度下是一种资本家控制和压榨劳动者的手段，但是社会主义制度可以避免工资制的弊端，工资在社会主义制度中仍然可以采用。

总的来说，列宁的分配思想是以马克思的按劳分配思想为基础的，列

---

① 《列宁全集》第41卷，人民出版社，2017，第358页。

宁认为按劳分配是消灭阶级剥削的重大步骤，是发展生产、提高劳动生产率的重要手段。在社会主义阶段，收入分配一定要处理好共同利益和个人利益之间的关系，个人利益和共同利益必须协调发展。

除了列宁，斯大林对社会主义按劳分配思想的发展也具有突出贡献。斯大林强调，社会主义按劳分配在马克思科学社会主义理论中具有重要的地位和作用，按劳分配原则应该是社会主义分配方式的本质内核。他认为："在阶级还没有彻底消灭的时候，在劳动还没有从生存手段变成人们的第一需要，变成为社会谋福利的自愿劳动的时候，人们将按自己的劳动来领取工作报酬。'各尽所能，按劳分配'，——这就是马克思主义的社会主义公式，也就是共产主义的第一阶段即共产主义社会的第一阶段的公式。"① 另外，斯大林也意识到平均主义的分配方式极不利于社会主义革命和建设。基于此，在实践中他提出"消灭工资制度中的平均主义"的方针，制定工人的八级工资制度，并采取了一系列贯彻按劳分配原则的措施。此外，对于那些将平均主义和马克思主义分配思想混淆的观点，他指出"平均主义和马克思主义的社会主义是毫无共同之处的"②。

总体来看，斯大林的分配思想直接继承于列宁的社会主义分配思想，本质上仍属于马克思分配思想的衍生和发展，是马克思主义思想在俄国实践中的应用和进步。从历史事实来看，列宁和斯大林的两种有一定区别的分配思想与实践不仅对我国改革开放前的分配制度产生了重要影响，而且对我国改革开放后的分配制度构建具有重要意义。

二　马克思主义的社会存在与社会意识辩证思想

哲学本质上是讨论思维与存在、精神与物质的关系问题，即思维与存在、精神与物质何者是本原。另外，思维与存在是否具有同一性，不仅是哲学的基本问题，而且是区分唯心主义与唯物主义的根本问题。唯心主义者认为，意识是物质的本原，意识决定物质；相反，唯物主义者认为，物质决定意识，存在决定感知。马克思主义哲学大体由辩证唯物主义和历史

---

① 《斯大林选集》下卷，人民出版社，1979，第308页。
② 《斯大林选集》下卷，人民出版社，1979，第309页。

唯物主义两个部分构成。其中，辩证唯物主义主要阐述的是唯物辩证法和辩证唯物主义认识论，而历史唯物主义则主要阐述了人类社会历史发展的一般规律。社会存在与社会意识的范畴是历史唯物主义的重要组成部分，是社会历史观的基本问题。

（一）存在与社会存在

从人与世界的相互关系来看，世界可以被分为自然世界和人类社会。自然世界是人类社会构成的基础，人类社会建立在自然世界的基础之上。实践是使得物质世界分化为自然世界和人类社会的历史前提，也是使自然世界和人类社会相统一的现实基础。社会生活在本质上是实践的，人类社会是在实践活动的基础上形成的，是人化自然和人类社会的统一。其内在地体现了人的需要、目的、意志和生产能力。物质生产活动是人类社会存续和发展的基本活动，是同自然相联系又相区别的社会过程，也是人类社会的第一历史活动。在这个过程中，人与人之间必然产生互动并结成一定的社会关系，这种社会关系不仅会受到人与自然关系的制约，而且也反过来制约人与自然的物质生产活动。马克思认为，"人的本质不是单个人所固有的抽象物，在其现实性上，它是一切社会关系的总和"①。因而，社会是人们相互作用的产物，所谓社会关系不过是生产关系的总和，经济关系、政治关系和思想关系构成社会的基本内容。

"存在"既是生产力与生产关系又是经济基础与上层建筑的矛盾运动相统一的组合，会被人们的实践活动所推动而不断向前发展。与西方哲学传统认识的存在并不完全相同，马克思的存在观有四项基本内容。第一，存在是自然界和社会中经由人们生产出的物质实体，即物质性存在是人类社会和其他存在形式存在的基础；第二，各类生物的物质变换活动、人类实践活动以及工具性活动所产生的存在是活动性存在，它主要表现为人类社会的生产实践活动；第三，社会中存在的各种所有制形式、法律制度等多种社会关系的存在方式被称为关系性存在，这种客观存在的关系性存在是人们在生产物质产品时所产生的与本阶段生产力相适应的生产关系，会随着物质生产资料和生产力的变化而变化；第四，思想、哲学、文艺、意

---

① 《马克思恩格斯选集》第 1 卷，人民出版社，2012，第 139 页。

识形态等是一种精神性存在，它需要随着物质生产的改造而改造。另外，存在不仅代指物质活动、制度、思想等业已确定的事物，还包括另一类代指社会发展趋势的可能性存在。马克思的存在观绝不是单向度的和纯粹的，其内在地包含现实、实践、物质、现象等多方面的社会内容，是历史的、现实的和可能性的统一。

相较于存在，社会存在实际上指的是社会生活的物质方面或社会物质生活条件，既包含物质资料的生产和生产方式，也包含具体层面的地理环境和人口因素。地理环境、人口因素和物质资料的生产方式是人类社会生产和发展的基础条件，也是人类社会客观物质性的体现。地理环境或自然环境是人类社会赖以生存和发展的基础。从整体来看，地理环境为人类社会的存在和发展提供了多样且必要的物质资源，是人类社会及其存在的必要保障；从局部来看，地理环境的不同直接塑造了不同区域的人类社会存在的不同，影响着当地的经济基础、上层建筑以及意识形态等。除了地理环境，人口因素也是社会存在必不可少的物质条件。人和人类社会并非生来如此，而是经历了复杂、漫长的自然历史发展过程所形成的社会存在。社会存在的基础是社会生产，而人口是构成社会生产的基础和主体。因此，社会存在的状态依赖于一定数量的人口和人口的质量状况，没有一定的人口数量和质量社会生产就不能正常进行。马克思认为，"物质生活的生产方式制约着整个社会生活、政治生活和精神生活的过程"[1]。在人们的社会物质生产生活中，物质资料生产方式是社会历史发展的决定性力量。因此，一般而言，人口因素对社会存在的发展具有两方面的作用。其一，生产力发展水平每进入一个新的阶段，就需要与之匹配的人口数量和人口增速。如果此时的人口因素能够满足现有生产力发展的要求，那么其就能够推动社会生产的发展，具有推动社会存在发展的作用。其二，随着社会生产复杂度的提高，社会生存越来越要求人口质量的提升，因此人口质量的提升也会对社会存在的发展产生重要的影响。

物质生产活动是社会存在赖以生产和发展的基础，是人类社会其他一切存在活动的基础和前提。生产方式是人类获取所有的生活资料的必要方

---

[1] 《马克思恩格斯选集》第 2 卷，人民出版社，2012，第 2 页。

式，生产方式制约着所有社会存在的产生和发展。一般而言，生产方式与社会存在的关系有三方面的作用。第一，只有物质生产生活得到存续和发展，物质生产的实践能够延续，所有的物质社会存在或精神社会存在才能够得以存在，这是社会存在的基本内容、特征和规律。第二，生产方式对社会存在的性质和形式起决定性作用，一个社会存在的制度、阶级乃至政治、法律和思想道德都是由生产方式的内容和形式决定的。第三，社会存在的变化也就是社会生产方式的变化。马克思认为，"随着生产方式即谋生的方式的改变，人们也就会改变自己的一切社会关系"①。这里其实内含两种机制，一种是生产力的提高推动着生产方式的转变，进而使得社会存在发展变化；另一种是生产方式的变化推动着生产力的提高，进而使得社会存在发展变化。无论是从哪种机制看，社会存在都受到生产方式变化的影响，生产方式变化必然导致社会存在改变。这是因为物质生产活动和生产方式是人类社会赖以生存和发展的基础，是人类社会活动的前提，也是社会存在的前提和基础。

(二) 意识与社会意识

"意识一开始就是社会的产物"②，随着人和人类社会的产生和发展，人们对所处的社会环境产生了一定的认识和感知。意识的产生不仅是一个客观的物质生产过程，而且是一个社会历史发展的过程。正如马克思指出的，从本质上看"观念的东西不外是移入人的头脑并在人的头脑中改造过的物质的东西而已"③，意识是经过人脑加工的客观世界的主观映象。意识是在人的实践中经由人脑产生的，反映的是人对客观世界的主观映象，但是人脑在其中只具有机能作用而不起决定性作用。因为从内容上来看，意识是对物质世界的主观映象，是基于客观存在的主观反映，决定性因素还是客观的物质世界。

个体意识的形成推动着社会意识的形成。但是，社会意识并不是每一个个体意识的简单加总，而是在相似的经济利益关系下形成的某一社会、阶级、集团成员的个人意识之和。社会意识指的是社会生活在精神方面的

① 《马克思恩格斯选集》第 1 卷，人民出版社，2012，第 222 页。
② 《马克思恩格斯选集》第 1 卷，人民出版社，2012，第 222 页。
③ 《马克思恩格斯选集》第 2 卷，人民出版社，2012，第 93 页。

内容，是整体社会存在的反映。在《哲学大辞典》的记载中，广义的社会意识指代的是社会的人的一切意识要素和观念形态，包括个体意识与群体意识、社会心理与社会意识。其中个体意识指的是个人的社会实践所产生的、与个人社会实践经历和社会地位相关的思想观念。群体意识指的是由一群特定的人群组成的共同体因具有相似的社会经历、相近的社会地位和面临相似的社会环境而产生的共同意识。社会心理指的是与日常生活相联系，处于自发状态的一种社会意识。社会意识指的是从社会生活中概括出来的系统的、抽象的、自觉的社会意识。不论是群体意识与个体意识还是社会心理与社会意识，它们的关系都是辩证统一的。个体意识是组成群体意识的基础，并且可能推动或阻碍群体意识的发展；反过来，群体意识也会影响个体意识的形成，推动群体意识向个体意识转化。社会意识与社会心理的辩证统一则表现为，社会心理是社会意识的初级表现形态，而社会意识的具体表现受到社会心理的指导、影响和制约。狭义的社会意识指的是与社会关系紧密联系的、现实的、直接能反映社会物质利益关系的意识形态内容，具体包含政治、法律、道德、艺术、哲学、宗教等多个方面。

（三）社会存在与社会意识的辩证关系

1. 社会存在决定社会意识

就社会意识本身而言，社会意识是派生的、第二性的社会产物，它是社会存在的反映。所有的社会意识都是在人类不断的社会交往中、改造社会的实践中产生和发展的。社会存在决定社会意识，有什么样的社会存在就会有什么样的社会意识。"宗教、家庭、国家、法、道德、科学、艺术等等，都不过是生产的一些特殊的方式，并且受生产的普遍规律的支配。"[①] 它们都是建立在与之适应的经济形式和物质生活关系基础之上的，是物质生活关系的总和。"全部社会生活在本质上是实践的。凡是把理论引向神秘主义的神秘东西，都能在人的实践中以及对这种实践的理解中得到合理的解决。"[②] 社会存在对社会意识具有基础性的制约和决定性作用。

---

① 《马克思恩格斯文集》第 1 卷，人民出版社，2009，第 186 页。
② 《马克思恩格斯文集》第 1 卷，人民出版社，2009，第 501 页。

社会意识的产生离不开社会存在，社会存在是社会意识内容的客观来源。马克思指出，"意识〔das Bewuβtsein〕在任何时候都只能是被意识到了的存在〔das bewuβte Sein〕，而人们的存在就是他们的现实生活过程"①。人的社会意识必然根源于不断变化发展的实践，是对不断变化发展的现实世界的反映。不论这种反映是正确的还是错误的、具体的还是抽象的、直接的还是间接的都应该能在社会生产和生活的方式中找到其依据。任何时代的社会意识或精神生产都只不过是社会对社会生产的反应，是物质生活、物质生产关系的产物。不仅如此，"发展着自己的物质生产和物质交往的人们，在改变自己的这个现实的同时也改变着自己的思维和思维的产物。不是意识决定生活，而是生活决定意识"②。由于社会意识是构成社会整体的一个结构层次，因此伴随生产的改变，相对应的社会意识也或迟或早改变。

需要强调的是，社会意识不仅是可变的，而且是具有阶级性的。"统治阶级的思想在每一时代都是占统治地位的思想。这就是说，一个阶级是社会上占统治地位的物质力量，同时也是社会上占统治地位的精神力量……占统治地位的思想不过是占统治地位的物质关系在观念上的表现"③。任何一种意识形态都具有鲜明的阶级属性，在任何一个阶级社会中，占据统治地位的意识形态一定是占据经济地位的统治阶级。当资产阶级登上历史舞台，它的思想也是代表先进生产力发展要求、代表广大的资产阶级物质生产者利益时，它能够获得社会意识的统治权。反之，当资本主义的发展背离社会生产力发展要求时，为了掩盖其阶级的特殊利益，其必然"赋予自己的思想以普遍性的形式"④。从统治阶级的角度看，在私有制为基础的社会建构中，少数拥有物质生产关系的所有者，往往把自己的私有意识形态，渲染为一种社会大众所共同的社会意识，"赋予自己的思想以普遍性的形式，把它们描绘成唯一合乎理性的、有普遍意义的思

①　《马克思恩格斯文集》第 1 卷，人民出版社，2009，第 525 页。
②　《马克思恩格斯选集》第 1 卷，人民出版社，2012，第 152 页。
③　《马克思恩格斯选集》第 1 卷，人民出版社，2012，第 178 页。
④　《马克思恩格斯选集》第 1 卷，人民出版社，2012，第 180 页。

想"①。一定的政治、法律和文化思想只是当时的社会意识形态的表象特征，其背后一定具有鲜明的阶级性，反映不同的阶级利益。统治阶级占有物质生产资料的同时也占有着精神生产资料的生产，"他们调节着自己时代的思想的生产和分配"②。统治阶级拥有代表本阶级利益的思想家，不断生产出新的统治思想或观念。统治阶级还将这些思想和价值观念不断传播、渗透到社会的各个层面和领域，在社会上形成一种思想分配。在物质生产领域占统治地位的阶级，通过垄断思想领域的生产到分配的过程，逐渐将自己的阶级意识转化为一种社会意识。物质利益占据统治地位的阶级，一定拥有社会意识的统治地位。但是，同处一个社会中的非统治阶级具有不同的政治法律思想、道德观念和道德意识。占据统治地位阶级的社会意识也可能会受到各种形式的社会意识的交互作用和交互影响，不仅可能去同化非统治地位的社会意识，也可能部分更正自我的社会意识。

社会的每一次变革，都伴随意识形态的变化。在意识形态的变化过程中，在物质生产领域占主导地位的统治阶级总是为自己的意识形态披上合理的外衣，从而拒斥其他形式的意识形态，以表达其意识形态的唯一性和合理性，这也是社会存在决定社会意识在阶级社会的重要表现。

2. 社会意识反作用于社会存在

社会存在对社会意识具有决定性作用，但是社会意识对社会存在的反映是建立在阶级的固有观念形式上的，即社会意识具有相对独立性。严格意义上来说，社会意识一般不是对社会存在的完全复刻，而是建立在自身能动性和独特发展规律上的反映。因此，一旦社会意识从社会存在中孵化出来，其就具有自在的独立性。这种自在独立性体现在，社会意识必然伴随社会存在的发展变化而变化，但这并不意味着社会意识与社会存在保持绝对的一致和平衡。社会意识同社会存在的发展并非完全同步，社会意识有时可能落后于社会存在，也有时可能先于社会存在而产生，能够科学预见未来社会的发展趋势。社会意识不仅是一种超越社会存在的力量，推动或阻碍社会存在的发展，而且会在一定情况下按照自己特殊的发展形式和

---

① 《马克思恩格斯选集》第1卷，人民出版社，2012，第180页。
② 《马克思恩格斯选集》第1卷，人民出版社，2012，第179页。

发展规律变化发展。另外，社会意识的存在和发展具有内在的历史继承性。人类社会的历史发展是一个波浪式前进螺旋式上升的过程，同样，人类社会意识的发展也是波浪式前进的历史过程。每一个阶段的社会意识形态都是建立在以往的社会意识成果的基础之上的，而且这一阶段的社会意识成果也会为下一个社会存在的发展阶段积累材料。

社会意识是一种精神力量，虽然它不能直接使社会存在发生变化，但是这种精神力量能够在一定的条件下转化为物质力量影响社会存在的发展和变化。恩格斯认为，"思想领域也反过来对物质存在方式起作用"①，即意识形态是行动的指引。人类社会的发展不是自发实现的，而是需要意识形态激发人的干劲、人的激情，推动历史进程向前发展。社会意识作为上层建筑的重要组成部分，在国家经济制度、文化制度、社会生活制度等多方面都具有非常重要的作用。就其本质来说，社会意识本身就是带有阶级性质的产物，也就内在的对社会存在具有约束功能。这种约束功能本质上是社会意识对社会存在的塑造作用，它或直接或间接影响制度、法律等社会存在内容的形成。虽然从本质上来说，"历史过程中的决定性因素归根到底是现实生活的生产和再生产"②，但是人们脑中的政治、法律和思想哲学理论对社会存在的塑造具有重要的作用。

一般而言，社会意识对社会存在的影响表现在质和量两个方面。从质上看，代表先进社会生产力的先进社会意识，也代表了新的经济基础和上层建筑的要求，符合社会发展规律，因此有可能成为经济社会发展的重大先导，推动社会存在向前发展；反动的社会意识，代表的是旧的经济基础和上层建筑的需要，目的是维护旧的社会生产秩序和旧的阶级利益，不符合社会生产力的发展方向，因此可能对社会存在的发展有阻碍的作用。从量上看，社会意识对社会存在的反作用的强度并不是完全一致的，这取决于占据统治地位的社会意识对人民群众的覆盖程度，覆盖程度越高，在保持现有的生产方式的状态下对社会存在的促进作用越显著，反之则反。

---

① 《马克思恩格斯文集》第10卷，人民出版社，2009，第586页。
② 《马克思恩格斯文集》第10卷，人民出版社，2009，第591页。

三　马克思主义的制度及制度变迁思想

客观地说，马克思经典文本著作中缺乏对制度的概念、构成以及制度的变迁原因和方式等内容系统的梳理和阐述，导致很多学者误认为制度及制度变迁思想是马克思主义思想的空缺。事实上，马克思主义经济学的本质就是运用制度分析方法建构经济理论框架和体系，主要分析以资本主义制度为特点的制度理论。在新制度经济学研究的许多问题中，马克思几乎都具有开创性的研究成果和阐述。马克思的制度理论，不仅对制度的起源、内涵以及制度的变迁与演进具有深刻的分析，而且对制度的长期变动有着相对西方的制度学派更为深刻的理解，制度理论是唯物史观的重要内容。中国共产党自成立以来便将马克思主义基本原理与思想作为指导其开展革命、建设和发展的思想，百年来分配制度的演化也必然内含丰富的马克思主义的制度理念。本节的主要工作就是尽可能地在搜集马克思经典著作文本的基础上，对马克思主义的制度和制度变迁理念进行梳理与总结。

（一）制度理论的基本概念、构成与性质

1. 制度的概念及成因

研究制度问题，首先必须说明为什么会有制度、制度是怎样产生的以及起源是什么。马克思的制度理论对制度的探讨并非是直接从制度本身开始进行论述的，而是从生产资料的所有制开始的。他认为，"分工的各个不同发展阶段，同时也就是所有制的各种不同形式。这就是说，分工的每一个阶段还决定个人在劳动材料、劳动工具和劳动产品方面的相互关系"①，即人们生产自己的生活资料，同时生产着物质生活本身。在马克思的制度建构体系中，生产资料所有制是整个制度体系中最基本和最具有决定性的要素。马克思认为，"人们在自己生活的社会生产中发生一定的、必然的、不以他们的意志为转移的关系，即同他们的物质生产力的一定发展阶段相适合的生产关系。这些生产关系的总和构成社会的经济结构，即有法律的和政治的上层建筑竖立其上并有一定的社会意识形式与之

---

① 《马克思恩格斯选集》第 1 卷，人民出版社，2012，第 148 页。

相适应的现实基础"①。制度实质上是人与人之间社会关系的约束，体现为社会要素之间相互联系和结合的方式，是一种社会交往关系的规范化、制度化的社会结构。与生产资料所有制随生产力的变动而不断变动的规律相似，每一个历史阶段的社会制度都会伴随生产关系的变动而发生变化。马克思在《政治经济学批判》序言中指出，"法的关系正像国家的形式一样，既不能从它们本身来理解，也不能从所谓人类精神的一般发展来理解，相反，它们根源于物质的生活关系"②。制度的形成源自物质生产生活的实践，制度是人与人之间的物质利益的协调机制。

马克思的制度来源分析中内含两个基本的前提假设：一是，制度的形成绝不是存在于单个人的生产之上而是存在于社会的分工生产基础之上，并且强调在生产的过程中人与人之间的经济行为存在交互关系；二是，在整个社会生产中，人们从事经济活动存在一定的利益冲突或矛盾。当社会经济活动频繁，而且人们之间相互竞争激烈时，为了保证社会生产生活和交换正常进行，自然需要做出规范性的制度安排。马克思认为，"人们按照自己的物质生产率建立相应的社会关系，正是这些人又按照自己的社会关系创造了相应的原理、观念和范畴"③。制度本质上是人的社会关系集合和社会关系的存在方式，社会集体中的人在社会经济生产关系的条件下创造社会制度，并在一定时期内按照社会制度的安排来行事。马克思主义的制度经济学实际上把生产的社会性当作制度理论形成的内在前提，制度的形成从表面上看是人为安排的组织结构，其实际上是社会经济活动中的客观经济关系的必然选择。

2. 制度的构成及作用

制度由什么构成，表现为什么样的结构？制度的重要作用是什么？社会交往活动领域形成的是社会结构和社会制度，经济交往活动领域形成的是社会经济制度，政治交往活动领域形成的是社会政治制度，文化交往活动领域形成的是社会文化制度。它们可依次被称为社会交流结构、社会经济结构、社会政治结构以及社会文化结构。制度的构成并非只有规则，还

---

① 《马克思恩格斯选集》第 2 卷，人民出版社，2012，第 2 页。
② 《马克思恩格斯选集》第 2 卷，人民出版社，2012，第 2 页。
③ 《马克思恩格斯选集》第 1 卷，人民出版社，2012，第 222 页。

内含经济、政治、思想和法律等多个方面。经济制度是整个社会制度体系的核心，其直接关系到社会成员间的利益分配，是政治制度、法律制度和文化制度生成的基础，决定着政治制度、法律制度和文化制度的发展方向和内涵。"每一时代的社会经济结构形成现实基础，每一个历史时期的由法的设施和政治设施以及宗教的、哲学的和其他的观念形式所构成的全部上层建筑，归根到底都应由这个基础来说明。"①

马克思、恩格斯根据制度在不同社会系统中所处的位置和所产生的作用将其分为基本制度和具体制度两个部分，基本制度是建立在一定的生产力水平上的生产资料所有制和上层建筑，是规定制度的制度。它主要包含以社会关系为研究对象的经济制度和以"政治、法律、道德"为主的上层建筑两个层次。经济制度主要囊括的是社会生产过程当中人与人之间的关系，反应的是人类的生产实践的规范；而上层建筑主要包括政治制度、法律制度、宗教思想文化及道德意识等方面。首先，上层建筑以政治制度为核心，它形成的是社会整体的政治结构。其次，法律制度是法律惯例的习惯化和固定化，它伴随经济的变化而变化，无论是哪种法律类型都在很大程度上取决于经济的发展。人诞生于一定社会法律制度体系的法律关系当中，任何人的活动、法律思想都不能脱离现存的法律和与之适应的法律概念。最后，道德是在人们的交往活动中形成的一些行为准则和思想观念，它具有调节人们行为规范和矛盾利益冲突的作用，是经济关系、社会关系的产物。道德观念具有社会历史性，马克思认为道德没有永恒的原则，更无所谓绝对的善恶之分，它是伴随社会的发展状况而发生改变的。

经济制度和上层建筑在相互作用中构成了层次分明且相互统一的社会制度结构体系。另外，如恩格斯所言："每一时代的社会经济结构形成现实基础，每一个历史时期的由法的设施和政治设施以及宗教的、哲学的和其他的观念形式所构成的全部上层建筑，归根到底都应由这个基础来说明。"② 即在经济制度和上层建筑的相互作用中，代表了社会生产关系总和的经济制度自然对上层建筑起着决定性作用。"在不同的财产形式上，

---

① 《马克思恩格斯选集》第3卷，人民出版社，2012，第401页。
② 《马克思恩格斯选集》第3卷，人民出版社，2012，第401页。

在社会生存条件上，耸立着由各种不同的，表现独特的情感、幻想、思想方式和人生观构成的整个上层建筑。"① 譬如上层建筑中的政治制度只是代表了法律制度、监察制度等具体制度体系的总和。这一系列具体制度构成的政治制度，实质上是在一个特定历史发展阶段，占据统治地位的统治阶级为实现其统治目的而采用的一种国家政权的组织方式和管理方式。其通过法律制度、监察制度等具体制度的安排，维护和保障现有的既得利益。实际上，制度的重要作用就在于形成了一种利益关系的协调机制与解决机制。在制度的框架内，不论是占据统治地位的领导阶级还是附属地位的阶级，都要按照制度规则来行事，都需要通过现有的制度安排来维护自身的利益。

除了基本制度，还存在"生产资料所有制""财产制度""工厂制度""土地制度""国债制度""税收制度"等具体制度。具体制度是建立在社会基本制度基础之上的，也是上层建筑的"具体形式"，各项具体制度建立的目的是维持社会的正常运转秩序，实现社会发展的目标。相对于基本制度，具体制度因要不断调和社会现实问题和缓和公众压力，所以变化可能相对较快。但是，无论是具体制度的内容和发展方向，还是具体制度的性质都是由基本制度决定的。

3. 制度的性质

根据马克思主义的基本原理，生产力决定生产关系，经济基础决定上层建筑。生产力是社会活动中最具有活力的因素，随着生产力的不断发展，生产关系也会不断调整；一旦经济基础发生了变化，与之相对应的上层建筑或早或晚也会发生变化。生产方式一直在发生着或大或小的变化，社会制度也同时变化不止。那么制度具有哪些特征呢？《政治经济学批判》序言中，马克思曾指出，"无论哪一个社会形态，在它所能容纳的全部生产力发挥出来以前，是决不会灭亡的；而新的更高的生产关系，在它的物质存在条件在旧社会的胎胞里成熟以前，是决不会出现的"②。从原始社会制度到奴隶社会制度、封建社会制度、资本主义社会制度，再到社

---

① 《马克思恩格斯选集》第1卷，人民出版社，2012，第695页。
② 《马克思恩格斯选集》第2卷，人民出版社，2012，第3页。

会主义社会制度和共产主义社会制度，制度演变的根本动因在于生产力与生产关系、经济基础与上层建筑的矛盾运动变化。在社会历史的发展过程中，生产关系集中表现为社会制度。也就是说，虽然生产方式和社会制度都在不断地发生变化，但是社会总体制度的转换并不是短期动态调整的，而是需要经过社会生产力逐步发展、经济基础与上层建筑不断碰撞与摩擦，从而逐渐生成适应生产力发展的生产关系、适应新的经济基础的上层建筑以取代旧的生产关系和上层建筑。社会制度的演变是稳定性与更迭性的统一。稳定性表现为在一个历史阶段内这个制度的基本性质是保持不变的；而更迭性则是体现在先进生产力代表占据主动地位后必然会催动社会基本制度变革，社会制度性质转化。

另外，社会制度还是平等性和非平等性的统一，社会制度和制度变迁直接源自社会中错综复杂的利益关系。不同的社会个体存在不同的利益要求，因此各个体之间、群体之间必然难以避免发生利益冲突，社会制度的产生就是为了缓和这种社会利益冲突。社会制度的产生为社会成员提供了一个稳定的秩序规范，所有成员都必须按照这样的规范行事，利益得到平等的保护。从制度本身来看，制度是一种客观存在的事物，无所谓好或者坏，更无所谓牺牲他人利益或者谋求自我利益。但问题在于，制度的创建是带有人的主观选择的，或者更明确的说是带有人的主观利益判断和利益选择的。从本质上来看，各种创设的社会制度，必然代表了一定人和一定群体的利益，实质是牺牲他人或长期利益为某些人或某些利益集团而服务的东西，同样的制度选择对不同阶级立场或利益集团的人可能具有不尽相同的意义，制度是非中性的。

"社会上占统治地位的那部分人的利益，总是要把现状作为法律加以神圣化，并且要把现状的由习惯和传统造成的各种限制，用法律固定下来。"① 即社会制度本质上是占据统治阶级地位的人群构造的，制度本身就代表了一部分阶级利益。设置制度带来的平等，其本质上是统治阶级内部的平等，用以维持阶级内部利益碰撞的有序和平衡，不受到恶意的侵犯。因此，从辩证法的角度来看，这种社会制度的形成本身就内含不平等。

---

① 《马克思恩格斯全集》第 46 卷，人民出版社，2003，第 896 页。

（二）制度变迁的主体、动力与路径

制度变迁的思想是马克思、恩格斯从社会生产生活的本质出发，在对社会历史和现象考察的基础上对社会发展和演进进行的理解及规律总结。马克思、恩格斯对制度变迁的理解相较于传统的西方制度学派而言更加涉及制度变迁的本质问题。

1. 制度变迁的主体

谈及制度变迁问题，首先我们要清楚到底是什么推动了制度变迁，也就是制度变迁的主体是什么。恩格斯认为："在社会历史领域内进行活动的，是具有意识的、经过思虑或凭激情行动的、追求某种目的的人；任何事情的发生都不是没有自觉的意图，没有预期的目的的。"[①] 社会实践活动从本质上来说，离不开人有意识的推动，更重要的是会受到人的利益、目的以及观念等的影响。社会中各个群体、个人之间的利益必然不尽相同，在社会活动当中必然又将存在冲突和对抗。因此，从马克思主义思想出发，人是制度变迁的主体，因人的利益需求而进行的斗争推动着社会制度的演进。从原始社会开始算起，随着生产力的发展，社会产品进一步丰富，人类社会原有的利益分配制度不再适应新的生产状况。这样，制度的变迁也就伴随生产力发展带来的日益激烈的利益冲突和斗争而发生。进入阶级社会，社会中人与人之间的斗争就表现为阶级斗争。不同阶级之间的利益冲突所引发的阶级斗争将直接引发社会制度的变迁。但是，需要强调的是，如恩格斯所言："就重大事件来说，都是不知不觉地完成的，就是说，这些事件及其所引起的后果都是不以人的意志为转移的。"[②] 另外，马克思也曾谈到，"物质生活的生产方式制约着整个社会生活、政治生活和精神生活的过程""不是人们的意识决定人们的存在，相反，是人们的社会存在决定人们的意识"[③]。人是制度变迁的主体，人能够直接推动制度的改革和发展，但是人想要更换旧的制度、创造新的制度也会受到社会发展的规律约束。

马克思不仅论述了人是社会中制度变迁的主体，而且认为群众在制度变迁的过程中具有决定性作用。人民群众不仅是物质生活资料的创造者，

---

① 《马克思恩格斯选集》第 4 卷，人民出版社，2012，第 253 页。
② 《马克思恩格斯选集》第 4 卷，人民出版社，2012，第 663 页。
③ 《马克思恩格斯选集》第 4 卷，人民出版社，2012，第 923、995 页。

也是精神产品的创造者；是历史的创造者，也是社会变革的决定性力量。由于物资资料的生产是社会发展方向的决定性力量，而人民群众是物质生产资料的创造者，因此人民群众在社会发展方向上起着决定性作用。人民群众的物质资料生产能力是逐渐上升的，决定了社会制度的变迁也是一个由一般到高级的过程。此外，人民群众还是历史的创造者，进入阶级社会，首先受到旧制度压迫和剥削的是人民群众，因此首先反抗旧制度压迫和剥削的也是人民群众。这样人民群众就是阶级斗争的关键性力量，通过阶级斗争的形式直接推动着社会发展，推动着社会制度变迁。

部分马克思批判主义者认为，唯物史观否认单个人在历史进程中的作用，更否定传统和天才在历史演变中的作用。实际上，除了论述人在制度变迁中的主体地位，人民群众是社会制度变迁中的决定性力量，马克思、恩格斯从唯物辩证法的角度出发对伟大历史人物在制度变迁中的特殊作用也有其独到的理解。天才或者英雄人物是包含在人民群众当中的，他们能够脱颖而出的原因在于拥有相对更高的才能。这种才能代表的是对社会形势或事物发展变动的一种敏感度。他们能够相对更为准确地把握社会问题，并且揭露这些问题，利用这些问题想办法推动社会的发展。从社会发展的外貌来看，天才或者杰出人物完全有可能率先透过事物的表面现象，更为深入地了解事物的本质或一般规律和趋势。他们完全有能力在社会发展的过程中，加速或者延缓制度变迁的进程，甚至是改变制度变迁的方式，在制度变迁过程中留下属于自己的具有特殊性的时代印记。杰出的、伟大的历史人物往往在制度变迁的价值选择过程中有很大的作用，往往有可能成为一种制度运行机制的设计者。英雄或者伟大的历史人物可能是社会制度的构建者，以及社会制度变迁的关键因素。但是，就社会发展的一般趋势而言，不是英雄造时势，而是时势造英雄。并非是天才或英雄人物决定了制度变迁的发生，每一次的制度变迁都是由事实上的生产力发展以及这种发展所决定的人们在社会经济的生产过程中的相互关系决定的。社会发展变迁的动机不仅是个别人物或者杰出人物的动机，而且是最广大人民群众或者是使得整个阶级行动起来的动机。人类历史是每一个人创造的，这里的每一个人不仅包含杰出人物，还包含最广大的普普通通的劳动者和奉献者。推动社会制度变迁的不单是杰出的个人，更重要的是在这一历史时期努力劳动和创造的广大人民群众。人类社会制度的变迁是无数个人构成的人民群众的合力所推动的。虽然马克思、恩格斯强调相较于英雄人物，人民群众的力量才是制度变迁的动力源泉，但是他们也认为伟大历史人物是群众中的杰出代表。这些杰出代表在社会制度的演化过程中，总是能够在社会制度变迁时机成熟或者接近成熟时率先提出或者发起制度变迁的历史任务，使得制度变迁这一历史转折点提早或者延迟发生。

总而言之，社会制度变迁的主体是人，人民群众在制度变迁的过程中具有决定性的作用，伟大历史人物在制度变迁的过程中具有重要的推动作用。制度变迁不仅是一个自然演化的过程，而且是一个包含个人理性建构的过程，是自然演进与理性建构的统一。

2. 制度变迁的动力

社会制度的变迁是一个不断发展的过程，制度本质上还是一个历史的范畴，任何一种制度都是一种历史性质的存在。对于不同历史阶段的社会形态，制度有着不尽相同的表现，制定是在不断变化中存在和发展的。从马克思、恩格斯的观点出发，他们认为制度变迁的根本推动力是生产力与生产关系的矛盾运动，制度变迁的直接推动力是社会内部利益关系的变动，其他偶然因素在制度变迁中也具有重要的作用。

首先，从制度变迁的根本推动力来看，马克思、恩格斯认为，"一切重要历史事件的终极原因和伟大动力是社会的经济发展，是生产方式和交换方式的改变"[1]。生产力与生产关系的矛盾运动是制度变迁最本质的原因。"社会的物质生产力发展到一定阶段，便同它们一直在其中运动的现存生产关系或财产关系（这只是生产关系的法律用语）发生矛盾。于是这些关系便由生产力的发展形式变成生产力的桎梏。那时社会革命的时代就到来了。"[2] 由于生产力决定生产关系，生产关系始终要适应生产力的发展，随着经济基础的改变，一旦现有的生产关系阻碍了生产力的进一步提高，那么上层建筑的制度构建也必然或快或慢发生变化，有什么样的生产力于是就应该产生什么样的经济制度。也就是说，在生产力发展的不同

---

① 《马克思恩格斯选集》第 3 卷，人民出版社，2012，第 760 页。
② 《马克思恩格斯选集》第 2 卷，人民出版社，2012，第 2~3 页。

阶段，不可避免地需要产生与之对应的生产关系，即需要发生制度变迁，生成新的适应社会生产力发展的社会制度。部落所有制代表的是，人类社会刚刚形成以捕鱼、采集为主的生产力不发达阶段；相反，共产主义的社会制度则代表的是，人类社会进入物质生活和精神生活极大丰富的生产力水平极为发达阶段。马克思强调，"人们不能自由选择自己的生产力——这是他们的全部历史的基础，因为任何生产力都是一种既得的力量，是以往的活动的产物"①。换言之，生产力是生产关系的全部历史基础，任何生产力都是以往活动的产物。由于生产力是不断发展的，任何社会制度的构建都不是没有任何缺陷的，自然这就导致了社会制度也是不断发展的。一个好的社会制度的判断标准就是能符合当时社会生产力阶段的要求。一切制度都应该是社会当时历史时期下的产物，社会生产力的变迁也就是制度变迁的根本原因。社会生产力的发展直接影响着物质生产实践活动，而实践活动是一切人类生存和社会历史的前提。社会生产力的变化通过物质实践活动引导人与自然、人与社会的交互过程的制度变化。

其次，从制度变迁的直接推动力来看，社会内部利益关系的变化即不同利益集团与阶级之间的矛盾冲突是导致制度变迁的直接因素。马克思认为："每一既定社会的经济关系首先表现为利益。"② 在原始社会中，社会群体因为生存的需要才形成相对稳定的利益分配机制；而封建社会中，部分剩余产品的出现直接导致利益冲突的出现，进而形成了私有产权的保护制度。制度的产生并不能阻止利益冲突的发生，只能够在既定的制度框架下缓解社会利益冲突，但是一旦这样的冲突到达一定的阶段便会导致制度的瓦解和变革。由于社会制度常涉及的是人与人之间的利益分配和利益实现机制，所以出于某一阶级利益或集团利益设计的社会制度实现机制一定存在不合理和不公正之处。因此，社会制度既是人们实现自身利益的社会机制也是人们利益冲突的直接诱因。利益冲突不仅会导致制度变迁，而且不同层次的利益冲突会形成不同的制度体系。恩格斯认为，个人具有"按不同方向活动的愿望及其对外部世界的各种各样作用的合力"③，这就

---

① 《马克思恩格斯选集》第 4 卷，人民出版社，2012，第 408~409 页。

② 《马克思恩格斯选集》第 3 卷，人民出版社，2012，第 258 页。

③ 《马克思恩格斯选集》第 4 卷，人民出版社，2012，第 254 页。

使得个人在社会制度变迁中具有独特的微观作用。每一个社会中的个体必然隶属于一定的阶级，而阶级指的是具有相似共同利益的社会个人所组成的集合体。由于阶级利益是个体利益的集合，所以个体之间的利益矛盾、社会群体之间的矛盾必定首先表现为阶级与阶级之间的利益冲突。由于阶级利益冲突和斗争的存在，为了使不同阶级之间的利益能够得到协调，减少不同阶级的直接对抗，相应的制度机制就应运而生。当固有的制度机制不再适应阶级冲突时，阶级利益的矛盾就会导致社会制度发生变迁。从历史上的阶级斗争的不同形式和结果来看，可以解释为一个社会形态取代另一个社会形态的直接动力，即阶级利益冲突是制度变迁的中观原因。

不仅个体与个体之间、阶级与阶级之间会产生利益冲突，个体与阶级之间也会产生利益冲突。如上文所述，阶级利益代表的是一个群体的整体利益诉求，而个体利益必然有其特殊性，因此在现实生产生活中，个体利益往往会与阶级利益或者社会整体利益相悖。"正是由于特殊利益和共同利益之间的这种矛盾，共同利益才采取国家这种与实际的单个利益和全体利益相脱离的独立形式"[1]。其作用在于缓和阶级内部个体与群体之间的利益冲突，而"不致在无谓的斗争中把自己和社会消灭"[2]。当这种阶级内部的利益冲突能够被控制在一定范围内时，形成的社会制度就能够被暂时稳固下来。这种稳固是统治阶级与被统治阶级利益协调的结果，并且一定伴随统治阶级的利益实现和被统治阶级的利益受损而告终。不过，一旦被统治阶级的个人利益与阶级共同利益产生严重的偏差，其必然依靠自身的力量去改变社会中原有的利益格局。最终，利益格局的变动也驱使着社会制度的变迁。

最后，社会制度变迁的动力也并非完全取决于经济因素的变动，社会中存在的偶然性因素也是影响制度变迁的重要因素。譬如意识形态的存在也会影响制度变迁的动力大小。马克思认为，"思想、观念、意识的生产最初是直接与人们的物质活动，与人们的物质交往，与现实生活的语言交织在一起的"[3]，即意识形态实际上是物质生活条件的观念的表现，是人

---

① 《马克思恩格斯选集》第 1 卷，人民出版社，2012，第 164 页。
② 《马克思恩格斯选集》第 4 卷，人民出版社，2012，第 187 页。
③ 《马克思恩格斯选集》第 1 卷，人民出版社，2012，第 151 页。

的实践行为的作用。当然，当人们意识到社会制度需要发生变动时，人们就会有意识地推动社会制度发生变动。但是，当人们的意识形态固化时，人们很难主动挑动制度的变迁。

从马克思的视角出发，一个社会利益结构不仅有个体之间、阶级之间还有个体与社会之间的对立矛盾，正是这种不同维度的利益矛盾，推动着微观、中观以及宏观的社会制度结构形成。制度的变迁动力根源于社会生产力的向前发展，而经济利益关系的改变是社会制度变迁的直接推动力，社会中存在的许多偶然性因素也会影响制度改变的动力，加速或延迟制度变迁的发生。

3. 制度变迁的路径选择

上文阐述过，"无论哪一个社会形态，在它所能容纳的全部生产力发挥出来以前，是决不会灭亡的；而新的更高的生产关系，在它的物质存在条件在旧社会的胎胞里成熟以前，是决不会出现的"①。社会制度的变迁可能会存在与其不相符的时间差异，但是，从人类社会发展的历程来看，制度的演变是不以人的意志为转移的。社会制度的演变可能会局部存在倒退，但是从一个长时间序列来看，社会制度的演变总是从一个制度形态跃升到另一个较高级的制度形态。

问题在于，社会制度的变迁或演化具有些怎样的路径？马克思、恩格斯认为社会制度变迁的路径主要存在两种。一种是通过社会革命暴力打破旧制度，使一种制度被另一种制度所取代；另一种则是在社会根本制度保持不变的情况下，对现有的一些具体制度进行调整。

马克思认为，"人们在他们的交往〔commerce〕方式不再适合于既得的生产力时，就不得不改变他们继承下来的一切社会形式"②。随着生产力的发展，现有的生产关系会成为生产的桎梏，阻碍社会生产力的发展。一旦生产力的发展受到了阻碍，社会矛盾必然会加剧，制度的变迁也就成为必然的要求，社会革命也就可能处于酝酿的过程中。那么究竟是暴力革命还是和平调整，制度变迁的方式究竟如何来选择？

---

① 《马克思恩格斯选集》第 2 卷，人民出版社，2012，第 3 页。
② 《马克思恩格斯选集》第 4 卷，人民出版社，2012，第 409 页。

马克思所阐述的"暴力"一般包含三个层次的内容：第一个层次代指的是蕴含在人民生活中的斗争，是一种分散形式的暴力；第二个层次是对劳动生产存在直接影响的、带有组织形式的集权式国家强力；第三个层次指的是带有改变历史进程性质的暴力革命。对于暴力革命而言，马克思曾提出，"物质力量只能用物质力量来摧毁""用暴力推翻全部现存的社会制度"①。暴力革命是推翻资产阶级和国家的必要手段，具有先进生产力的阶级采用暴力斗争的方式掌控政权，从而调整生产关系使其适应生产力发展的要求。就人类社会发展的一般规律而言，阶级的对立与斗争是人类社会更替与进步的必要因素，而暴力革命是最为重要的手段。

暴力革命有时可能是能够最为迅速地转化社会生产制度的方式。如果国家通过暴力强制的方式实现对社会利益关系的协调，那么暴力就是社会形态更替的重要表现。但是，暴力本身也会使得生产力遭受暂时的损失。因此，暴力革命绝不是实现社会生产关系变革、社会制度调整的唯一方式，暴力革命发生的根本条件应该是社会生产力发展与生产关系极度不匹配；而先决条件则应是落后的统治阶级始终抑制先进生产力的到来，维持旧的生产关系和自己的统治利益。

此外，随着社会革命运动的开展、革命形势的变化，马克思、恩格斯也认识到社会制度的变迁在条件并非完全具备时也需要采取一些柔和的方式，使得制度的变迁表现为一个缓慢推进的过程。他们反对任何形式的和任何情况下的暴力，即便是生产力的发展也不是从一个阶段立马就过渡到另一个阶段的，因此生产关系的变革也是经历了从先进到落后，从促进到阻碍的过程。考虑到这一点，生产关系的调整或者说社会制度的变革也可以是一边保持稳定，一边对不适于社会发展的制度进行调整。

社会制度的演进是历史的必然进程，是生产力发展的必然选择。任何一个个体或者群体都无法阻碍其继续向前发展，更没有办法以主观意志为基础随意创造制度。当然，这并不是否认人具有主观能动性，人可以按照客观生产力发展的要求，使制度演变出暂时符合社会发展需要、符合社会各方利益矛盾者需求的制度。

---

① 《马克思恩格斯选集》第 1 卷，人民出版社，2012，第 9、435 页。

第三章
经济思想史视阈下百年分配
制度演化的理论分析

　　社会存在决定社会意识，社会意识是社会存在的反映，并反作用于社会存在。在不同的历史阶段有着不同的社会主要矛盾，中国共产党所处的政治语境亦不断变化，这些社会存在决定了党在各个时期的分配思想。中国共产党发挥主观能动性，根据分配思想制定分配制度并通过实践来化解这些社会主要矛盾，改变自身政治语境，积极反作用于社会存在。

第一节　经济思想史视阈下百年分配制度的演化机制

一　演化机制示意

　　在中国共产党成立以后的百年时间里，我国经历了从半殖民地半封建社会到站起来、富起来、强起来的历史进程，整个进程大致分为四个阶段，每个阶段都有不同的社会存在，这些社会存在包括社会的经济构成、阶级构成、党派斗争等。各个时期的生产资料所有制及党的政治语境决定了各个时期党的分配思想，而分配思想又对前者产生反作用，根据这些分配思想，党制定不同的分配制度来改变当前的社会存在，促使社会存在发生新变化，产生新的社会存在，新的社会存在又决定了新的分配思想，并开启新的循环。整个循环进程如图 3-1 所示。

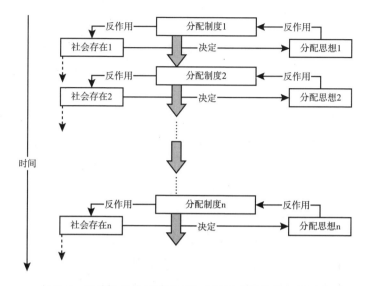

图 3-1　经济思想史视阈下百年分配制度的演化机制示意

二　演化机制的理论分析

社会存在决定社会意识，社会意识反作用于社会存在。社会存在指社会生活的物质方面，即不以人的社会意识为转移的社会物质生活过程，主要是指物质资料的生产方式。社会意识指社会的精神生活过程，是对社会存在的反映，包括人们的政治法律思想、道德、艺术、宗教、科学和哲学等社会意识形式及感情、风俗习惯等社会心理。马克思、恩格斯在《德意志意识形态》一书中首次系统地论述了社会存在决定社会意识的原理。后来马克思、恩格斯在《政治经济学批判》序言中对社会存在决定社会意识的原理做了精辟的概括总结，他们指出"物质生活的生产方式制约着整个社会生活、政治生活和精神生活的过程。不是人们的意识决定人们的存在，相反，是人们的社会存在决定人们的意识"[1]。社会存在不同于自然存在，自然存在不是通过人类活动而存在的，但社会存在离不开有意识的人类活动。然而，社会存在的这一特征不能改变其客观性。社会存在的客观性意味着社会存在不依赖人的社会意识。唯物史观认为，社会存在

---

① 《马克思恩格斯选集》第 2 卷，人民出版社，2012，第 2 页。

是社会生活中的第一性的东西，是社会意识的根源，而社会意识是社会存在的反映和派生。历史唯物主义特别强调，新的、进步的社会思想和理论对于实现社会革命和完成社会物质生活发展提出的新任务具有重要的作用。在社会历史的认识上，历史唯物主义坚持认为社会存在是首要和决定性的力量。同时，它认识到社会发展过程是一个矛盾的运动过程，社会存在和社会意识相互作用。

（一）社会存在决定社会意识

历史唯物主义是关于人类社会怎样发展的认识论，历史唯物主义认为，历史上所有事件发生的根本原因都是物质的丰富，社会历史的发展有其自身固有的客观规律。社会存在决定社会意识，社会意识又可以塑造与改变社会存在。社会存在是逻辑起点，各阶段中国社会物质资料生产方式与中国共产党的现实处境都是重要的社会存在，决定着中国共产党百年分配制度的变迁。从整个社会的角度来看，各种形式的社会意识是不同的，但作为社会意识，它们有共同点。社会意识的内容植根于社会存在，是社会存在的反映。从个人和群体的角度来看，一个人具有何种社会意识取决于他所生活的社会存在的具体条件。不同阶层的社会意识是由不同阶层的地位决定的。社会意识源于社会存在，有什么样的社会存在，就会有什么样的社会意识去适应它。从社会意识的角度来看，随着社会存在的变化，人们的社会意识迟早会发生变化，更快或更慢，更大或更小。某一概念的产生、发展和消失只能用社会存在的实际变化来解释。中国共产党百年分配制度的变迁，不仅要看到分配制度，还要看到主体是中国共产党，所以要将社会的物质资料生产方式和党的政治处境两种社会存在结合起来分析。

首先，分配是由生产决定的，具体是由生产资料所有制决定的，生产资料所有制属于生产关系的范畴，生产力决定生产关系，生产力与生产关系构成生产方式。生产力与生产关系的矛盾是社会发展的基本矛盾之一，生产力决定生产关系，从而影响分配制度。在中国共产党百年分配制度变迁的过程中，各阶段的物质资料生产方式作为一个重要的社会存在决定着中国共产党的分配思想。

其次，回顾中国共产党的百年历史，从建党时的50多名党员，发展成为今天已经拥有 9500 多万名党员、在 14 亿多人口的大国长期执政的党①，中国共产党经历了许多严峻的考验。面临不同的考验，中国共产党根据自身的政治环境，总结出不同的理论思想并指导实践来发展壮大自己，由此产生中国共产党特有的分配思想。所以，中国共产党的现实政治处境是另一种社会存在影响并决定着中国共产党的分配思想。

以各个时期的物质资料生产方式和政治语境作为逻辑起点，形成了一系列回应和解答时代问题的经济思想或政治经济学。这些理论成果主要包括新民主主义经济思想、社会主义政治经济学、社会主义市场经济理论和新时代中国特色社会主义政治经济学等，每个经济理论都有各自的分配思想和分配制度。

综上，中国社会物质资料生产方式与中国共产党的现实政治处境两种社会存在合力决定了中国共产党的分配思想。

（二）社会意识能动地反作用于社会存在

历史唯物主义认为，社会意识不仅反映社会存在，而且反作用于社会存在。先进的社会意识会促进社会的发展，而落后的社会意识则会阻碍社会的发展。这是社会意识相对独立性的突出表现。在一定条件下，社会意识将转化为物质力量，作用于社会存在，影响历史发展。

分配思想属于社会意识范畴，分配思想影响分配制度，分配制度一旦落地又会成为分配实践，能动地反作用于社会存在。分配制度即劳动产品在社会主体中如何分割、配给制度的总称。不同历史背景下，根据社会主要矛盾的变化和党的政治语境，会产生不同的经济思想，根据不同的经济思想，可制定不同的分配制度。这些分配制度包含价值判断，服务于解决当前社会的主要矛盾和党的发展，是经济思想的外化。从实践论的角度来看，分配制度是理论到实践过程的行动指南，按照行动指南去实践，作用于当前的社会存在，以达到改变社会存在的目的。从矛盾论的角度来看，分配制度的形成是共产党人发挥主观能动性，反作用于当前社会存在的主要矛盾和党面临的主要矛盾的过程，以期解决当下的矛盾，促进社会和党

---

① 黄月、黄武：《解码 9500 万党员之"钜"》，《中国纪检监察》2021 年第 16 期，第 32~33 页。

的发展。共产党人根据经济思想制定行动纲领，确定分配过程中应该遵守的规则，将经济思想蕴含的道理显化为行动纲领，并通过实践过程反作用于社会存在，改变原有的社会存在状态。这就是社会意识反作用于社会存在的过程。

社会意识具有相对独立性，不同的主体面对同一个社会存在会有不同的社会意识。社会意识有先进的社会意识和落后的社会意识之分，先进的社会意识促进社会的发展，落后的社会意识阻碍社会的发展。中国共产党在成立至今的百年历史中，在新民主主义革命时期、社会主义革命和建设时期、改革开放和社会主义现代化建设新时期以及中国特色社会主义新时代都有先进的、正确的社会意识，从而促进了社会和自身的发展。所以，在社会意识反作用于社会存在的过程中，先进的、正确的社会意识至关重要。

（三）反作用产生新的社会存在

社会意识的反作用改变旧的社会存在，产生新的社会存在。社会意识的反作用过程实际上是社会意识指导下的实践过程，

在马克思主义哲学中，实践是指人积极改造客观世界的物质活动，是人独特的对象性活动。这种对实践本质的理解包含两个层次的相互关联的含义。第一个含义是，实践是人特有的客体活动。首先，它肯定了实践活动的对象性，即实践活动是以人为主体、以世界上任何事物为客体的真实活动。与动物对自然的被动适应不同，人类的实践活动具有自主性。实践的自主性表现在，人们不仅可以通过实践来理解客观规律，而且可以利用客观规律，使事物以人的方式与人发生关系，实现事物被人掌握和占有的目的。第二个含义是，实践具有物质的、客观的和感性的性质和形式。这一含义将实践视为人们以"感性"的方式把握对象的活动，用以区分人们以精神和概念的方式把握对象的活动，如认知和理论活动。在这一区别中，实践具有直接现实性的特点。通过实践，人们不仅可以满足自己的利益和需要，还可以检验自己的主观目标、愿望、意图和计划是否符合客观现实，对事物的理解是否正确。"实践"和"社会存在"是建构马克思主义哲学的最基本也是最重要的两个范畴。说它们是最基本的是因为它们在马克思主义哲学中充当基础的角色。经典作家赋予它们的特定的科学含义

以及它们在建构学科理论时的特殊作用，使经典作家实现了哲学发展史上的革命。说它们是最重要的是因为它们的最基础的地位，由于这个基础的地位，我们必须将马克思主义哲学所有原理和范畴置于这个基础才能对其做出深刻而准确的理解和把握。

共产党人通过制定分配制度并实践，改变原有的社会存在状态，逐步化解社会现实存在的社会主要矛盾和提高中国共产党自身的政治地位。中国共产党成立时，中国的社会是半殖民地半封建社会，在先进的社会意识指导下，经过 28 年的实践，中国共产党带领中华民族推翻"三座大山"，建立新中国，使社会存在发生了质的改变，社会意识也随之改变。三大改造完成之后，中国正式成为社会主义国家，按劳分配制度成为全国范围各个行业的分配制度。1978 年改革开放，邓小平同志重新定义我国的社会存在是社会主义初级阶段，这是一个先进的、正确的社会意识。首先，我国是社会主义国家。其次，我国处于社会主义的初级阶段，物质资料生产力还不够发达，所以首要任务是进行经济建设。在正确的社会意识指导下，经过 32 年的实践，我国 GDP 排名从 1978 年的第 10 位上升到了 2010 年的第 2 位①，中国共产党带领中国实现了伟大的发展奇迹，完成了从"站起来"到"富起来"的飞跃，社会存在完成了再一次的质变。2012 年，中国特色社会主义进入新时代，我国向着"强起来"的目标继续前进，分配制度也向着共同富裕的方向继续深化改革。

综上，每次实践的反作用都会产生"新"的社会存在，"新"的社会存在又决定了新的社会意识，从而再反作用于"新"的社会存在，然后再进入下一个循环过程，如此循环不已。

第二节 经济思想史视域下百年分配制度的演化脉络

一 新民主主义革命时期（1921~1949 年）：探索期

新民主主义革命时期是中国共产党分配制度的探索期。随着社会存在

---

① 武力：《中国式现代化的经济史分析》，《近代史研究》2023 年第 1 期，第 14~23 页。

的变化，中国共产党的分配制度经历了从"没收生产资料、实现公平分配"到"多元收入分配"的变化，这个时期的演化过程如图3-2所示。

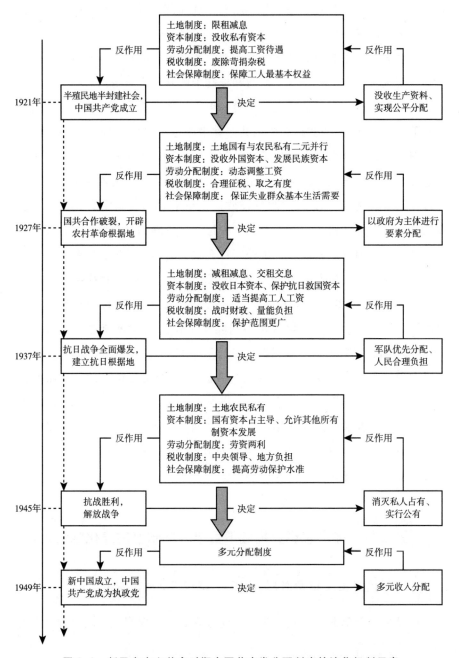

图3-2　新民主主义革命时期中国共产党分配制度的演化机制示意

新民主主义革命时期，以毛泽东为代表的中国共产党人，正确认识到中国社会当下的社会存在，即近代中国是一个半殖民地半封建社会，以这样的社会存在作为起点，形成了先进的、正确的社会意识，在实践过程中形成了新民主主义经济思想，也开启了对按劳分配制度的探索。

中国共产党成立之初，中国的社会存在是半殖民地半封建社会和刚刚诞生的政党，分配制度是根据马克思主义基本原理，主要针对生产资料做出的分配方案。马克思曾指出，"一个除自己的劳动力以外没有任何其他财产的人，在任何社会的和文化的状态中，都不得不为另一些已经成了劳动的物质条件的所有者的人做奴隶"①。生产资料即属于劳动物质条件，它是决定社会成员生产地位，进而决定生产成果如何分配的前提性要素。中国共产党自诞生之初就在其纲领中将消灭资本家私有制作为任务之一。这一主张虽然直接涉及生产资料，但在此时的社会经济结构中占据统治地位的仍然是封建地主阶级，所以党的主张与社会现实并不相符，在实际实行过程中并未变革生产资料所有制。关于土地的分配制度主要为"限租减息"，对于民族资产阶级和小资产阶级中的按资分配也采取维护的态度。这样的分配制度一直持续到大革命的失败。

土地革命时期，社会存在发生了变化，随着国共合作的第一次失败，中国共产党开始独立思考中国革命问题，提出了"农村包围城市，武装夺取政权"的革命策略，建立并巩固农村革命根据地成为革命成功的关键任务。当时由于农民在经济领域长期受到掌握土地生产资料所有权的地主阶级的压迫和剥削，所以只有开展土地革命，破除地主阶级的生产资料所有权，才能真正解放农民，巩固农村革命根据地。因而，中国共产党于1928年颁布了《井冈山土地法》，明确提出土地分配要以人口为标准，男女老幼平均分配。之所以提出这样的分配原则，是因为党考虑到一方面老幼虽然劳动能力弱，但依然需要掌握土地生产资料以维持自己的生活；另一方面人口数量具有清晰可见、易于计算的特点，以此为分配尺度可以简化分配工作、节约分配成本、提高分配效率。但该法令未根据革命需要将阶级问题考虑在内，轻率提出没收一切土地，这在一定程度上损害了人们的革命积极

① 《马克思恩格斯选集》第3卷，人民出版社，2012，第357~358页。

性。1931 年颁布的《中华苏维埃共和国土地法》规定要对所有封建地主、军阀、官僚等的土地进行没收，并且不再分配给其土地，土地在雇农、苦力、劳动农民这群被压迫被剥削的人中按人口数量平均分配。该法令给予平均分配方式以高度评价，认为这是"消灭土地上一切奴役的封建的关系及脱离地主私有权的最彻底的办法"①。同时提出要严厉制止富农所要求的按生产工具分配被没收的土地这一方式，因为这是富农牟取私利的手段。1937 年 7 月 7 日，抗日战争全面爆发，中国共产党的分配制度也随着社会存在而改变。

抗日战争时期，中华民族同日本帝国主义侵略者的矛盾上升为我国社会主要矛盾，联合国内各阶级力量组成抗日民族统一战线成为必要之举，这就要求党尽量照顾国内各阶级经济利益，适时协调国内阶级矛盾。在此形势下，中国共产党于 1937 年公布了《中国共产党抗日救国十大纲领》，在改善人民生活方面决定"减租减息"②，即"一方面地主要减租减息，以改善农民的生活，另一方面，农民要交租交息，以照顾地主、富农的利益"③。随后，为深入贯彻落实该政策，中国共产党于 1942 年陆续颁布了《关于抗日根据地土地政策的决定》《关于如何执行土地政策决定的指示》这两个文件，明确了"减租减息"政策的具体落实办法。可见，中国共产党在该时期采取的土地政策相对和缓，未直接触及土地生产资料的分配问题。1945 年 8 月 15 日，日本宣布无条件投降，抗日战争取得胜利，中国进入解放战争时期。

解放战争时期，国内阶级矛盾重新上升为社会主要矛盾，前期实行的"减租减息"政策已经不能满足农民群体对于土地的诉求。于是，中国共产党在 1946 年颁发了《五四指示》，规定要"坚决拥护群众在反奸、清算、减租、减息、退租、退息等斗争中，从地主手中获得土地，实现'耕者有其田'"④。据此可知，在此时期，中国共产党已把前期实行的

---

① 中共中央文献研究室、中央档案馆编《建党以来重要文献选编（1921～1949）》第 8 册，中央文献出版社，2011，第 731 页。

② 中共中央文献研究室、中央档案馆编《建党以来重要文献选编（1921～1949）》第 14 册，中央文献出版社，2011，第 477 页。

③ 中共中央党史研究室：《中国共产党历史（1921—1949）》第 1 卷（下册），中共党史出版社，2011，第 562 页。

④ 中共中央文献研究室、中央档案馆编《建党以来重要文献选编（1921～1949）》第 23 册，中央文献出版社，2011，第 246 页。

"减租减息"政策重新改为没收地主阶级的土地分配给农民耕种的政策，但《五四指示》并没有提出具体分配过程所要遵循的原则。1947年制定的《中国土地法大纲》则指出，"乡村中一切地主的土地及公地，由乡村农会接收，连同乡村中其他一切土地，按乡村全部人口，不分男女老幼，统一平均分配；在土地数量上抽多补少，质量上抽肥补瘦，使全乡村人民均获得同等的土地，并归个人所有"①。此时的土地分配制度回应了贫苦农民渴望获得土地的诉求，因而得到了解放区群众的极大拥护和支持。

在这一时期，以毛泽东为代表的中国共产党人，基于现实的社会存在，形成了独具特色的新民主主义经济思想和分配制度。经济思想理论来源于经济实践，并随着经济实践的发展而发展，形成了一系列分配制度。新民主主义经济思想是根据社会存在的需要而提出的，又随着社会存在的变化而补充完善。中国共产党在新民主主义革命时期各个不同阶段所提出的分配制度，也深刻影响着当时阶段的社会存在，从而解决了当时社会的主要矛盾并提高了党的政治影响力。

新中国的成立，标志着新民主主义革命取得了胜利，作为社会存在的社会主要矛盾和党的政治语境发生了相应的变化。随着新的社会存在出现，我国的分配制度也开始向着按劳分配转化。

二　社会主义革命和建设时期（1949～1978年）：奠基期

社会主义革命和建设时期是中国共产党分配制度的奠基期。在这一时期，中国共产党在全国范围内进行了社会主义革命并对按劳分配制度进行了初步探索，这个时期的演化过程如图3-3所示。

新中国的成立，标志着新民主主义革命取得胜利，社会存在也发生了转变。新中国虽然成立了，全国人民实现了"站起来"的目标，但是我国当时还不是社会主义国家，需要进行社会主义革命。中国共产党清醒地认识到当前的社会存在，制定了社会主义革命的总路线。新中国成立初期，在社会存在方面，我国处于由国营经济主导的多种经济成分并存的新民主主义经济时期，包括国有经济、合作经济、私人资本主义经济、个体

---

① 《中国土地法大纲》，新华书店，1949，第4页。

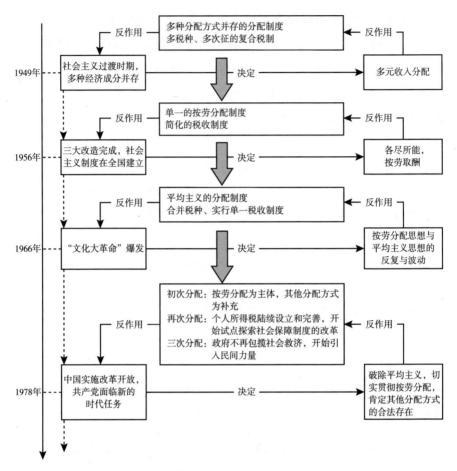

图 3-3　社会主义革命和建设时期中国共产党分配制度的演化机制示意

经济、国家资本主义经济等多种经济成分，所以暂时无法完全实行按劳分配。迫于国内"一穷二白"和百废待兴的经济形势，为巩固新生政权，并在短期内完善工业体系，我国制定了以优先发展重工业为目标的经济发展战略。在相应的分配制度上，劳动在初次分配中所占的份额比较低，工人和农民的收入都很低。

1953 年起，我国开始对农业、手工业、资本主义工商业进行社会主义改造。在我国农村，农民经过土地改革获得了土地的私人所有权，这意味着中国共产党已基本解决土地这一生产资料的分配问题，进而，将关注点转向了生产成果的分配。小农经济的分散性、无组织性，再加上生产技术落后，使生产力水平很难在短期内提高，而社会主义工业化的发展又急需农业为其提供充足的原料，国家为解决该问题以顺利过渡到社会主义社会，决定通过逐步建立互助组、初级社、高级社的方式对农业进行社会主义改造。可见，在此方式下，农业生产合作社就是当时农村发展生产的基本经济单位。根据 20 世纪 50 年代由全国人民代表大会常务委员会会议通过的《农业生产合作社示范章程》可知，当时，合作社实行的分配方式为工分制，计工取酬，即合作社事先规定好完成各项工作的定额以及完成之后所应得的报酬，然后以劳动日作为计量单位计算工分。在确定完成某项工作的定额所能获得的劳动日数量方面，合作社主要从两方面进行考虑，一是某项工作在全局中的重要程度、完成该项工作所需要的技术复杂程度、个人的体力智力付出程度；二是必须使各位社员在完成各自的工作定额后所获得的劳动日有适度的差距，因为一方面要防止出现因差距不大而造成的社员在工作上的无积极性现象，另一方面也要防范因差距过大而导致的社员在工作上的挑肥拣瘦现象。由此可见，新中国成立初期，我国在农村基本上实行的是按劳分配原则。在城市，新中国成立初期为迅速恢复国民经济，我国对官僚资本进行没收，但"保留其组织机构和生产系统，'原职、原薪、原制度'不变"[1]，只对其遗留下来的不合理的、混乱的工资分配制度进行调整。在中央统一方向和原则的指导下，我国由地区到全国逐步在工人群体中推广体现按劳分配原则的八级工资制和计件工资制，使不同熟练程度和轻重程度的劳动在工资标准上表现出较为显著的差异。我国还废除了国家机关单位过去执行的但没有遵循"按劳取酬"和"同工同酬"原则的供给待遇制，以货币工资制取而代之。

1956 年，我国实行了职务等级工资制，这是一种根据劳动者职位高低、文化程度、技术水平、熟练程度来确定工资报酬的分配制度。由此看来，我国在城市也初步建立了以按劳分配为原则的分配制度。但须注意到此时"按劳分配"中的"劳"在很大程度上是指劳动者，即注重劳动者本身的职务、技术、学历等静态特征，而不够注重劳动产出，因而在实践

---

[1]　中共中央党史研究室：《中国共产党历史（1949—1978）》第 2 卷（上册），中共党史出版社，2011，第 52、397、466 页。

中会出现劳动报酬与劳动成果不相匹配的现象。

1956年底，社会主义改造基本完成，社会主义制度在我国基本确立，这在分配制度变迁史上是一次具有重大意义的社会存在的改变，自此之后，按劳分配的分配制度开始正式登上历史舞台。我国在城市建立了以国营和集体经济为主的所有制结构，并进行了全国性的工资改革，按劳分配成为主要的甚至是唯一的收入分配方式。在农村地区，人民公社运动要求实行工分制和供给制相结合的分配模式。从本质上讲，它仍然属于社会主义按劳分配原则，但它具有一些共产主义特征，尤其是供给制具有明显的平均主义特征。因此，1962年，党中央将基本核算单位下放给生产队，生产队按工分制进行分配。这一举措解决了团队之间的平均主义问题，但家庭之间的平等主义问题仍然存在。在城市中的"大跃进"运动开始后，收入分配的激励作用一度受到"左"倾思想的影响。在工资政策方面，提倡"政治挂帅"，即利用思想政治工作调动工人的积极性，因为当时认为，物质激励具有"资产阶级个人主义"的倾向。

1966年5月，我国爆发"文化大革命"。社会主义按劳分配原则受到严重破坏，按劳分配被"四人帮"诬蔑为"资产阶级法权"。此外，"四人帮"还荒谬地将分配差异与阶级剥削混为一谈，将人民物质生活水平的提高描述为"资产阶级的腐朽思想"，甚至有一些奇怪的理论，比如"宁愿贫穷的社会主义也不愿富裕的资本主义"。这些思想违背了共同富裕的目标，也损害了群众的积极性和社会生产力的发展。尽管这些思想指向了对按劳分配原则的否定，但是并没有产生长期影响。不过它还是损害了公有制的声誉，总的来看，该时期是中国共产党探索分配制度过程中经历的一个低谷期。

在这一时期，以毛泽东同志为核心的党的第一代领导集体带领全国人民进行社会主义革命和建设，确立社会主义基本制度，并在此背景下，对按劳分配进行了初步探索，为确立中国特色社会主义分配制度提供了宝贵经验。

三　改革开放和社会主义现代化建设新时期（1978~2012年）：完善期

改革开放以后，中国共产党的分配制度日趋成熟。这个时期的演化过程如图3-4所示。

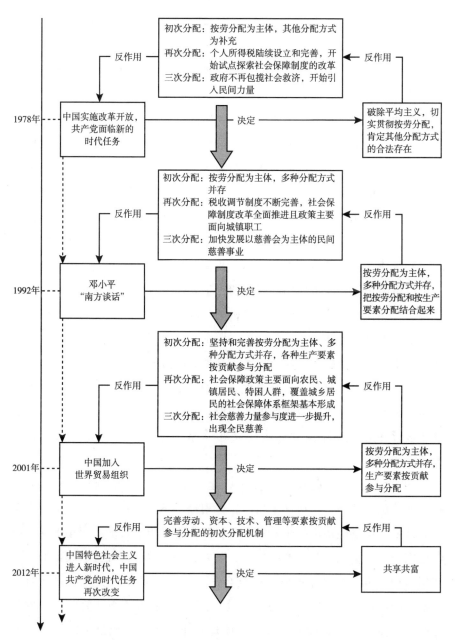

图 3-4　改革开放和社会主义现代化建设新时期中国共产党分配制度的演化机制示意

在这一阶段，中国共产党重新正确认识到了当下的社会存在，进而形成了正确的社会意识，中国特色社会主义分配制度也开始逐渐成形。

1978 年，我国开始改革开放，进行社会主义现代化建设。农村实行家庭联产承包责任制，这项政策有效地将农民的收入与其劳动成果联系起来，划分了国家、集体和个人的权利边界，使农村中的分配制度不再以生产队伍为分配单位，而是以农民个体为分配单位。农民的收入取决于其劳动成果的多少。这种分配方式调动了农民的生产积极性，发展了农业生产力，在一定程度上提高了农民的收入水平。在城市，中国共产党也积极进行产权体制改革。为了增强城市企业的活力和广大员工的责任感，明确企业内每个岗位和员工的工作要求，建立多种形式的合同经济责任制。此后，随着经济体制改革的不断推进，公有制以外的其他所有制经济开始逐步发展。与之对应，收入分配制度也发生了重大变化，继续推进按劳分配，逐步建立起以按劳分配为主体、其他分配形式为补充的分配制度。这一阶段中国正处于经济体制的转型期，主要通过政府的强制性计划调整逐步转型，并在更大范围内引入市场机制。因此，在收入分配制度方面，打破了平均主义，重新确立了按劳分配原则，否定了收入分配制度高度集中和平均主义的分配模式，同时肯定了其他分配方式的合法存在，但这一时期的其他分配方式只是处于补充地位。另外，在这一时期，再分配制度也开始逐步建立。首先，税收制度陆续设立；其次，社会保障制度的改革也开始进行，失业保险制度逐步建立并开始推进企业职工养老保险制度改革。

1992 年，88 岁高龄的邓小平同志坐上了开往武昌的列车，开始了视察南方之旅。邓小平在讲话中指出，计划经济不等于社会主义，资本主义也有计划；市场经济不等于资本主义，社会主义也有市场。邓小平同志科学地阐释了社会主义与市场的关系，随之，提出要建立社会主义市场经济体制。1993 年，党的十四届三中全会通过了《中共中央关于建立社会主义市场经济体制若干问题的决定》，提出在分配制度方面，要坚持以按劳分配为主体、多种分配方式并存，体现效率优先、兼顾公平的原则。自此，收入分配制度进入一个全新的改革阶段，即由过去的"工分制供给制相结合"的分配制度向"与社会主义市场经济体制相适应的分配制度"方向改革。在再分配调整机制方面，改革也同步进行，1994 年分税制改革实施，个人所得税、消费税、财产税等税种不断完善。在社会保障制度方面，随着社会主义市场经济体制的建立，社会保障制度改革也同步进行，政府出台了一系列文件明确养老保险和医疗保险的制度模式，国务院成立了劳动和社会保障部，完善了社会保障管理体系。

2001 年，中国加入世界贸易组织，之后，外国企业及其资本大量进入我国，投资主体呈现多样化发展趋势，产权结构日益复杂化，所有制形式呈现多样化，合作方式也进一步多样化，这必然导致分配方式的多样化。与此同时，加入世界贸易组织后，我国资本、技术等要素市场进一步发育和完善，资本、技术等要素参与收益分配的要求相应突出起来。这必然导致按资本、技术要素分配的分配方式快速发展，并逐步普及、推广。随着社会主义市场经济体制日趋完善，按劳分配与按生产要素分配相结合的分配政策也逐步完善，我党明确了生产要素参与分配的原则，更加重视收入分配差距问题，逐步强调公平问题。以胡锦涛同志为总书记的党中央高举以人为本的科学发展观大旗，提出要深化收入分配制度改革，增加城乡居民收入，让全体人民共享改革发展成果，构建社会主义和谐社会。

综上，中国共产党以我国的社会存在作为出发点，形成先进的社会意识，在改革开放和社会主义现代化建设中，形成了社会主义初级阶段的分配制度，极大提高了我国的生产力水平，取得了举世瞩目的发展奇迹，使中国人民完成了从"站起来"到"富起来"的飞跃。分配制度也由原来简单的按劳分配发展到按劳分配与按生产要素分配并存，完善了社会主义初级阶段下的按劳分配制度。随着社会的继续发展，我国的社会存在发生了相应的变化，我国进入"强起来"的发展阶段。

四　中国特色社会主义新时代（2012 年至今）：进一步完善与成熟期

2012 年，我国进入中国特色社会主义新时代。自 2012 年以来，中国共产党的分配制度进一步完善与成熟。这个时期分配制度的演化过程如图3-5 所示。

中国特色社会主义新时代是我国自党的十八大以来所处的新历史方位。在这一阶段，我国经济坚持"创新、协调、绿色、开放、共享"的新发展理念，收入分配更加侧重公平，改革开放的成果应由人民共享，让人民群众有实实在在的获得感和幸福感。共享共富是这一阶段的发展目标，是顺

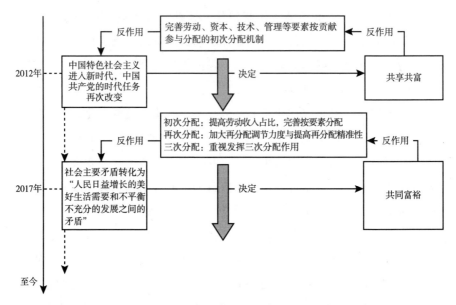

图 3-5　中国特色社会主义新时代中国共产党分配制度的演化机制示意

应历史潮流的体现，也是我国社会主义国家的本质要求。这一时期我国社会的主要矛盾已转变为"人民日益增长的美好生活需要和不平衡不充分的发展之间的矛盾"①。"不平衡不充分的发展"的具体表现之一就是"城乡区域发展差距和居民收入分配差距依然较大"②。为此，党的十八大在强调"必须坚持维护社会公平正义""必须坚持走共同富裕道路"③ 这两项总体要求的前提下，提出"要坚持社会主义基本经济制度和分配制度，调整国民收入分配格局，加大再分配调节力度，着力解决收入分配差距较大问题，使发展成果更多更公平惠及全体人民"④。由此可见，我国在分配制度改革方面越来越重视"再分配"这一环节。党的十八届三中全会则提出要

---

① 习近平:《决胜全面建成小康社会　夺取新时代中国特色社会主义伟大胜利——在中国共产党第十九次全国代表大会上的报告》，人民出版社，2017，第 11 页。
② 胡锦涛:《坚定不移沿着中国特色社会主义道路前进　为全面建成小康社会而奋斗——在中国共产党第十八次全国代表大会上的报告》，人民出版社，2012，第 5 页。
③ 胡锦涛:《坚定不移沿着中国特色社会主义道路前进　为全面建成小康社会而奋斗——在中国共产党第十八次全国代表大会上的报告》，人民出版社，2012，第 14、15 页。
④ 胡锦涛:《坚定不移沿着中国特色社会主义道路前进　为全面建成小康社会而奋斗——在中国共产党第十八次全国代表大会上的报告》，人民出版社，2012，第 15 页。

"紧紧围绕使市场在资源配置中起决定性作用深化经济体制改革"①。在已确立"生产要素按贡献参与分配"这一原则的前提下，市场在资源配置中的决定性作用无疑会对社会的初次分配产生重要影响，促使个人在初次分配下所获得的收入更加符合市场客观评定的贡献值。同时，该会议提出要"完善企业工资集体协商制度"②，据此可知我国正逐步由以往的侧重分配结果公正向注重分配过程的协商化和规范化转变，使利益相关方，尤其是在分配中处于弱势地位的人员能够进入分配的民主协商和决策过程之中，从而有效维护自身的经济利益，这是我国分配制度改革的深层次推进。此外，党的十八届三中全会还提出"完善慈善捐助减免税制度，支持慈善事业发挥扶贫济困积极作用"③。这意味着我国也越发关注到"第三次分配"对形成公平合理的收入分配格局的重要作用。党的十八届四中全会在全面推进依法治国这一总体要求的统摄下，提出要完善收入分配方面的法律法规④，这预示着我国的分配领域较之以往将更加法治化和规范化。党的十八届五中全会则通过了旨在取得全面建成小康社会决定性胜利的"十三五"规划，会议强调"实现'十三五'时期发展目标，破解发展难题，厚植发展优势，必须牢固树立创新、协调、绿色、开放、共享的发展理念"⑤。其中，"共享"发展理念则直接辐射我国分配领域，是对我国分配制度改革总目标的时代化表达。

　　党的十九大将我国在分配方面的政策明确为坚持按劳分配原则，完善按要素分配的体制机制，促进收入分配更合理、更有序，显然，这与之前的提法又有所不同。体制机制是指一种运作体系，本身并不具有制度属性。由此得知，党中央越来越认识到按要素分配只是一种分配方式，其既能被资本主义社会所用，也能为社会主义社会所用。党的十九届四中全会提出我国国家制度和国家治理体系的显著优势之一在于，"坚持以人民为中心的发展思想，不断保障和改善民生、增进人民福祉，

①　《中共中央关于全面深化改革若干重大问题的决定》，人民出版社，2013，第3页。
②　《中共中央关于全面深化改革若干重大问题的决定》，人民出版社，2013，第45~46页。
③　《中共中央关于全面深化改革若干重大问题的决定》，人民出版社，2013，第46页。
④　《中共中央关于全面推进依法治国若干重大问题的决定》，人民出版社，2014，第14页。
⑤　《中共中央关于制定国民经济和社会发展第十三个五年规划的建议》，人民出版社，2015，第8页。

走共同富裕道路"①，同时，将我国现行分配制度确立为与生产资料所有制和社会主义市场经济体制同等地位的社会主义基本经济制度，这在一定程度上反映出三者的内在一致性与相互适应性。党的十九届四中全会还顺应时代发展要求，将知识和数据纳入生产要素范围之内，使得生产要素范围逐步扩大，同时规定生产要素要"由市场评价贡献、按贡献决定报酬"。党的十九届五中全会则将"坚持人民主体地位，坚持共同富裕方向"确定为我国"十四五"期间经济社会发展必须遵循的原则之一，从而我国现行分配制度被视为提高人民收入的重要保障。在按生产要素分配方面，党的十九届五中全会进一步提出要"探索通过土地、资本等要素使用权、收益权增加中低收入群体要素收入"②。可见，此次会议对分配制度的贯彻落实措施划分更为清晰，规定更为细致。2021年，习近平总书记在中央经济工作会议上进一步对引导"资本"这一具体生产要素在我国社会主义市场经济环境中发展做出了重要指示，即要在正确认识和把握资本的特性和运动规律的基础上，"发挥资本作为生产要素的积极作用，同时有效控制其消极作用。要为资本设置'红绿灯'，依法加强对资本的有效监管，防止资本野蛮生长"③。对"资本"这一生产要素的规范管理既有利于推动社会生产力的发展，更有利于缩小社会贫富差距，形成公正合理的分配秩序，从而逐步实现共同富裕发展目标。

综上所述，在社会存在和社会意识的良性互动下，中国共产党在百年壮丽的征程中，形成了内容丰富而又具有独创性的经济思想和分配制度。习近平指出，"我们中国共产党人干革命、搞建设、抓改革，从来都是为了解决中国的现实问题"④。

①《中共中央关于坚持和完善中国特色社会主义制度　推进国家治理体系和治理能力现代化若干重大问题的决定》，人民出版社，2019，第4页。
②《中共中央关于制定国民经济和社会发展第十四个五年规划和二〇三五年远景目标的建议》，人民出版社，2020，第32页。
③《中央经济工作会议在北京举行》，《人民日报》2021年12月11日，第1期。
④《习近平谈治国理政》，外文出版社，2014，第74页。

第四章

1921~1949年：新民主主义革命时期
分配制度的演化

第一节　新民主主义革命时期各阶段的时代背景

战争与革命是新民主主义革命时期的主题。从 1921 年开始到 1949 年结束，中国共产党领导的革命持续时间长达 28 年，按照不同阶段革命工作的主要内容可划分为中国共产党成立初期、土地革命时期、抗日战争时期和解放战争时期四个时期。虽然这四个时期的具体背景、革命任务各有不同，但是新民主主义革命时期的最终奋斗目标是不变的，始终是推翻束缚中国社会发展的"三座大山"，建立社会主义制度，让广大人民群众当家做主，解放和发展生产力。中国人民经过艰苦卓绝的努力，取得了民族独立，消除了国家内乱，建立了崭新的社会主义制度，彻底结束了半殖民地半封建社会的历史。

一　1921~1927 年：中国共产党诞生，国共第一次合作

鸦片战争以后，中国在帝国主义、资本主义的侵略下逐渐沦为半殖民地半封建社会。一方面，帝国主义加紧向中国的侵略，包括对中国土地、政权、国家主权的侵蚀，一步一步把中国变为资本主义国家的半殖民地。帝国主义国家凭借坚船利炮，瓜分中国的领土，威胁中国的政治主权，强盗般地逼迫中国政府签订不平等条约，给中国经济发展带来巨大的困难，无数人民在巨额赔款下艰难喘息，一个统一的

独立自主的中国自此陷入了风雨飘摇之中，成为半殖民地的中国。另一方面，在帝国主义对中国经济的侵略过程中，资本主义工业品在中国市场大量倾销，本土大量生产原材料被掠夺至海外，客观上促进了中国封建自然经济的解体和商品交换的速度，造成大量农民和手工业者破产，促使中国封建经济形式中萌生了资本主义经济形式，使中国变成了半封建性质的社会。

二次革命失败后，孙中山等救国之士流亡海外，资产阶级革命派无力将反帝反封建的斗争进行到底。国家危机日益严重，仅仅靠政治上的制度变革无法挽救千疮百孔的中国。十月革命中无产阶级的胜利让李大钊、陈独秀等革命者看到了希望，中国共产党在这样的背景下登上历史舞台。中国共产党建立之初，在中国社会性质问题上，由于不了解中国半殖民地半封建社会的经济基础，简单地把中国的社会矛盾归结为无产阶级与资产阶级的矛盾。后来，在列宁和共产国际的帮助下，中国共产党逐渐认识到中国是一个半殖民地半封建社会，社会的主要矛盾集中在北洋军阀与人民大众之间，中华民族同帝国主义之间的矛盾也是社会主要矛盾之一。此后，中国共产党开始把马克思主义的普遍真理同中国革命的具体实际结合，以马克思主义为思想武器指导中国的革命实践和经济实践，探索出了一条实现民族解放和复兴的社会主义道路。

新诞生的中国共产党为了加强自身的政党力量，深入群众开展工农运动。1921年8月成立中国劳动组合书记部领导工人运动，同时到农村领导成立农民协会、开展农民运动。京汉铁路工人罢工运动的失败让中国共产党认识到，以党目前弱小的革命力量难以实现最低纲领——打倒军阀，推翻国际帝国主义的压迫。这一时期帝国、封建势力远远强于中国共产党的革命力量，党积极联合国民党结成统一战线来开展政治斗争和群众运动。1923年，中国共产党第三次全国代表大会决定，共产党员可以以个人身份加入国民党，以实现国共合作。1924年1月，有20多名共产党员出席在广州召开的国民党第一次全国代表大会，大会上提出的"新三民主义"成为国共两党合作的政治基础。此次大会之后，毛泽东、谭平山等共产党领导人在国民党中央部担任重要职务。两党在全国范围内积极宣传国民革命思想，促使了工人、农民运动的复兴。1923 年至 1925 年 1 月，全国党员从 420 名发展到 994 名①。1925 年 5 月，五卅惨案发生后，中国人民反对帝国主义的呼声更加高涨，全国大革命运动达到高潮。党中央成立上海工商学联合委员会领导工人运动、学生运动和商人运动，党员从不足 1000 人发展到 1 万人②。中国共产党在工人阶级中甚至在全国的政治影响日益扩大，体现了坚定的革命性。中国共产党缺乏武装力量，在孙中山的支持下，把一支铁甲车队改组为受党指挥的革命武装，并且实际组建了受共产党员指挥的国民革命军第四军独立团。广州的军阀叛乱在国共两党的合作下被平息，并建立了广东革命根据地，南方革命局势一片向好。与此同时，李大钊等人积极在北方地区组建地方党组织，北京、唐山等地的罢工运动得到发展。越来越多的群众投身到革命事业中，中国共产党拥有了更广泛的群众基础，为国共两党的合作、北伐战争创造了一定的条件。特别是，在北伐战争过程中，中国共产党发动工农群众成立的运输队、卫生队、通信队，为革命做出了巨大贡献。

二 1927~1937年：国共对立，中国共产党建立政权

1927 年 3 月，坚持反共的国民党右派活跃起来，蒋介石在帝国主义的支持下不断发起反共斗争事件，在各地开始打击工会、逮捕公会委员长。1927 年 4 月，以蒋介石和汪精卫为首的国民党右派革命势力在上海发动反革命政变，国民革命运动转向低潮。1927 年 4 月 12 日，国民党在调解青帮和上海总工会的冲突时，借机没收了工人的枪械。13 日，国民党第二十六军为镇压工人游行，当场枪杀大批工人。此后，以蒋介石为代表的国民党新军阀势力对内镇压中国革命，大规模展开对共产党员、青年团员、工农群众和革命人民的血腥捕杀；对外实行投降卖国政策，以与帝国主义国家签订不平等条约、出卖国家主权的方式换取帝国主义国家的援助，对于英美制造的"南京惨案"和日本制造的"济南惨案"以沉默态

---

① 本书编写组：《中国共产党简史》，人民出版社、中共党史出版社，2021，第 19~22 页。
② 本书编写组：《中国共产党简史》，人民出版社、中共党史出版社，2021，第 23 页。

度对待。国民党叛变革命，严重削弱了中国共产党的组织及革命力量，继续维护大地主大资产阶级的利益，更加激化了中国的社会矛盾，使整个中国笼罩在一片白色恐怖之中。

大革命失败后，中国共产党领导的新民主主义革命进入土地革命时期。在这一时期，中国的社会性质没有变，依然是半殖民地半封建社会；中国革命的性质没有变，依然是资产阶级民主革命；中国社会的主要矛盾是中华民族和帝国主义的矛盾与封建主义和人民大众的矛盾，这一时期主要矛盾表现为代表中国人民利益的共产党和代表大地主大资产阶级利益的国民党反动派之间的矛盾。革命的失败让中国共产党认识到武装斗争、土地革命和建立农村革命根据地等问题的极端重要性。因此，中国迫切需要继续通过民主革命推翻帝国主义和封建势力，并进行土地革命在广大农村建立中国共产党的政权。

1927 年，一方面农民要给地主和政府更多的田赋租税，另一方面军阀增加捐税、买办商人压低农产品的价格，使得农民无法保证自身的生存，农业经济一步步走向溃败。由于国民党资产阶级军阀的反动，全中国陷入一片混战之中，阻碍了正常的商业交通运输，原材料无法及时供应。中国农民的家庭手工业、工商业在一瞬间破产停滞，几百万工人、农民失去了经济来源。在这样的背景下，各地的工农斗争更加猛烈地爆发。面对急转直下的革命形势和底层人民水深火热的生活状况，共产国际指示："中国共产党应把土地国有化的要求作为无产阶级土地纲领的基本要求。"[1] 1927 年 8 月 7 日，中国共产党紧急召开会议，确立了土地革命和武装反抗国民党反动派的总方针。中国共产党开始探索并开辟农村革命根据地，建立红色政权，实行工农武装割据，走出了一条农村包围城市、武装夺取政权的革命道路。红色革命根据地在国统区周围的迅速发展，让国民党生出很大的危机感。1930 年 10 月以后，国民党军队多次发动对根据地的"围剿"，党以"诱敌深入""打得赢就打，打不赢就走"等战术粉碎了敌人的"围剿"。中国共产党在军事上的胜利，再加

---

[1]　中国社会科学院近代史研究所翻译室编译《共产国际有关中国革命的文献资料（1919—1928）》第 1 辑，中国社会科学出版社，1981，第 280 页。

上维护农民利益的土地革命运动，让广大群众更加拥护党的革命事业，迸发出更火热的革命积极性。1931 年 11 月，中国共产党宣布成立中华苏维埃共和国临时中央政府，建立了中国历史上第一个工农民主政权。随着土地革命的深入开展，广大农民群众积极参与中国共产党领导的土地革命，并有着强烈的获得土地的愿望。为了回应农民群众的这一意愿，满足农民群众对土地的要求，以毛泽东和邓子恢为代表的中国共产党开始把土地国有化的制度向土地农民私有转变，在中央苏区探索出了一条符合中国革命实际的马克思列宁主义的土地革命路线。在坚持土地革命路线的基础上，党着手在根据地开展了经济建设和制度建设，相应地形成了一些分配制度。

三　1937~1945 年：抗日战争全面爆发，国共第二次合作

1937 年 7 月 7 日，日军发动了全面侵华战争，企图灭亡中国。在整个抗日战争时期，中日民族矛盾最为突出，是当时中国社会主要的矛盾。在中华民族生死存亡的紧要关头，中国共产党号召全国政府、军队、同胞团结一致，抵抗日寇。1937 年 7 月 15 日，周恩来代表党中央将《中国共产党为公布国共合作宣言》交付给蒋介石。国民党于 1937 年 9 月 22 日发表中共中央的合作宣言，于 23 日承认共产党的合法地位，标志着国共第二次合作的开始和抗日民族统一战线的形成。中国共产党将红军改名为国民革命军第八路军，将南方的红军游击队改编为国民革命军陆军新编第四军，由共产党领导人直接指挥，与国民党配合作战。1937 年 7 月底，处于战略核心地带的北平、天津在日军短短三天的强攻之下沦陷。日军成功侵占平津两地之后，继续向整个华北地区发动进攻。此时，南京国民政府感到战局形势日益危急，才开始实行片面抗战的政策。国民政府的片面抗战仅仅是依靠军队的抗战，中国共产党则主张全民抗战，即在人民民主、民众武装、民生改善的基础之上抗战。因此，中国共产党在 1937 年 8 月召开的洛川会议上强调，要动员一切力量参与抗日战争，并且坚持无产阶级的领导权和山地游击战的战略方针。会议上确定了红军的基本任务是：创造根据地；钳制和相机消灭敌人；配合友军作战；保存和扩大红军；争取民族革命战争领导权。1937 年 9 月

25 日平型关大捷,这是全国抗战以来中国军队取得的第一个重大胜利,削弱了日军汹汹的气焰,坚定了全国人民抗战胜利的信心,极大地提高了中国共产党的影响力,为八路军开辟敌后抗日根据地,奠定了广泛的群众基础。

1937 年 11 月,太原失守,国民党军队在敌人的攻击下节节败退,这使得以八路军为主的游击战在华北战场上升到重要地位。

国民党军队作战屡次失败,让共产党意识到单纯依靠正面防御很难阻挡日军进攻的步伐。1938 年 1 月,中国共产党在晋察冀边区建立了第一个抗日民主根据地。开辟敌后战场,一方面可以威胁敌人后方安全,牵制敌人,与国民党正面战场互相配合;另一方面能建立和人民群众的密切联系,壮大统一战线的抗日武装队伍,逐渐缩小两方军事力量的差距。于是,根据地在敌后广大的农村开始建立发展起来。生活在农村的人民常年遭受战争的摧残,生活异常艰苦。在此建立根据地,开展游击战,部队供给十分困难。部队的基本需求如果得不到保证,根据地建立了也得不到巩固和发展,那么游击战就无法长期开展。长期的敌后游击战需要消耗大量的人力、物力、财力,而贫穷的农村地区却无法为长期的敌后抗战提供物资保障。因此要坚持敌后抗战就得改变农村地区衰败的景象,发展该地区的经济,帮助人民改善生活。中国共产党在农村根据地制定的一系列战时经济政策促进了经济的发展,改变了根据地落后的经济面貌。这一系列的经济政策既满足了根据地人民的需求,组织各阶层积极参与抗战,实现抗日战线统一;又保障了军队作战所需的生活物资,使得抗日战争由战略防御转到战略相持阶段。

四　1945~1949 年:内战爆发,国共关系破裂

抗日战争胜利后,中国在政治和经济上依然受帝国主义和封建势力的压迫,中国的社会性质依然是半殖民地半封建社会。国内的阶级矛盾日益尖锐,中国共产党同国民党反动派之间的矛盾开始成为社会的主要矛盾。

1946 年 6 月,国民党在美帝国主义的支持下发动了全面内战,大规

模进攻解放区，以维护大地主大资产阶级的统治。战争初期，国共两党的实力悬殊：军事上，国民党军队大约有 430 万人，解放区人民军队总兵力约有 127 万人，国民党军队装备先进，同时拥有海陆空三军，相比之下，共产党仅有装备落后的陆军；经济上，国民党控制着全国 76% 的面积上的交通、工业和经济资源，共产党仅依靠全国 24% 的面积上的农业经济资源维持军队运转。[①] 中国共产党为争取和平民主，依然发动了战略反攻和战略决战，巩固和发展人民民主统一战线。1947 年 6 月，刘邓大军强渡黄河，拉开了人民解放军战略进攻的序幕。由党中央统一指挥的大兵团运动战已不局限于本战略区域内作战，根据战争的要求，华中部队须转移到山东战场，华东部队又须转移到晋冀鲁豫地区。而当时各解放区的各项工作仍处于分散经营、各自为政的状态，这种后勤供应的状态不能保证解放军大兵团作战。"人民解放军在转入战略进攻的一年中，共歼灭国民党军队 152 万人，解放军总兵力由原来的 127 万人发展到 280 万人"[②]，如此大规模的战争，已经不是一两个解放区的财力物力所能支持的，而是要整个解放区的力量联合起来，互相支持、互相协作，全力供给。在毛泽东同志的《新民主主义论》指导下，坚持实事求是的科学方法，坚持立足中国实际和共产党人的革命实践，为保证大规模战争和后方战争的需要，党采取取缔官僚资本、发展民族工商业、农村土地改革等政策。解放战争时期采取的灵活的经济政策有力稳定了解放区的秩序、稳固了统一战线、保证了前线的人员与物资供应，是解放战争取得胜利的重要因素。

综上所述，新民主主义革命时期，是中国共产党作为革命领导政党确定中国社会主义发展方向并选择工农武装割据的革命斗争方式来建立社会主义制度的时期。根据各个阶段的社会主要矛盾、中国共产党自身力量的不同，党的政治任务、经济工作的内容也发生相应变化。图 4-1 展示了革命时期时代背景的变化。

---

① 本书编写组：《中国共产党简史》，人民出版社、中共党史出版社，2021，第 117 页。
② 齐守印、赵文海主编《财经大业——对移驻西柏坡前后中共中央统一财经进程的考察》，中国财政经济出版社，2012，第 3 页。

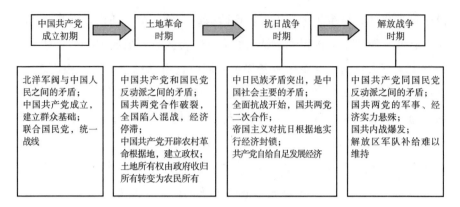

图 4-1　新民主主义革命时期的背景演化

第二节　新民主主义革命时期分配思想的演化

新民主主义革命时期,随着中国社会主要矛盾和社会背景的变化,中国共产党的分配思想也发生了阶段性的演变。在马克思主义经济理论的影响下,党加深对中国社会性质、中国经济特点、中国革命道路的剖析,形成了革命时期的分配思想,正确处理了分配问题。由于社会动荡、资源紧缺的局势,中国共产党不仅要保证军队的供给,还要统一人民战线,保证人民的温饱,减少因战争引发的伤亡。除了生活物资,土地、资本、劳动、税收的正确分配对党来说也是一道难题。各个时期的分配思想因时而变、因时制宜,为党团结民众、取得胜利做出了重大贡献。

一　1921~1927 年:没收生产资料、实现公平分配

中国共产党成立初期,党的分配思想是没收生产资料、实现公平分配。中国共产党分配思想的形成不仅有深厚的社会、经济根源,而且思想基础来源于马克思主义经典作家的分配思想。马克思主义创始人认为,未来社会的分配方式主要有两类:在社会主义阶段,生产资料归国家公有的条件下,"除了自己的劳动,谁都不能提供其他任何东西"①;"各尽所

————————

① 《马克思恩格斯文集》第 3 卷,人民出版社,2009,第 434 页。

能，按需分配"是共产主义社会高级阶段才能达到的。列宁认为，按劳分配并没有消除资产阶级的特殊权利，这种平等是形式上的平等。只有在异化分工的形式消除之后，劳动才成为人们生活的第一需要，人们才可以自由地选择职业和工作岗位，劳动之余才有充足的时间去享受生活的乐趣。马克思主义的传播，影响了一些早期共产主义者的分配思想。陈独秀曾在文章中指出，资本主义的生产分配方法在危机时将会因不能自救而崩溃，取而代之的是社会主义生产分配方法。李大钊、蔡和森等共产主义者主张通过建立无产阶级专政实现社会主义经济制度，要在生产资料公有制的基础之上建立社会主义制度。蔡和森指出："没收一切生产手段——土地、大工厂、资本——和交通工具为国有……以建筑共产社会的经济基础。"① 李大钊还提出了实现生产资料公有的具体方法："把生产工具由资本家的手中夺来，仍以还给工人，但是集合的，不是个人的。"处理小工商业、小运输业的没收办法是"渐次收归国有"。② 这些思潮对后来党的纲领方针产生了重大影响。

　　1921年中共一大确立了党的基本纲领，纲领中提到"消灭资本家私有制，没收机器、土地、厂房和半成品等生产资料"③。在《中国共产党宣言》中提到，要实现共产主义的奋斗目标，就要把机器、工厂、土地等生产工具和资本收归公有，并交给无产阶级。1922年6月，中共中央发表对于时局的主张时确定将"肃清军阀，没收军阀官僚的财产，将他们的田地分给贫苦农民……废止厘金及其他额外的征税"④ 作为当下的奋斗目标。1922年7月，党的第二次全国代表大会确立了党的最高纲领是组织无产阶级，用阶级斗争的手段，建立劳农专政的政治，铲除私有财产制度，渐次达到共产主义社会。同时，大会上提出的《关于"工会运动与共产党"的议决案》明确要为工人阶级争取经济利益。结合中共三大、中共四大对社会各阶级的分析，可以看出中国共产党对各阶级所形成的分配思想不同，比如对资产阶级在经济上要打击；对民族资产阶级在经济上

---

① 《蔡和森文集》，人民出版社，1980，第84页。
② 《李大钊选集》，人民出版社，1959，第211、429页。
③ 中央档案馆编《中共中央文件选集》第1册，中共中央党校出版社，1989，第3页。
④ 中央档案馆编《中共中央文件选集》第1册，中共中央党校出版社，1989，第45页。

要给予保护和照顾；对农民、工人、小资产阶级在经济上要给予维护。
1925年10月，中共中央扩大执行委员会会议强调，中国共产党对于农民
的要求，应当列成农民问题政纲，其最终的目标，应当是没收大地主、军
阀官僚、庙宇的田地交给农民。1926年9月，在《农民问题丛刊》的序
言中，毛泽东强调农民必须进行维护经济利益的经济斗争，鼓励农民运动
的发展。

　　1927年3月，毛泽东在为国民党二届三中全会起草的《对农民宣言
案》中把农民土地问题提上了议事日程，此后的农民运动斗争就不再局
限于减租减息，开始转向重新分配土地。由此可以看出，这一时期中国共
产党的分配思想以没收生产资料、实现公平分配为核心。在这样的思想指
导下，中国共产党帮助农民抗捐减租、帮助工人改善工作待遇，从而使工
人和农民阶级的地位开始有所变化。

二　1927～1937年：以政府为主体进行要素分配

　　土地革命时期，中国共产党形成了以政府为主体分配生产要素的思
想。中国共产党成立以来开展的民族解放运动得到了迅猛发展。1927年5
月，中国共产党第五次全国代表大会提出要把小资产阶级和工农群众联合
起来组成革命大联盟。"这个时期里革命的主要任务，是除去反动根基，
以巩固革命。要做这件事，必需执行急进的土地改良政纲和创造乡村的革
命民主政权。"① 大会对于农民土地问题的决议是，要反对封建主义对农
民的重利盘剥，就要让农民手握乡村绅士手中的政权和武装势力，推翻土
豪乡绅从而建立农民政权；对于工人问题的决议是，组织工人阶级的武
装，动摇资产阶级政权，发展经济罢工。1927年10月，毛泽东和工农革
命军到达井冈山之后，为维持部队收入制定了"打土豪筹款自给"的方
针，同时进行了土地革命。在农村建立自己的根据地，进行土地革命，最
重要的就是消灭农村中的封建剥削制度，同时对一切旧经济实行国有，建
立一个社会主义性质的公有制经济基础。1928年7月9日，中国共产党
第六次全国代表大会特别强调，平分土地"这个口号是一种小资产阶级

---

① 中央档案馆编《中共中央文件选集》第3册，中共中央党校出版社，1989，第54页。

社会主义的幻想……在现在资本主义制度之下，决没有真正平等的可能，只有在无产阶级革命胜利之后，才能走上真正社会主义的建设"①。同年发布的关于没收土地的政策指出，一切土地在没收之后归苏维埃政府公有，由政府按照人口的数量分配给劳动者使用。

1931 年 11 月，中华苏维埃共和国临时中央政府成立，党为巩固和扩大苏维埃政权，对土地制度做出了重大改变。1931 年以前，党受到共产国际的指示，实行的是"土地国有"，这一方针严重削弱了农民的生产积极性，造成根据地农业发展缓慢。1931 年 2 月，苏区政府在《土地问题与反富农策略》中谈到"耕地农有"的重要性，广大农民最渴望的就是土地所有权，要让土地革命更加深入进行，必须使农民拥有土地。自此之后，相应的制度法律出台，农民的土地所有权逐渐明晰化。

仅仅在根据地内部开展土地斗争无法为革命战争提供保障，党认识到只有开展经济建设才能为武装斗争创造坚实的后方依托。因此在之后，党积极鼓励国营经济、合作社经济的发展，同时也允许私人资本主义的存在。1931 年 7 月，共产国际执委主席团在给中国共产党的信中提到了目前的工作任务，"苏维埃要消灭与肃清一切封建奴隶关系，取消劳苦群众欠高利贷者的全部债务，反对一切恢复奴隶契约的企图，实行一个阶级的税收政策。苏维埃应当帮助发展贸易和合作社运动（首先是消费合作社与商业合作社），帮助发展苏区内的工业"②。1933 年 2 月，为了粉碎帝国主义和国民党的第四次"围剿"，中共中央提出了"集中一切经济力量，为了战争"的口号。1934 年 1 月，在中华苏维埃第二次全国代表大会上，毛泽东指出，要鼓励民族资本和私人资本在根据地内的发展，允许这两种资本在相当长的时间内占优势。同一时间其所做的《我们的经济政策》的报告指出，目前的国民经济由国营事业、合作社事业、私人事业三部分组成，应在政府法律允许的范围内利用私人资本主义发展苏维埃经济。1935 年 12 月，在瓦窑堡会议上，党针对目前的政治形势宣布愿意把小资产阶级团结到自己周围，保护城乡小资本工商业；欢迎民族资本家

---

① 中央档案馆编《中共中央文件选集》第 4 册，中共中央党校出版社，1989，第 357 页。
② 中央档案馆编《中共中央文件选集》第 4 册，中共中央党校出版社，1989，第 763 页。

在苏维埃政府领土范围内开设工厂与商店，并且尽可能减低租税；对于富农不再没收财产，其享有与贫农中农同等的平分土地的权利。在根据地开展经济建设最重要的是可以增加政府收入，以发展国民经济来促进财政收入的增加是毛泽东提出的财政工作的基本纲领。根据地发展经济不仅要开源，在各项支出上还需节流。1934 年 1 月，毛泽东在中华苏维埃第二次全国代表大会上指出，"财政的支出，应该根据节省的方针。应该使一切政府工作人员明白，贪污和浪费是极大的犯罪……节省每一个铜板为着战争和革命事业，为着我们的经济建设"①。以上党所发表的指示和决议都体现着政府正在分配中发挥着主要作用，促进了各种要素在根据地范围内的自由分配，在土地革命根据地的建设中发挥了重要的作用，同时为抗日战争赢得了更多群众的支持。

三 1937～1945 年：军队优先分配、人民合理负担

抗日战争时期，中国共产党形成了军队优先分配、人民合理负担的分配思想。1937 年 8 月 12 日，中央对各地方工作做出指示，一切工作最基本的原则就是保证抗日战争的胜利。1937 年 8 月发出的《中国共产党抗日救国十大纲领》就财政税收、土地、失业方面提出了基本主张：财政政策的原则就是各方有钱出钱、合理负担；经济政策是发展工业、农村经济，保证战时物品的自给；人民生活方面要"改良工人、农民、职员、教员及抗日军人的待遇；优待抗日军人的家属；废除苛捐什税；减租减息；救济失业；调节粮食；赈济灾荒"②。1938 年 2 月，刘少奇就游击战争中的财政政策谈到一些指导意见："在游击战争的环境中要建立有秩序的经常的捐税制度，是不可能的。只有在已经建立起政权与秩序的根据地中，才能征收若干种经常的捐税。为了补充抗日部队的给养及其他费用的开支，在保持政府财政统一的原则之下，征收一些捐税是必要的。过去的捐税有一些合理的能够征收的，应该继续征收；而另外一些不可能征收的与不合理的，就只得取消或者改变。某些税则的重复规定，是必要的。根

① 《毛泽东选集》第 1 卷，人民出版社，1991，第 134 页。
② 中央档案馆编《中共中央文件选集》第 11 册，中共中央党校出版社，1989，第 329～330 页。

据有钱出钱的原则，使有钱人的负担增加一点，贫苦人民的负担减少一些，对于团结全体人民坚持抗日是有利的。但是无限制的增加富人的负担也是不应该的。"① 所以，中国共产党是在保障人民利益的前提下使军队的物资得到有效供给。战争彻底爆发后，根据地的衣食住行陷入了极端困难，为了打破敌人的封锁、解决资源困乏的问题，中共中央开始领导军民开展大规模生产运动。1941 年 5 月，中共中央军委对陕甘宁边区生产工作批示，"在生产工作的政治动员中，必须将自给自足的口号与抗战建国建设新民主主义经济基础的任务连接起来，使生产工作能够遵循着党的财政经济政策来进行"②。在这一基本思想指导下，中国共产党提出了减租减息、实行农业累进税、实行农贷等具体分配政策。

在根据地遭严密封锁的情况下，农业生产上的自给可以解决温饱问题，为了改善人民的生活，党开始重视工业、商贸业等与人民生活息息相关的产业的发展。针对大商业、大工业，毛泽东在《新民主主义论》中明确提出，要没收帝国主义和大汉奸反动派的大资本大企业归国家所有，发展公营经济。针对私人资本，党提出了"公私并进，公私两利"的原则，帮助和保护私人资本主义的发展。毛泽东说："只有实事求是地发展公营和民营的经济，才能保障财政的供给。"③ 所以，自给自足不仅解决了人民和军队的生活困难，而且为政府财政提供了有力支持，增强了抗战经济斗争的物质基础。同时，毛泽东还强调了合理负担的重要性，不能什么东西都向人民要，人民的生活困难，要减轻人民的负担。这些思想促进了各个抗日根据地经济的发展，极大地调动了人民参加抗日战争的积极性，为抗日战争的胜利提供了物质基础和充足兵力。

四　1945～1949 年：消灭私人占有、实行公有

解放战争时期，中国共产党形成了消灭私人占有、实行公有的分配思想。1945 年 10 月 20 日，《中共中央关于过渡时期的形势和任务的指示》提出，"在这一期间内，我党在国民党统治区域（例如重庆、上海、北

---

① 中央档案馆编《中共中央文件选集》第 11 册，中共中央党校出版社，1989，第 841 页。
② 中央档案馆编《中共中央文件选集》第 13 册，中共中央党校出版社，1989，第 115 页。
③ 《毛泽东选集》第 3 卷，人民出版社，1991，第 895 页。

平）内的任务，是扩大民族民主的统一战线工作……挽救经济恐慌、救济失业人民与援助还乡人民等项运动"①。在解放区的工作主要是"实现新区域的减租减息，肃清汉奸分子，建立民主政府"②。为了争取更多的群众加入统一战线，当时并没有立即废除封建土地制度。这里所提到的减租减息与抗战时期的减租减息有所不同，抗战时期的减租减息是为了维护统一战线而保护地主的权利，但是这一时期的减租减息并没有指出要保证地主的权力。1947 年 2 月，中国共产党在进入夺取全国性的胜利的阶段，提出了新民主主义三大经济纲领，即"没收封建阶级的土地归农民所有，没收蒋介石、宋子文、孔祥熙、陈立夫为首的垄断资本归新民主主义的国家所有，保护民族工商业"。在这一经济纲领的指导下，党开始领导解放区的农民进行彻底的土地改革，实行耕者有其田；对待官僚资本采取没收的办法，消灭地主阶级和官僚资产阶级，解放生产力；对民族工商业毫不犹豫地给予帮助，并且利用民族资本发展经济。

随着解放区的面积不断扩大，各根据地经济工作各自为政难以管理，并且不利于为整个解放战争提供经济支持。为了加强党对地方工作的统一领导，经济工作走向集中统一的领导方式是必然的。在这一经济工作思想的指导下，财政、税收、金融等的分配思想必然也转变为统一。早在解放战争防御收尾阶段时，中共中央就考虑了解放区财政经济工作的统一问题。1947 年，华北各解放区召开财经工作会议，提出要成立华北财经办事处统一各解放区的财经工作。1948 年 9 月，中央政治局扩大会议指出，华北、华东、西北三地的财政、金融、贸易的建设工作要在华北人民政府的财委会的领导下统一进行。1949 年 3 月 20 日，中央对解放战争胜利后的财经工作做出了指示："关于财政经济工作及后方勤务工作的统一问题，应该是在分区经营的基础之上，在可能与必须的条件下，有重点地、有步骤地走向统一。对于新区的领导机关，应该给予较大的机动权。"③在中国共产党正确的分配思想指导下，解放区的经济得到了恢复和发展，为新中国成立后的社会经济建设奠定了物质基础。

---

① 中央档案馆编《中共中央文件选集》第 15 册，中共中央党校出版社，1989，第 370 页。
② 中央档案馆编《中共中央文件选集》第 15 册，中共中央党校出版社，1989，第 371 页。
③ 中央档案馆编《中共中央文件选集》第 18 册，中共中央党校出版社，1989，第 181 页。

总之，新民主主义革命时期，随着四个阶段的社会主要矛盾的变化，中国共产党的分配思想也相应发生了变化，具体如图4-2所示。

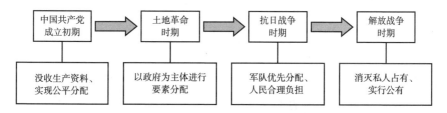

图4-2 新民主主义革命时期中国共产党分配思想的演化

第三节 新民主主义革命时期分配制度的演化

中国共产党是在正确分析中国社会背景以及因时制宜制定分配思想方针的基础上，不断探索适合中国国情的分配制度的。在革命战争时期，中国人民饱受帝国主义和封建制度的压迫，中国共产党领导人民进行革命，废除了剥削人们的封建制度，在发展生产力的过程中逐步建立起维护人民根本利益的分配制度。与社会形势、战争形势相适应的分配制度在农村、革命根据地实行后，得到了人民群众的拥护和支持，不仅为赢得革命的胜利创造了重要条件，而且为新中国成立后建立社会主义分配制度奠定了基础。

一 1921~1927年：中国共产党成立初期的分配制度

（一）初次分配制度

1. 限租减息的土地分配制度

在八七会议之前，中国共产党对土地问题的重视从农村开始，同时认识到"在中国进行民族革命和建立反帝战线之际，必须同时进行反对封建主义残余的农民土地革命""全部政策的中心问题乃是农民问题"①，自此中国共产党开始领导农民运动进行经济斗争。关于土地斗争的内容主

---

① 中央档案馆编《中共中央文件选集》第1册，中共中央党校出版社，1989，第586页。

要是限租减息，暂不涉及土地的分配。1922 年 11 月，中国共产党第三次全国代表大会制定了《中国共产党对于目前实际问题之计划》。文件提出了解决农民问题的若干政策："（A）限田运动，限制私人地权在若干亩以内，以此等大地主中等地主限外之地改归耕种该地之佃农所有……（D）限制租额运动，应在各农村组织佃农协会，每年应缴纳地主之额租，由协会按收成丰歉议定之。"[1] 1924 年 11 月，《中共中央第四次对于时局的主张》强调，农民工作中的重点就是要"规定最高限度的租额，取消田赋正额以外的附加捐及陋规"[2]。在中国共产党的正确领导下，农民运动迅猛发展，农民的部分经济利益得到维护。

2. 没收私有资本的资本分配制度

成立不久的中国共产党最初的基本纲领清晰地指明要消灭资本私有，铲除覆灭封建的军阀政治。1922 年 6 月 15 日，中共中央发表《中国共产党对于时局的主张》，明确目前阶段无产阶级最主要的工作就是"肃清军阀，没收军阀官僚的财产，将他们的田地分给贫苦农民"[3]。在逐渐认识到中国国情不同于俄国国情时，毛泽东认为中国的前途不是建立无产阶级专政，而是革命民众的联合统治，革命民众包括无产阶级、小资产阶级以及中产阶级左翼。在 1925 年 1 月召开的第四次全国代表大会上，党中央提出买办资产阶级是反革命派，小资产阶级、手工业者是支持民主革命的，民族资产阶级对中国革命的态度是矛盾的。由此可以看出，买办资产阶级是经济上打击的对象，民族资产阶级是经济上保护的对象，小资产阶级是经济上依靠和维护的对象。党中央对各阶级的经济分析为新民主主义革命时期的经济斗争指明了方向，为后来的理论、制度探索提供了指导。

3. 提高工资待遇的劳动分配制度

自建党以来，中国共产党就十分重视工人的经济权益。1923 年 6 月，《中国共产党党纲草案》就提出了几项保护工人利益的特别要求："A. 废除包工制，承认工会的团体契约制（工会议定雇用条件）……D. 女工与

---

① 中央档案馆编《中共中央文件选集》第 1 册，中共中央党校出版社，1989，第 125 页。
② 中央档案馆编《中共中央文件选集》第 1 册，中共中央党校出版社，1989，第 307 页。
③ 中央档案馆编《中共中央文件选集》第 1 册，中共中央党校出版社，1989，第 45 页。

男工之工资待遇一律平等；生产期前后六星期之休息，不扣工资……"①
此项制度之后在第三次全国代表大会上通过。1925 年 5 月，第二次全国
劳动大会在《经济斗争决议案》中提出了更多改善劳动条件的制度，以
此来增加工人阶级的力量，达到解放劳动的目的。在当时工人的经济斗争
中，比较迫切的要求是："（一）按照各地各时生活情形，规定最低限度
的工资：本来资本家发给工人工钱的标准，是按照工人生活必需品的价值
而定……（四）女工童工之生活改善……（丙）妇女在产前产后有八星
期的休息与领工资……（辛）不得克扣工钱。女工童工与成年工人做同
样工作时，须得同样的工资。"②

（二）再分配制度

1. 废除苛捐杂税的税收制度

在税收制度方面，此时的中国共产党在实现公平分配的思想指导下，
只是简单规定废除不平等的税则。1922 年 6 月 15 日，中共中央发表《中
国共产党对于时局的主张》，提出"定限制租课率的法律"。同年 7 月，
党的二大宣言再次主张"废除丁漕等重税，规定全国——城市及乡
村——土地税则""废除厘金及一切额外税则，规定累进率所得税""规
定限制田租率的法律"③。1923 年，党的第三次全国代表大会党纲草案指
出，"取消帝国主义的列强与中国所订一切不平等的条约，实行保护税
则""废止厘金，征收所得税及遗产税；每年审定租税一次""划一并减
轻田赋，革除陋规"④。1924 年 11 月，中共中央发表《中国共产党对于
时局之主张》，提出了多项财税方面的主张，"废除一切不平等条约，第
一重要是收回海关，改协定关税制为国定关税制""规定最高限度的租
额，取消田赋正额以外的附加捐及陋规""各城市乡镇之厘金牙税及其他
正杂捐税，在国库收入无多，而小本营商者则因之重感困苦，宜一切废
止""废止盐税、米税以裕平民生计""增加海关进口税，整理国有企业

---

①　中央档案馆编《中共中央文件选集》第 1 册，中共中央党校出版社，1989，第 143 页。
②　中央档案馆编《中共中央文件选集》第 1 册，中共中央党校出版社，1989，第 634～
　　636 页。
③　中央档案馆编《中共中央文件选集》第 1 册，中共中央党校出版社，1989，第 116 页。
④　中央档案馆编《中共中央文件选集》第 1 册，中共中央党校出版社，1989，第 141 页。

之收入，征收遗产税，征收城市土地税"①。这些大宗税收，不但足以补偿废止旧税——厘金牙税、盐税、米税、田赋附加税及其他各种正杂捐税损失，而且可用于补助退伍士兵、失业贫民及推广教育经费。1925 年 1月，党的第四次全国代表大会通过《对农民运动之议决案》，指出在进行减租运动之前，要在当地农村根据实际情况对党的口号进行充分的宣传，应特别宣传取消苛捐杂税。② 1926 年 9 月，《中国共产党第三次中央扩大执行委员会议决案》对农民运动规定了几项迫切的要求，经济上"（丙）反对预征钱粮及苛捐杂税""（丁）要求免除陋规，一切征收按市价计算""（戊）统一度量衡"，政治上要求"地方财政公开"。③

2. 保障工人最基本权益的社会保障制度

在社会保障制度方面，党最早是为提高工人待遇进行理论上的探索。1922 年 7 月，中国共产党第二次全国代表大会通过《关于"工会运动与共产党"的决议案》，工会运动的第四条原则为"工会应该努力做改良工人状况的运动"④，并且由工会代表工人与雇主协定一切待遇条件，努力争取"同样劳动须给同等工钱"⑤。1922 年 8 月，中国劳动组合书记部拟定的劳动立法原则的最低目标就是实现"吾人梦想所不及的失业救济与疾病保险"⑥。随后是对工人生命健康权益保障问题的关注。1923 年 6 月，《中国共产党党纲草案》中规定："G. 制定强迫的劳工保险法（灾病死伤的抚恤等），工人有参与办理保险事项之权。H. 救济失业之工人。"⑦1924 年 11 月，中国共产党向国民政府提出了保护工人阶级的特殊利益的最低要求，包括八小时工作制、正常周末及各纪念日的休假、工人死伤保险法、女工妊娠前后之优待等。1925 年 5 月，第二次全国劳动大会在《经济斗争决议案》中增加了关于工伤、养老保障的决定："（五）劳动保

---

① 中央档案馆编《中共中央文件选集》第 1 册，中共中央党校出版社，1989，第 306 ~307 页。

② 中央档案馆编《中共中央文件选集》第 1 册，中共中央党校出版社，1989，第 362 页。

③ 中央档案馆编《中共中央文件选集》第 1 册，中共中央党校出版社，1989，第 208 页。

④ 中央档案馆编《中共中央文件选集》第 1 册，中共中央党校出版社，1989，第 77 页。

⑤ 中央档案馆编《中共中央文件选集》第 1 册，中共中央党校出版社，1989，第 78 页。

⑥ 中国人民解放军政治学院党史教研室编印《中共党史参考资料》第 2 册，政治学院党史教研室印，1979，第 312 页。

⑦ 中央档案馆编《中共中央文件选集》第 1 册，中共中央党校出版社，1989，第 143 页。

护与社会保险……（丙）应实行社会保险制度，使工人于工作伤亡时，能得到赔偿；于疾病失业老年时，能得到救济。"① 除了关注工人阶级，党还对城市贫民、贫农等弱势群体进行社会救助。在《中国共产党第三次全国大会决议案》的中国共产党党纲草案中，党提出"供给并改良都市贫民之住宅，规定限制房租的法律""国家给发种籽及农具"② 以帮扶贫农。

二 1927~1937 年：土地革命时期的分配制度

（一）初次分配制度

1. 土地国有与农民私有二元并行的土地分配制度

1927 年，党对土地分配问题所做的制度规定由抗捐减租转变为政府主导土地分配。1927 年 4 月召开的中共五大在《国民革命中的农民政纲》中针对农民问题提出以下策略："一、没收一切所谓公有的田地以及祠堂、学校、寺庙、外国教堂及农业公司的土地，交诸耕种的农民，此等没收的土地之管理，应付诸土地委员会。此等土地的管理形式，是否采用公有制度或分配于耕种者的农民，皆由土地委员会决定之。二、（甲）无代价的没收地主租与农民的土地，经过土地委员会，将此等土地交诸耕种的农民。（乙）属于小地主的土地不没收。（丙）革命军人现时已有的土地可不没收。（丁）革命军兵士中没有土地者，于革命战役完终后，可领得土地耕种。三、耕种已没收的土地之农民，除缴纳累进的地税于政府外，不纳任何杂税。未没收的土地之租率，应减至与累进的田税相当的程度。耕种未没收的土地之农民，只缴纳确定的佃租，不纳其他杂税，并永久享有租佃权。四、取消地主绅士所有的一切政权及权利。建立农民的乡村自治政府，对农村各被压迫阶级所组织的乡民会议负责。农民协会并当参加民权的县政府之创造。"③ 八七会议以后，主要采取"耕者有其田"的分配原则，用这个口号来吸引农民参与革命运动，而后发展到土地国有，然后再重新分配土地。

---

① 中央档案馆编《中共中央文件选集》第 1 册，中共中央党校出版社，1989，第 637 页。
② 中国人民解放军政治学院党史教研室编印《中共党史参考资料》第 2 册，政治学院党史教研室印，1979，第 528~529 页。
③ 中央档案馆编《中共中央文件选集》第 3 册，中共中央党校出版社，1989，第 70 页。

　　1928 年 3 月,《中央通告第三十七号——关于没收土地和建立苏维埃》中提出了,以人口和劳动力为混合标准的分田办法,规定"以年满十六岁能自耕种的人为一劳动单位,每一劳动单位平均使用土地(酌量各地情形决定亩数),其余的土地按照各劳动单位所属的四岁以上的人口之多寡均平分给与劳动单位使用"①,但这个方法极易被地主和富农所利用,造成假分田,而且大村与小村的土地差别很大,易造成不公平现象。但按人口标准来分配土地的这一分配原则也带来了一些不公平的问题。1928 年 7 月,在党的第六次全国代表大会上,为了让农村中的阶级斗争尽量发展,中国共产党提出了以下的政策:"(二)无代价的立即没收豪绅地主阶级的财产土地,没收的土地归农民代表会议(苏维埃)处理,分配给无地及少地农民使用。(三)祠堂庙宇教堂的地产及其他的公产,官荒或无主的荒地沙田,都归农民代表会议(苏维埃)处理,分配给农民使用。"② 土地国有的政策方针在这次会议上确定,在全国或在重要省份中巩固苏维埃政权之后消灭土地私有权,把一切土地变为社会的公共财产。1928 年 12 月之后,共产党提出了以乡为单位分田的新办法。《井冈山土地法》和《兴国土地法》中均规定:"分配土地的区域标准:1. 以乡为单位分配。2. 以几乡为单位分配(如永新之小江区)。3. 以区为单位分配(如遂川之黄坳区)。以上三种标准,以第一种为主体。遇特别情形时,得适用第二、第三两种标准。"③

　　1931 年以前中共中央关于没收对象、土地所有权的政策处于不断变化之中,在 1927 年至 1931 年这个阶段实行没收一切私有土地,土地所有权归苏维埃政府,土地使用权归农民,禁止土地的租赁买卖。1931 年 11 月,《中华苏维埃共和国土地法》明确规定仍不禁止土地出租与买卖,正式确立了苏区的基本土地政策。《中华苏维埃共和国土地法》规定,没收所有封建地主、豪绅、军阀、官僚以及其他大私有主的土地。被没收来的

---

① 中国社会科学院经济研究所中国现代经济史组:《第一、二次国内革命战争时期土地斗争史料选编》,人民出版社,1981,第 221 页。
② 中央档案馆编《中共中央文件选集》第 4 册,中共中央党校出版社,1989,第 352 页。
③ 中国社会科学院经济研究所中国现代经济史组:《第一、二次国内革命战争时期土地斗争史料选编》,人民出版社,1981,第 268 页。

土地，经过苏维埃由贫农与中农实行分配。①　一切私有土地完全归组成苏维埃国家的劳动平民所公有，一切没收的土地之实际使用权归之于农民。一切祠堂、庙宇及其他公共土地，苏维埃政府必须力求无条件交给农民。对于不实行土地国有的原因，党中央认为只有土地革命胜利与农民群众大多数拥护国有制的时候，才有可能实现土地国有。在这一阶段，党中央仍然觉得土地国有才能完全消灭封建主义，向群众宣传公共资产国有化是有必要的。土地所有权经历了从土地国有到土地归农民所有的转变，其中的关键是对土地买卖和租佃行为的许可；分配原则从按人口平均分配演变为按人口与劳动力的混合标准分配。1933年6月，土地人民委员会发布《关于实行土地登记》的布告，以法律形式肯定了"土地农有"制度。尽管从1931年以后土地制度实现了农民私有化，但是在把所有土地分配给农民之后，剩下的土地形成了"公田"。1930年12月，江西省率先改变了之前土地归苏维埃政府公有的政策。另外，"公田"制度在根据地逐渐巩固后也开始确立。所谓"公田"指分配后剩下的不易再分的土地，由全乡农民共同耕种，用于乡村建设、救济、福利或供应红军急需乃至政府费用，也称红军田或红军公田，各根据地可自行规定其数量及用途。这种局部的土地公有制和作为基础的"土地农有"制形成的二元复合结构昭示了"耕者有其田"制度在各根据地得到切实实行。

2. 没收外国资本、发展民族资本的资本分配制度

对待国外资本，党的政策是没收帝国主义在华资本归国家所有。1927年8月，十年内战之始，中共中央在《中国共产党的政治任务与策略的决议案》中明确指出了在民主革命中没收帝国主义侵华资本的必要性，"完全解放中国于外国资本压迫之下（取消一切不平等条约及帝国主义的特权，取消外债，关税自主，外国人所占有的生产资料、交通机关收归国有等等）"②。1931年11月，党对帝国主义在华资本的认识比过去前进了一步。《中华苏维埃共和国临时政府对外宣言》指出：中华苏维埃共和国临时政府"主张尤其为得要根本消灭帝国主义在中国的统治力量，它

---

①　中央档案馆编《中共中央文件选集》第7册，中共中央党校出版社，1989，第777页。
②　中央档案馆编《中共中央文件选集》第3册，中共中央党校出版社，1989，第330页。

主张没收一切帝国在华的银行、工厂、矿山与交通工具等"①。关于没收国外资本经营垄断的企业的政策在《中华苏维埃共和国关于经济政策的决定》中有更明确的表述。该决定指出："为保障国家完全独立和民族解放起见，苏维埃政府将操在帝国主义手中的一切经济命脉，实行国有（租界、银行、海关、航空、矿山、工厂等），在目前允许外国某些企业重新另定租借条约，继续生产，但必须遵守苏维埃一切法令，实行八小时工作制及其他各种条例，如这些企业主违反这些条例，实行怠工和关厂，或干涉苏维埃政府的行政权维护反革命，则必须立刻没收其企业作为国有。"②

对待民族资本，党的认识经历了由"左"倾到保护的一个变化过程。对待民族资本主义工商业的"左"倾政策，使革命根据地经济建设停滞不前。直到 1935 年 12 月的瓦窑堡会议，党才正式确立了保护和发展民族资本主义工商业的思想。瓦窑堡会议通过的《中央关于目前政治形势与党的任务决议》指出，"苏维埃人民共和国用比较过去更宽大的政策对待民族工商业资本家。在双方有利的条件下，欢迎他们到苏维埃人民共和国领土内投资，开设工厂与商店，保护他们生命财产之安全，尽可能的减低税租条件，以发展中国的经济。在红军占领的地方，保护一切对反日反卖国贼运动有利益的工商业""在目前一切被日本帝国主义及其他帝国主义国家排斥驱逐的华侨同胞，苏维埃给予以托庇的权利，并欢迎华侨资本家到苏区发展工业"③。在建设抗日根据地的过程中，党制定了一系列鼓励民族资本发展的政策。《陕甘宁边区施政纲领》明令"奖励私人企业，保护私有财产，欢迎外地投资"。1942 年 1 月制定的《陕甘宁边区三十一年度经济建设计划大纲》也明确规定了对海外华侨来边区投资给予投资优惠政策。1945 年 3 月，陕甘宁边区政府发布了《奖助实业投资暂行条例》，制定了奖助的具体办法。

3. 动态调整工资的劳动分配制度

在劳动分配制度方面，党的政策继续以经济斗争为主，但相比之前的阶段也增加了新的内容。在八七紧急会议上通过的《最近职工运动议决

---

① 中央档案馆编《中共中央文件选集》第 7 册，中共中央党校出版社，1989，第 802 页。
② 中央档案馆编《中共中央文件选集》第 7 册，中共中央党校出版社，1989，第 795 页。
③ 中央档案馆编《中共中央文件选集》第 10 册，中共中央党校出版社，1989，第 612 页。

案》提出："四、同样工作，须有同样工资。五、劳动保险及工厂工人住宅之卫生设备。六、增加工资，并按照物质高涨照加工资。七、工资须发现金，不得以信用低落的钞票或国库券等代替。"[1] 1930 年，苏维埃政府首次对农村手工业工人和雇农的工资做了规定，"以前工资过低的应该提高。以后工资数目，由苏维埃依照生活物价涨跌及农民收入丰歉两个标准决定之。乡区苏维埃规定工资，须得县或省苏维埃批准"[2]。

（二）再分配制度

1. 合理征税、取之有度的财政税收制度

土地革命时期，中国共产党开始认识到财政的重要性。为了增加根据地初创时期的财政收入，党组织制定了"打土豪筹款自给"的财政政策：没收豪绅地主财物，对反革命者进行罚款，对富农和城市商人采取自愿捐款的政策。经济是财政的重要源泉，支持经济建设是开辟财源的关键。在根据地发展和稳固时期，中国共产党的财政收入开始多元化，通过税收、开办国营工厂、发行公债等方式获得一定的物质支持。根据地税收制度的建立有一个过渡的时期，在 1931 年之前，政府只针对农产品和土地征收累进税。1928 年 6 月，中国共产党的第六次全国代表大会通过《土地问题决议案》，"取消一切由军阀及地方衙门所颁布的捐税，取消包办税则制，取消厘金，设立单一的农业经济累进税"[3]。1928 年 12 月公布了《井冈山土地法》，对土地税做了规定，按照生产农产品情况的不同规定了三种税率，分别是 15%、10%、5%。1932 年 11 月，中华苏维埃第一次全国代表大会召开以后，颁布了《中华苏维埃共和国暂行税则》（简称《暂行税则》），规定对农业、商业、工业实行统一的累进税制。为了粉碎敌人的经济封锁，保障根据地军民需要，1932 年 7 月，中华苏维埃共和国临时中央政府对《暂行税则》进行了修订。与 1931 年发布的《暂行税则》相比，税率有所提高，商业税、农业税的起征点降低，以及对减免范围做了较大的调整。如商业税，一是将 13 个等级调整为 14 个等级，最低税率由原来的 2% 调高到 6%；二是将起征点从 200 元调整为 101 元，

---

① 中央档案馆编《中共中央文件选集》第 3 册，中共中央党校出版社，1989，第 300 页。
② 中央档案馆编《中共中央文件选集》第 6 册，中共中央党校出版社，1989，第 660 页。
③ 中央档案馆编《中共中央文件选集》第 4 册，中共中央党校出版社，1989，第 352 页。

征收期从原来的每年征收 2 次调整为每月征收 1 次,季节性生意从原来生意结束后征收改为按次征收;三是对小商小贩由原来的一律免税改为资本在 100 元以上者就要收税,取消了原来对肩挑商的免税规定。农业税则规定对过去富农的征税要特别加重些,同时扩大了对雇农、雇工享受免税优惠的范围。尽管向人民征收税收不可避免,但是中国共产党仍然保护群众的基本生存权,在不损害人民利益的前提下向人民征税。1930 年 11月的《共产国际东方部关于中国苏维埃政权的经济政策草案》指出:"必须根据累进税的原则,制定简单的显明的收税制度,征税对于资本及所入税费,免除工人与城市贫民的捐税。在捐税制度下,应注意小商人与手工业者的利益,应该将捐税的重担移在最有财产的阶级身上。"[1]由此可见,累进税的意义就在于对收入低的群众少征税,而将捐税负担转移到财产丰厚者身上。1933 年 10 月,财政人民委员会颁布了《山林税暂行细则》,开征山林税。土地革命时期还开征了关税,中央革命根据地从 1932 年开始征收关税,商人需要缴纳出口物资 5%~15% 的税率,进口物资税率一般是 2%~3%。随着税收制度的逐渐完善和根据地经济的发展,税收逐渐成为苏维埃政府主要的财政收入来源。

2. 保证失业群众基本生活需要的社会保障制度

财政支出多用于社会保障方面的社会保险支出、社会救济支出。在八七紧急会议上通过的《最近职工运动议决案》提出:"二、失业的救济,应由国家及资产阶级担负(须将失业工人组织为有力量的团体)。三、妇女产前产后应有八个星期(五十六天)的休息照发工资。"[2] 1927 年 11月,中央临时政治局扩大会议通过的《职工运动决议案》提出了救助失业工人的一些措施:"六、为帮助罢工工人,必须筹备罢工救济费,我们应当提出'不要给右派工会一个铜板,大家共同筹备罢工救济费'的口号,并指导工人实现这一个口号,哪怕每个工人每月只能储蓄三五个铜板……八、党对于失业工人,须使之团结于下列口号之下:(一)向商人与工厂主征税救济失业工人。(二)政府开发社会工作给失业工人做。

---

① 中央档案馆编《中共中央文件选集》第 6 册,中共中央党校出版社,1989,第 642 页。
② 中央档案馆编《中共中央文件选集》第 3 册,中共中央党校出版社,1989,第 300 页。

（三）开办公共饭堂与公共寄宿舍。（四）发给失业工人经常的津贴。（五）失业工人津贴费由失业工人自己管理。"① 1932年9月，《中共中央关于目前农民斗争的形势与我们的任务的决议》强调，要领导流离失所的失业农民，"向商会、赈灾机关、国民党政府提出紧急救济的纲领，要求立刻发冬衣、发粮食、发救济费"②，同时主张把没收来的日货、军阀官僚的财产和国民党的部分军费拿来救济灾民难民。

三 1937~1945年：抗日战争时期的分配制度

（一）初次分配制度

1. 减租减息、交租交息的土地分配制度

1937年至1945年，是抗日战争全面爆发时期。这一时期，中日民族矛盾上升为主要矛盾，地主同农民的矛盾降到了次要地位。为了团结一切可以团结的力量共同抗日，共产党迅速调整了土地政策，将"耕者有其田"的思想转变为"减租减息"思想。这种调整是为了适应抗战形势的需要而实行的暂时让步。抗日战争时期，党的减租减息政策经历了一个逐步完善的过程。在全面抗战爆发之前，中国共产党在瓦窑堡会议上就已改变了对富农的政策，全面抗战爆发后，中国共产党进一步提出了减租减息的思想。1937年8月25日，中共中央政治局洛川会议通过了《中国共产党抗日救国十大纲领》，确立了减租减息为抗日战争时期解决农民土地问题的基本政策和改善农民生活的根本办法。1940年12月13日，中共中央发出《中央关于华中各项政策的指示》，指出"土地政策应实行部分的减租减息以争取基本农民群众，但不要减得太多，不要因减息而使农民借不到债，不要因清算旧债而没收地主土地，同时应规定农民有交租交息之义务，保证地主有土地所有权，富农的经营原则上不变动"③。1942年1月，中共中央政治局在详细研究各地减租减息运动经验后，通过了《中共中央关于抗日根据地土地政策的决定》及其附件。该决定承认农民

---

① 中央档案馆编《中共中央文件选集》第3册，中共中央党校出版社，1989，第513~514页。
② 中央档案馆编《中共中央文件选集》第8册，中共中央党校出版社，1989，第475页。
③ 中央档案馆编《中共中央文件选集》第12册，中共中央党校出版社，1989，第575页。

（包括雇农在内）是抗日与生产的基本力量，因此要扶助农民，实行减租减息，保证农民的人权、政权、地权、财权；承认大多数地主是有抗日要求的；承认富农是抗日与生产的一个不可缺少的力量，因此对富农也应实行减租减息、交租交息，保障富农的各项权利。① 这一决定是中国共产党在抗日战争时期最为重要的土地政策文件，标志着减租减息理论已趋于成熟和完善。

2. 没收日本资本、保护抗日救国资本的资本分配制度

在抗战时期，国内主要矛盾为中华民族与日本帝国主义的矛盾，党对资本的分配政策也发生了变化。1937 年 8 月 25 日，党为动员一切力量参与抗战斗争提出了《中国共产党抗日救国十大纲领》，纲领中第一条就是"打倒日本帝国主义：对日绝交……没收日本帝国主义在华财产，否认日本外债"②。对于反对统一战线的某些阶级和分子，一律采取没收财产的政策，"没收汉奸财产及处理、捉汉奸必须取得政府的同意"③。根据地的部队日常给养，除了税收捐款之外，向汉奸筹款也是来源之一，党指示可以到铁路车站和城市去逮捕汉奸。由于统一战线的要求，过去党的十大基本纲领被统一战线纲领所代替。没收帝国主义资本的政策直到抗战胜利后才有所转变。相反，苏维埃政府对维护抗日民族统一战线的商人和资本家的政策是倾向保护的。1938 年 2 月，刘少奇在《关于抗日游击战争中的政策问题》中提出："政府应该保护各人的私有财产，保护商人的营业自由，工厂的开工及地主土地的私有，号召逃跑的地主与资本家回去经营他们的工厂与土地。但当他们不回去的时候，政府为了增加生产起见，只有将工厂转租给别人或组织公司合作社等方式来开工……只要地主与资本家回去时，仍然可以管理他们的土地与工厂。"④ 1941 年，《论抗日根据地的各种政策》中提到，党并不限制抗日根据地上的贸易自由，号召根据地外的资本家到抗日根据地上开办实业，并切实保护他们的企业。

---

① 中央档案馆编《中共中央文件选集》第 13 册，中共中央党校出版社，1989，第 281~282 页。
② 中央档案馆编《中共中央文件选集》第 11 册，中共中央党校出版社，1989，第 327 页。
③ 中央档案馆编《中共中央文件选集》第 11 册，中共中央党校出版社，1989，第 409 页。
④ 中央档案馆编《中共中央文件选集》第 11 册，中共中央党校出版社，1989，第 842 页。

3. 适当提高工人工资的劳动分配制度

从抗日战争开始到1940年底中共中央发布关于劳动问题的指示之前，这一阶段工人运动的发展不是很深入，劳动相关法律制度也发展缓慢。各抗日民主政府或工会组织制定了一些劳动纲领和劳动法规，纠正了苏区职工运动中的某些"左"倾错误，但仍然存在一些"左"的残余。1938年陕甘宁边区中国共产党劳动政策与法规保障下的工人阶级各项基本权益情况："（1）工资上，工会在保障工人利益，改善工人生活这方面，各行业工人的工资，较从前都有提高：煤矿工人增加百分之三十，泥水木工增加百分之二十五，制造工人和一般店员工人增加百分之十五到百分之二十，平均手艺工人增加百分之二十左右，产业工人，如机器工人、油矿工人、印刷工人等，最高工资是二十八元，最低工资是八元，缝衣工人打袜工人，最低是五元，最高是十元。（2）边区的工人做额外工作就有额外工资，成工做夜工六小时给一天工资，青工四小时给一天工资。（3）例假及休息日方面，边区工人，在国营工厂里，每月休息四天，每继续做工六天，就有一天休息，工资照给。在休息日工作，厂方须给二天工资。（4）工厂对于工人的待遇，要按时保证工人所需的煤炭、伙食费等。（5）工人生病时的劳动保护。工人生病医疗的费用全由工厂负责。在工人生病的第一星期内，工资全部照给，在第二星期内给三分之二，第三星期内给工资三分之一。工人因疾病而停止工作时，厂方要保持其原有工作地位，不许借故辞退工人，工人因工作病故，或是被机器及其他生产有关系而危及工人生命的时候，厂方须依着不同情况给他抚恤。女工在生产前后共休息二个月，工资是照给的。并按产妇身体酌给休养费。"[1] 中央自1940年底发布关于劳动问题的指示后，明确规定了抗日战争时期正确的劳动政策，从而纠正了前期存在的某些"左"倾错误，各地抗日民主政府制定了一批适合抗日战争需要的劳动法规。中共中央指出，各抗日根据地劳动政策的出发点包括以下4个方面：①必须适合抗日民族统一战线的基本政策，促进和加速抗日战争的胜利；②适合新民主主义的政治经济的一般要求；③正确估计战场和敌后的特殊环境；④按照根据地的不同条件和具体环境，采取一

---

[1] 延安时事问题研究会编《抗战中的中国政治》，上海人民出版社，1961，第215～216页。

切必要的办法来改善和提高工人阶级的生活、文化和政治地位，用以巩固抗日民族统一战线，巩固和加强工人阶级在统一战线中的领导作用。1941年《论抗日根据地的各种政策》关于劳动政策的具体安排："我们主张为着发动工人的抗战积极性，必须实行适当的改良。但增加工资与减少工作时间，均有一定限度，不能过多。在目前为着增加抗战生产的需要，在某些生产部门，可以酌量采取十小时工作制。劳资间订立劳动契约，在订约后，资本家固须遵行，工人亦应遵守劳动纪律，以便使生产可以正常地进行。对于劳资间的关系，必须站在团结抗战建国的立场上随时加以适当的调节。"[1]

（二）再分配制度

1. 战时财政、量能负担的财政税收制度

面临抗日战争的诸多困难，中国共产党适时调整了财政政策，这些财政政策调动了大批群众参与经济生产，为战争的供给提供了很大的助力。1937年8月25日，《中国共产党抗日救国十大纲领》就财政税收、土地、失业方面提出了基本主张："财政政策以有钱出钱及没收汉奸财产作抗日经费为原则。经济政策是整顿与扩大国防生产，发展农村经济，保证战时农产品的自给。提倡国货，改良土产，禁绝日货，取缔奸商，反对投机操纵。"[2] 1938年10月，在中共中央扩大的六届六中全会上党更为具体地提出了一种新的战时财政经济政策，内容如下："第一，新政策以保障抗日武装部队一切必要供给，满足人民必需品的要求，并和敌人的经济封锁与经济破坏作斗争为目的。第二，有计划的在内地重新建立国防工业，从小规模的急需的部门开始，逐渐发展改进；吸收政府、民间与外国三方面的资力；并从政治上动员工人，保障其最低限度的物质待遇，改良工厂管理制度，以提高生产率。这些，不但是必需的，而且是可能的。第三，用政治动员与政府法令相配合，发展全国农业与手工业生产，组织春耕秋收运动，使全国农业手工业在新的姿态下发展起来。在战区注意保护农具牲畜及手工作坊，保证被隔断区域的经济自给。第四，保护私人工商业的自由营业，同时，注意发展合作事业。第五，在有钱出钱原则下，改订各种旧

---

① 中央档案馆编《中共中央文件选集》第13册，中共中央党校出版社，1989，第478页。
② 中央档案馆编《中共中央文件选集》第11册，中共中央党校出版社，1989，第329页。

税为统一的累进税，取消苛杂和摊派制度，以舒民力而利税收。第六，用政治动员与政府法令相配合，征募救国公债、救国公粮，并发动人民自动捐助经费及粮食，供给作战军队，以充实财政收入。第七，有计划的与敌人发行伪币及破坏法币的政策作斗争，允许被隔断区域设立地方银行，发行地方纸币。第八，厉行廉洁运动，改订薪饷办法，按照最低生活标准规定大体上平等的薪饷制度。第九，由国家银行办理低利借贷，协助生产事业的发展及商品的流通。第十，恢复与发展战区的邮电交通。"① 在此期间，为突破敌人对中国军队的经济封锁，根据地展开了大生产运动，解决了严重的财政供给问题。1942年12月，《陕甘宁边区简政施政纲要》指出，"目前政府工作必须集中力量于急要和首要的任务，首先是农业生产，各根据地的经济建设的基本重心应放在发展农业上"。同时，边区政府还减轻了农民的交税负担。1941年5月，《陕甘宁边区施政纲领》规定：实行合理的税收制度，居民中除对极贫困者给予免税政策外，均须按照财产多寡实施程度不同的累进税制，使大多数人民均能负担抗日经费。边区根据地所需军费庞大，仅靠农业生产、发展工商业远远不够，为此边区政府开始发行货币以做军费来源。1938年8月，中央下达了对晋察冀边区货币政策的指示："（一）边区应有比较稳定的货币，以备同日寇作持久的斗争。（二）边区的纸币数目，不应超过边区市场上的需要数量。这里应该估计到边区之扩大和缩小之可能。（三）边区的纸币应有准备金。第一，货物，特别是工业品；第二，伪币；第三，法币。"② 随着日本的投降，中国的抗日战争胜利结束，为保证国内和平、改善民生，在解放区的城市发布了新的工作安排："成立人民自卫军，协助军政维持秩序，参加解放战斗。成立民众团体，实行必需与可能的对工人、贫民的救济和改善生活的措施。"③

2. 保护范围更广的社会保障制度

中国共产党对社会保障制度的探索可以在多部劳动法里得到体现。1930年5月，苏维埃区域代表大会通过《劳动保护法》，其提出的制度条例的时间范围涉及出生到死亡，包括疾病、失业、残疾、死亡、生育、自

---

① 中央档案馆编《中共中央文件选集》第11册，中共中央党校出版社，1989，第615页。
② 中央档案馆编《中共中央文件选集》第11册，中共中央党校出版社，1989，第539页。
③ 中央档案馆编《中共中央文件选集》第15册，中共中央党校出版社，1989，第263页。

然灾害等保险项目。在这部法律的基础之上，1931 年颁布的《中华苏维埃共和国劳动法》对制度中的交纳金额、被保险人范围做了更细化的规定。同时，该部法律对疾病、失业等各种险种都有具体的阐释。在疾病医疗方面规定，工作者在任何情况下受伤、生病都由雇主支付医药费，其家属也享受同样的医疗帮助。在失业保险方面规定，工会成员工作一年以上可领取失业津贴费，非工会成员需要两年以上的做工时间；优恤金的领取需要失业工人注册工会会员或有机关证明、工会作证；未成年人领取以上津贴不需要询问工作时间的长短和证明。在生育保险方面规定，女工按工作空缺时间来领取津贴，对婴儿也有相同数量的补助金。由于《中华苏维埃共和国劳动法》中规定社会保险基金由雇主承担，要求小企业和大企业一样按制度规定交纳保险基金，一批企业无力承担这些费用而破产倒闭。1933 年 10 月，针对 1931 年颁布的《中华苏维埃共和国劳动法》在实际中的问题，苏维埃中央执行委员会颁布了新修订的《中华苏维埃共和国劳动法》。新劳动法不仅维护工人阶级的根本利益，而且兼顾中小企业负担，其可根据实际情况交纳社会保险基金。

四　1945～1949 年：解放战争时期的分配制度

（一）初次分配制度

1. 土地农民私有的土地分配制度

1945 年抗战胜利以后，封建主义同人民大众的矛盾日渐突出，作为中国民主革命主力军的农民开始提出强烈的土地要求，即要求废除封建土地制度。1946 年 5 月 4 日，中国共产党应解放区广大人民的呼声，决定改变土地政策，在解放区内颁布了《关于清算减租及土地问题的指示》，即《五四指示》。《五四指示》指出："解决农民的土地问题是目前最基本的历史任务，是目前一切工作的最基本的环节……坚决拥护群众在反奸、清算、减租减息、退租退息等斗争中，从地主手中取得土地，使各解放区的土地改革，依据群众运动发展的规模和程度，迅速求其实现。"[1] 但考

---

[1] 中央档案馆编《解放战争时期土地改革文件选编（1945—1949 年）》，中共中央党校出版社，1981，第 2 页。

虑到当时国共和谈尚未完全破裂的政治环境，为减少斗争阻力，《五四指示》强调在不损害绝大多数农民根本利益的前提下，也应照顾革命统一战线内各阶层利益，以便争取农村人口的绝大多数，将斗争矛头对准地主阶级。《五四指示》具有一定的妥协性和不彻底性。如富农土地一般不动；保护工商业，"除罪大恶极的汉奸分子的矿山、工厂、商店应当没收外，凡富农及地主开设的商店、作坊、工厂、矿山，不要侵犯，应予保全"①；等等。

与《五四指示》某些不彻底性不同，1947 年 9 月颁布的《中国土地法大纲》（以下简称《大纲》）则是一部要彻底废除封建因素的土地纲领。《大纲》规定，在消灭封建性和半封建性的土地制度实行耕者有其田的土地制度的原则下，按人口平均分配土地，是最彻底地消灭封建制度的一种方法，是完全适合于中国广大农民群众的要求的。《大纲》规定："废除一切地主的土地所有权；废除一切祠堂、庙宇、寺院、学校、机关及团体的土地所有权；废除一切乡村中土地制度改革前的债务；乡村农会接受地主的牲畜、农具、房屋、粮食及其他财产，并征收富农上述财产的多余部分。"② 在土地分配原则和方法上，《大纲》规定："乡村中一切地主的土地及公地，由乡村农会接收，连同乡村中其他一切土地，按乡村全部人口，不分男女老幼，统一平均分配，在土地数量上抽多补少，质量上抽肥补瘦，使全村获得同等的土地，并归个人所有。"③ 政府分给农民土地后，农民持土地所有证证明土地所有权，农民有权自由经营、买卖和出租土地。《大纲》是中国共产党对土地革命长期实践经验的总结，它基本上反映了党在民主革命时期土地革命思想的最高成果，是党在民主革命时期成熟的土地革命纲领。

2. 国有资本占主导、允许其他所有制资本发展的资本分配制度

内战爆发以后，美国政府采取了扶蒋反共的政策，并为蒋介石政府提

① 中央档案馆编《解放战争时期土地改革文件选编（1945—1949 年）》，中共中央党校出版社，1981，第 2 页。
② 东北解放区财政经济史编写组：《东北解放区财政经济史资料选编》第 1 辑，黑龙江人民出版社，1988，第 359 页。
③ 东北解放区财政经济史编写组：《东北解放区财政经济史资料选编》第 1 辑，黑龙江人民出版社，1988，第 359 页。

供大量金钱与物资来打内战，中国共产党对在华资本的政策也及时改变，宣布不承认美帝国主义政府在华的一切权利，但暂不没收帝国主义私人的在华资本。1946 年 5 月，中共中央在《关于解放区外交方针的指示》中提到了与美、英、法等国政府和商人企业进行经济交易的方针政策，"在两利的原则下，我们政府及商业机关应和外国商人以至外国政府直接订立一些经济契约，吸收外资来开发山东的富源，建立工厂，发展交通，进行海外贸易与提高农业和手工业。在订立这种契约时，只要避免不致因此而受垄断、受控制及受外间政治上的攻击，不与国民党法律抵触，而又对我有利，即应放手订立，允许外国人来经商开矿及建立工厂，或与中国人合作来经营工矿"①。如《陕甘宁边区进出境及过境物资管理暂行办法》第六条中明确规定，"严禁美国货物进口（特许进口者除外）"。

　　1949 年初，人民解放战争已经取得决定性胜利，新中国的诞生指日可待。这时，中国共产党对外资的政策发生了新的变化，宣布没收帝国主义政府和私人的一切在华资本归新中国所有，但是这样的口号在经济上并没有"一边倒"。中国共产党将外国资本区分为两种，一种是对中国经济有控制权的外国资本，另一种是对中国经济控制权没有威胁的外国资本。对于外国资本在中国的航运权、关税权等经济特权都要坚决取缔，除此之外的外国资本暂不没收和取缔，采取利用和保护的政策。1949 年 3 月，在党的七届二中全会上，毛泽东代表中央指出，"剩下的帝国主义的经济事业和文化事业，可以让它们暂时存在，由我们加以监督和管制，以待我们在全国胜利以后再去解决"②。1949 年 6 月 25 日，《解放日报》发表社论指出："人民政府在政策上对公用事业，无论是私营或外商经营，只要严格遵守政府法令，对人民生活和生产事业做有益的贡献，自当加以保护。"对民族资本，中国共产党强调不仅不能打压资本家，而且要给予其政策上的支持；不能只注意到资本家的投机性而限制资本，忽视了民族资本对国民经济建设的进步性和必需性作用。因此，党中央对于存在这些问题的地区下达了政策指示。1949 年 5 月，《中共中央关

---

① 中央档案馆编《中共中央文件选集》第 16 册，中共中央党校出版社，1989，第 152 页。
② 《毛泽东选集》第 4 卷，人民出版社，1991，第 1434~1435 页。

于对民族资产阶级的政策问题给东北局的指示》中指出要迅速解决这样的问题，要联合愿意与中国共产党合作的资本家来恢复生产，让经济不再是半瘫痪状态。对于官僚资本，中央决定采取在不妨碍生产的前提下，没收官僚资本企业归国有的政策。1949 年 1 月，《中共中央关于接收官僚资本企业的指示》具体规定：①接收官僚资本企业时不能破坏企业的组织架构，企业内部工作人员愿意继续服务的，可继续担任原职务，实际工资标准和等级、保险制度不可随意更改；②派到企业中的军事代表要保证企业的生产秩序，负责职工的政治教育工作。

3. 劳资两利的劳动分配制度

抗日战争胜利后，各解放区政府在新颁布的施政纲领中，重申劳动纲领的基本原则。如 1945 年 9 月，《晋察冀边区行政委员会施政要端》规定，为调节劳资利害关系，应适当改善工人店员生活，提高工作效能，保证各种企业的正当盈利，适当安置失业工人。1946 年 3 月，《中共中央关于解放区经济建设的几项通知》指出，"解放区劳资关系必须取合作方针，以达发展生产繁荣经济之目的"[①]。1947 年 7 月至 9 月，人民解放军由战略防御转入战略反攻之后，解放区由分散变成连成一片，中国共产党的工作开始以城市为重心，由城市领导农村，实行城乡兼顾，恢复与发展生产。为恢复和发展生产，党中央制定了发展国民经济的根本方针。毛泽东在《目前形势和我们的任务》中指出："新民主主义国民经济的指导方针，必须紧紧地追随着发展生产、繁荣经济、公私兼顾、劳资两利这个总目标。"[②] 为保护、鼓励和团结民族资产阶级，建立最广泛的人民民主统一战线，工人阶级要克服目前短暂的、片面的利益要求，从解放战争的大局出发对待劳资关系。在劳动者的工资分配方面，各中央局特别开会讨论了工资问题，在吸取以往工资制度的经验之上提出了一些工资分配政策。1948 年 6 月，党在《中共中央关于工资政策的指示》中做出了以下制度安排：针对技术工人的工资限制，要求技术工人的工资可以适度超过兵工工人的最高工资；对城市工资与农村工资要加以区别，根据实际情况规定

---

① 中央档案馆编《中共中央文件选集》第 16 册，中共中央党校出版社，1989，第 107 页。
② 《毛泽东选集》第 4 卷，人民出版社，1991，第 1256 页。

最高工资与最低工资,并逐步推行按件、按等分红及其他的奖励制度;反对过分提高、过分压低工资的行为。

(二) 再分配制度

1. 中央领导、地方负担的财政税收制度

在解放战争时期,全党认为工作重点应该放在财政统一上。1947年3月举行华北财经工作会议,会议上形成了《华北解放区财政经济会议综合报告》,指出经济工作必须坚持几个原则:一是独立自主思想,手工业上争取贸易出超;二是长期战争思想,保证财政收支大体平衡;三是树立农民为农民服务思想,特别重视农村农业和手工业发展;四是树立大局思想,要保证邻区货币互相流通并在财政上相互帮助。

1948年9月,华北人民政府成立后,积极发展生产,当时在财经方面的工作规定:改革税制,整顿税收,力求不再加重人民的负担。随着解放区的面积日益扩大,政府随即成立华北财经委员会,积极筹备工商税收、金融贸易等会议的召开,探讨建立各项财政规章制度,逐步统一华北解放区的财政金融。1948年10月,华北人民政府发出了《关于统一华北财政工作的决定》,指出要按照"统一领导、分散经营"的方针,有步骤地统一国家财政收入,统一全国物资调度,统一现金管理,统一货币。随后,华东、西北各地财政办按照党中央的指示相继统一各区域内部的财经工作。1949年3月,党在《中共中央关于财政经济及后方勤务工作若干问题的规定》中详细地提出了解决目前财政税收问题的具体方案。一是财政经济工作要在相当长的时间里保持中央领导之下的区域制,在各地区分散经营的基础之上有步骤地走向统一。二是军队物资不足时,由中央从东北、华北各解放区中有序调度物资。三是中央掌握除东北以外的人民银行货币发行权。四是暂时以华北人民银行为中国人民银行的总行,各地方银行为中国人民银行的分行,同时各地方银行仍归各区自主领导,进行原来业务。五是国民党反动政府的银行及其他一切资产交由中国人民银行负责接管,其他国民党统治区的地方政府银行及官僚资本银行归各解放区的地方银行接管。六是各解放区应逐步建立起正规财政制度,县级以上的财政收支概算必须交由中央审核,县以下的地方收支由各地方政府根据中央财政政策自行审核。七是各解放老区的税收工作有步骤地交由中央统一管理。同时，划分中央税与省税，从华北开始进行试点工作。各解放老区制定的每种税收的税则、税目、税率，应报告中央进行调整。解放新区的税收，应由各解放区按照中央规定自行实施，待财政秩序建立后，再交税收工作细则由中央审核。

1949年7～8月，陈云在上海主持召开了新中国成立前最为重要的财经会议，就统一财政经济等问题提出了解决的办法和实施的步骤。陈云在会议上发表《目前财经工作中应注意的问题》，对各地财委与财经工作者提出了两点要求：第一，眼光要放在发展经济上，节省财政开支的同时，也要增加开源项目从而增加收入；第二，各大区财委机关要组织成为一个司令部，财委要设置专管各方面工作的组织，如金融、财贸等处，必须吸收党内外各方面有知识的人来共同工作。这次重要会议可以视为新中国统一财政、税收工作的前奏，同时强调财经工作要服从中心工作任务。财政工作的首要任务是保证解放战争的军需，争取战争的迅速胜利，为明年财经工作打下坚实基础。上海财经会议的召开及出台的一系列财经政策，为新中国的财政工作提供了丰富的经验。

2. 提高劳动保护水准的社会保障制度

解放战争时期，工人阶级队伍不断壮大。抗日战争胜利初期到1946年，各行业工人数量共计100.5万人；1948年，各种产业工人数量增加到250万人。[1] 为发挥出工人阶级在生产建设和战争胜利中的重要作用，中国共产党更加重视起职工保险权益问题，在吸取以往劳动保险经验的基础之上，因时因地颁布了新的保险制度，从保险的覆盖人群数量、保险金的征收比例、合法合理使用保险金以及监督管理保险基金使用等方面提高劳动保护的水准。

1946年1月通过的《和平建国纲领》明确要求建立职工社会保险制度。1948年1月，哈尔滨市颁布的《战时暂行劳动法（草案）》要求，务必在全社会范围内为职工实行社会保险制度。1948年8月，第

---

① 刘明逵、唐玉良主编《中国近代工人阶级和工人运动》第14册，中共中央党校出版社，2002，第8～9页。

六次全国劳动大会通过《关于中国职工运动当前任务的决议》，决议提出在战争特殊时期，虽然难以形成系统的社会保险，但是可以在工厂集中的城市或条件具备的地方，创办劳动社会保险。在此决议的指示下，各解放区政府各自制定了劳动保险条例。1948 年 12 月《东北公营企业战时暂行劳动保险条例》颁布，1949 年 2 月华北兵工职工总会通过《劳动保险暂行办法》，1949 年 3 月石家庄职工代表大会通过《石家庄市国营公营企业战时劳动保险暂行办法》。这些制度条例在一定程度上保障了工人利益，对工人养老、医疗、失业、生育等方面的保险制定了具体的实行办法。

关于劳动保险基金的征收比例，各解放区有所不同。1948 年 1 月，哈尔滨市政府在《战时暂行劳动法（草案）》中规定，公营企业缴纳全部工资支出总额 3%的劳动保险金，私营企业在缴纳全部工资支出额 5%的保险金的同时，还要把红利的 15%作为社会保险金。1949 年 3 月，石家庄通过的劳动暂行办法规定，公营企业每月缴纳全部工资总额的 2.5%作为劳动保险金。在监管保险基金使用方面，各区政府做出一系列指示使保险基金落实在职工保险事业上。1947 年，晋绥根据地总工会颁布的《关于社会保险金暂行处理办法》指出，各个工厂的社会保险金管理委员会要定期提交社会保险金的使用明细到本部管理局委员会。1948 年 12 月，《东北公营企业战时暂行劳动保险条例》规定，各企业的劳动保险委员会在每年 3 月向东北职工总会提交劳动保险基金报告书进行审查。

综上所述，自建党之日起，根据四个时期历史背景的不同，共产党人能动地改变经济工作的指导思想，从理论到实践，在分配思想的指导下，在各个时期制定了不同的分配制度。这些制度服务于社会主要矛盾的解决，促进党在实践过程中不断成长为一个坚强的革命党。党的分配政策是为解决革命实践中的问题而制定的，而革命实践是发展着的，政策也是随之发展变化的。由于中国共产党的分配政策本身含有不成熟的内容，且革命形势及战争态势多变复杂，党需要依据实际适时调整分配政策，这反映了分配政策的动态性特征。图 4-3 反映了分配政策在整个革命时期的动态变化。

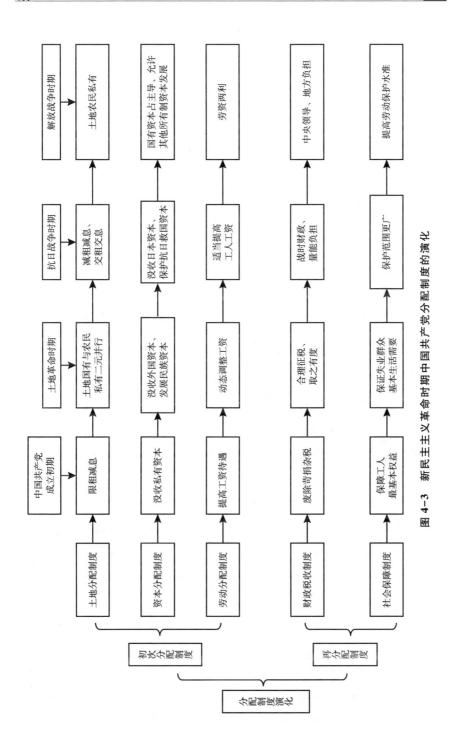

图 4-3 新民主主义革命时期中国共产党分配制度的演化

第四节　新民主主义革命时期的分配实践及影响

在探索分配思想理论和分配制度的同时，中国共产党也开始了分配工作实践。在上述分配思想和政策的指导下，党领导人民群众开展工农经济斗争、土地革命、农业生产和商业贸易、财政税收等方面的经济工作。根据每个时期革命形势的不同，中国共产党会适时调整经济工作的具体内容。在实践过程中，一方面党非常重视分配政策的落实情况，努力让各项政策在改善人民生活、发展经济、团结群众等方面发挥最大的影响力；另一方面寻找分配思想、政策在落实过程中的不足之处，为后期的政策调整积累经验。

一　1921～1927 年：中国共产党成立初期的分配实践及影响

（一）农民抗捐减租运动的开展及影响

随着对革命性质问题认识的深化，中国共产党越发重视农民在中国革命中的作用。1923 年 6 月，中共三大通过《农民问题决议案》，表明有必要保护农民利益，联合小农佃户来反抗地痞劣绅，打倒军阀及帝国主义，为农民争取经济权益并推进国民革命。这次会议上关于农民问题的决议，表明了中国共产党不再只是在思想上关注农民的经济现状，而是用实际行动去改变贫苦农民的生存环境，在实践上开始为农民争取经济利益。党领导的减租减息斗争从最早的浙江萧山衙前镇开始，在浙江、广东、湖南、湖北、江西、广西、四川、河南、河北、陕西、山东十一省都有所发展。当地农民在党的领导下首先建立起农民协会，号召农民加入农民协会，制定农民协会的纲领，并且成立乡村自治会解决地方经济行政问题，之后进行抗捐减租斗争。党特别强调地方政府征收定税额需要经过农民协会的同意，反对预征钱粮和不合法的征收。1924 年 8 月至 1925 年秋，广东、湖南的农民运动已经初具规模。"广东全省有 22 个县成立了农民协会，召集 21 万人加入农会发动减租斗争；湖南韶山一带的农民在毛泽东的带领下，秘密地建立起20多个农民协会。"① 党在第四次全国代表大会上提到了两点错误：一是没有共产党自己的宣传队伍，过于依赖国民党；二是农民群众在经济斗争时没有责任意识，群众力量没有充分发挥。在之后的组织过程中，党提出应该更加注意以下两点：①根据实际情况和可行性，在做足准备后，提出行动口号，进行减租运动；②在斗争中应该联合中农、佃农、贫农、雇农来抗争地主阶级，特别要保障贫农与雇农的特殊利益。这次会议不仅纠正了之前农民运动中存在的错误，还为后期的经济斗争指明了方向，规定了实践政策。

1925年后，在国民党的农民政策宣传下，北方和南方有更多的农民加入到了经济斗争的队伍中。但是国民党并不保障农民的利益，甚至不会阻止大地主、军人危害农民的人身安全。所以，中国共产党必要时会在国民党名义之下团结农民加入农民协会，提醒农民看清国民党的政治倾向。直至1927年，各省农民运动开展得如火如荼，各地发展的阶段参差不齐。农民运动开展得好的地方已普遍实行了减租减息，甚至不交租、不付息。两湖地区农民斗争已经动摇土豪乡绅的权力，而且农民自己建立起了政权，并且湖南部分地区的农民协会要求清丈土地、重新分配。北方各省由于军阀混战的局面，农民协会没有得到很大发展。南方广东省的农民运动开始改变为要求武装和土地，由于军阀的打压，广东农民的处境越发艰难。江苏、安徽、浙江、江西、福建等省的农民斗争刚刚起步，农民协会还处在集中群众力量的时期，减租抗税的斗争、反对重利盘剥及土豪乡绅的斗争已经开始。

这一时期是中国共产党领导农民猛攻封建势力、建立农民政权的时期，以贫农为重要力量的革命斗争拉开了解决土地问题的序幕。党领导下的农民运动在一定程度上启发了农民的思想觉悟和革命斗争意识，为中国共产党系统领导农民革命斗争奠定了重要的理论基础和实践基础。

（二）工人经济斗争的开展及影响

建党初期，工人阶级正在遭受资产阶级、封建主义的无度剥削，生活

---

① 赵凌云主编《中国共产党经济工作史（1921—2011年）》，中国财政经济出版社，2011，第45页。

上贫困且没有保障，政治上没有民主权利和法律权利。为了维护自身的统治和利益，北洋军阀政府和国民政府所指定的劳动制度都是为剥削、镇压工人阶级服务的。中国共产党在马克思主义的指导下，将以工人为代表的无产阶级视为民族解放运动的重要力量，领导工人阶级开展争取自身经济权益的经济斗争。中国工人阶级在 1922 年 1 月至 1923 年 2 月掀起了第一次罢工高潮，罢工高潮中主要的工人运动有香港海员工人大罢工、安源路矿工人大罢工、开滦煤矿工人大罢工等。第一次工人运动高潮的起点是 1922 年 1 月的香港海员工人大罢工，该运动有力地鼓舞了全国的工人罢工斗争。1922 年 9 月，安源路矿工人大罢工是当时中国共产党领导的最为成功的工人罢工运动。安源路矿一万多名工人实现了大罢工，并发表罢工宣言，向路矿两局提出承认工人俱乐部、不得随意开除工人、不得殴打工人、发还欠饷、增加工资等 17 项要求。在工人罢工的压力下，路矿两局基本上满足了工人的要求，罢工斗争取得重大胜利。罢工斗争胜利后，工人的政治地位、工作条件和生活待遇都有了显著的改善。

　　1923 年京汉铁路工人大罢工失败后，工人运动陷入了低迷态势。1924 年 2 月 7 日，在中国共产党领导下，包含全国 9 条铁路的铁路工会成立，但铁路工会成立后不久，就遭到封建军阀的破坏，北京、天津、武汉等多地的铁路工会先后被查封，工会领导人被逮捕。面对军阀的打击，中国共产党决定首先恢复和发展广东的工人运动，之后自南向北恢复工人运动。1924 年 7 月，广州沙面工人罢工的胜利推动了工人运动的再次苏醒。受广东工人运动的影响，再加上党自南向北恢复工人运动的指示，全国各地工人运动开始迅速复兴。在南方，1924 年 8 月，苏州一万多名机纺工人为改善生活条件、增加工资而举行大罢工；浙江余姚盐工举行大罢工；上海南洋兄弟烟草公司工人罢工；汉口人力车工人要求增加工资、改善生活待遇，举行罢工。在北方，北京、唐山、沈阳等城市相继举行罢工斗争。

　　1926 年 7 月，国民革命军出师北伐。随着北伐战争的胜利，湖南、湖北、江西等省的工人运动以空前的规模和声势迅猛发展起来。"北伐前，湖南省只有 12 个县建立了县工会，工会会员只有 6 万余人。到 1926 年 11 月，全省 18 个县市建立了总工会，还有 26 个县工会筹备处，工会会员发展到 12 万人。到 1927 年初，工会会员则猛增到 82 万人。1926 年 11 月，湖北省工会发展到 210 个，到 1927 年 1 月，全省工会猛增到 341 个，有组织的工人则发展到 30 万人。"[1] 武汉地区工人为改善生活，进行了多次经济罢工。从 1926 年 10 月至 1927 年三四月，"工人罢工达 300 余次，当时武汉有 300 多个工会，平均每个基层工会举行了一次罢工，重要且有记载的，也有 36 次"[2]。在斗争过程中，工人都提出了经济要求，如改善劳动条件、增加工资、减少工时等。工人开展的这些经济斗争，大都取得了胜利，有的工厂废除了封建性的工头和包工制，有的工厂实行 8 小时制，绝大部分工业工人、店员、手工业厂工人都增加了工资。

党成立初期的罢工斗争的直接要求主要是争取工人的经济利益。中国共产党领导工人举行罢工斗争，不仅在一定程度上提高了工人的地位，而且为工人阶级争取到了正当的经济利益。由此可见，中国共产党成立伊始，就代表广大工人的直接利益。同时，工人阶级作为当时中国先进生产力的代表，其经济利益也体现着最先进生产力的发展要求。

二 1927~1937 年：土地革命时期的分配实践及影响

(一) 农民分配土地的运动及影响

建党初期的农民斗争是通过抗捐、减租、减息等方式反抗地主阶级的压迫。发展到土地革命时期，斗争进行到农民组织武装来推翻地主阶级。在一系列思想政策指导下，党对农村土地所有权、使用权重新分配，消灭封建土地所有制，把土地还给广大农民群众。

1927 年以后，湖南、湖北、江西以及其他省的农民运动迅速发展。其中最突出的是湖南农民运动，湖南当地农民已经开始进行分配土地的运动。1927 年 3 月，中共湖南区委在《对湖南农民运动的宣言》中指出，必须让失业和半失业农民在最短的期限内拥有土地，这是最低限度

---

[1] 赵凌云主编《中国共产党经济工作史（1921—2011 年）》，中国财政经济出版社，2011，第 41 页。

[2] 赵凌云主编《中国共产党经济工作史（1921—2011 年）》，中国财政经济出版社，2011，第 45 页。

的要求。1927 年 5 月，中共湖南区委"已经开始要解决土地问题——没收土豪劣绅的土地，并有分配土地的运动"①。以中国共产党为领导的农民协会积极解决农民问题，到 1927 年 11 月，"湖南全省 75 个县有 54 个县建立了农民协会，可组织的农民有 100 多万人"②。在此之后，农民协会立即进行了减租减息、争夺乡政权的斗争。为解决土地问题，中共湖南区委领导一些地区成立区乡土地委员会，开始清丈土地、重新分配土地耕种权。

　　八七会议提出，目前党最主要的任务是发起农民的秋收暴动，把土地革命作为目前的行动纲领在实践过程中落实。之后，中共在井冈山、海陆丰、黄麻、琼崖、弋横等许多地区发动了农民武装起义。1927 年 8 月至 10 月，鄂南秋收暴动率先点燃了秋收起义的烽火。鄂南秋收暴动开端于崇阳县，在中共崇阳特支军事部长叶重的组织下，崇阳县成立了农民协会和崇阳县农民自卫军。农民自卫军在崇阳县成功占领县城，打败了当地恶霸魏石峰民团和地主武装，成功缴获了一批枪支和粮食，队伍扩大到百余人。为摆脱国民党部队的"围剿"，叶重带领农民自卫军来到了通城县，与通城农民自卫军里应外合，占领县衙，缴获民团枪支千余支、子弹几十担，并成立了通城县劳农政府。通城县劳农政府成立以后，有序开展群众工作，积极为人民办实事：①建立农协组织，由农民协会行使乡政府权力；②清算土豪劣绅财产，烧毁租约与借据；③没收土豪劣绅所控制的公会土地，分给无田或缺少田地的农民耕种。农民自卫军成功建立的县级红色政权引起了国民党的恐慌，最终几百人的农民自卫军在向江西省转移的过程中被打散，只剩不到百余人。鄂南崇阳通城所剩的农民武装成为参加湘赣边界起义的工农革命第一师的一部分，为革命贡献了重要力量。鄂南秋收暴动为"农村包围城市，武装夺取政权"的理论提供了最早的实践，开创了"上山"和创建红色区域的实践，成为中共领导土地革命战争创建红色根据地的重要借鉴。

　　秋收起义后，农村到处都响起了关于土地革命的口号。毛泽东和工农

---

①　中央档案馆编《中共中央文件选集》第 3 册，中共中央党校出版社，1989，第 67 页。

②　赵凌云主编《中国共产党经济工作史（1921—2011 年）》，中国财政经济出版社，2011，第 46 页。

革命军到达井冈山之后，在当地率先开始了游击暴动，鼓动群众开展革命斗争，并在一些县区进行土地分配的试点。比如，党召集中村区各乡的农民协会领导人，研究好分田的办法和步骤后，立刻在各乡插牌分田。中村分田的办法是以乡为单位，按人口平均分配。在琼崖革命根据地，1927年9月，琼崖特委带领当地农民进行武装斗争，捉拿土豪劣绅，宣布没收其土地和财产，然后召开农民代表会议，成立苏维埃政府，讨论和决定分配土地的具体事项。1928年初，琼崖乐会县四区的苏维埃政权基本巩固，开始分配土地。乐会县四区农民代表大会还制定了土地分配原则和具体办法：将全区田产依全区人数分配，每人得两个工田，余者归各乡苏维埃管耕，以便将来分配给退伍兵及失业工人；分配田产以乡为单位；土地分配后，由区苏维埃发放土地使用证。[1] 这一政策是"耕者有其田"的初步尝试，能够使农民更加积极地耕作，促进了根据地农业的生产。

（二）提高工人工资、生活待遇的实践及其影响

1927年以来，在全国工人经济斗争的推动下，工人的工作待遇有了显著提高，工人工会组织不断发展壮大，"会员数量由五十四万增到二百八十万"[2]。与此同时，工人运动的发展给资产阶级和帝国主义带来了极大的威胁。国民党为了保护自己的利益，与帝国主义联合起来进攻革命势力，加倍地压榨工人阶级。在这样的双重剥削之下，工人阶级在过去斗争中争取的利益和待遇，都已经全部取消。工人的工作时间从十小时延长至十八小时，工资不断减少，各工厂还使用大批未成年工人提高劳动效率，工人阶级遭到了比以往更严重的奴役。党中央指出，这一时期的工作要在极力提高工人的要求、发展经济罢工的同时，组织工人阶级反对帝国主义，动摇资产阶级的政权。

1928年全国工人的斗争普遍发展，工人的斗争仍然是对资本的反抗，经济要求有加工资、减时间、改善劳动条件。1929年6月，党的六届二中全会指出，目前的中心任务是加紧领导和扩大群众的经济、政治斗争，增强工人的战斗力。1930年8月，苏维埃区域的罢工斗争的质量水平提

---

① 海南行政区财经税收史领导小组办公室、海南行政区档案馆编《琼崖革命根据地财经税收史料选编》一，海南人民出版社，1984，第17页。
② 中央档案馆编《中共中央文件选集》第3册，中共中央党校出版社，1989，第73页。

高，工人经济斗争转向政治斗争，提出了许多反对国民党与帝国主义的口号。但是苏区工会的工作存在许多缺点。首先，八小时工作制在许多地方还未落实；其次，工人生活水平与之前相比没有很大改善；最后，工会对于工人的工资情况、工时问题、社会保险及失业救济、住宅等问题都没有细致了解。因此，接下来党立即召开了会议解决相关问题，"职工部已有一个苏区工会任务的决议，全总也起草了苏区工会组织法大纲和雇农工会的小册子，并且正在研究社会保险，生产合作社及苏区工会经济斗争等问题"①。

1934 年，土地革命后期，党组织对工会组织工作不如以前重视，党内出现了"工人阶级是一般群众而不是无产阶级最广大的力量"的认识。为此中央局要求各级党支部必须重视工厂、工会、罢工与失业工作，关注重要工业中心中易受资本进攻威胁的大工厂，特别注意苏区内的工业中心城市，将工会工作提到最高的水平。此后，党最重要的工作之一就是动员全党力量把工人阶级团结到党的身边，联合工人阶级反对地主阶级和帝国主义的压迫。

（三）鼓励国有、私人资本发展的实践及影响

在革命根据地，党允许私人资本主义发展工商业，并且利用私人资本来发展国民经济。在党的政策指示下，晋绥地区的商业贸易取得了一定的成绩。如"1931 年，临县全城商店有 289 家。保德东关有 2 家大商号，资本达 16 万元，在全国各个重要县市均设有分号。碛口商店数达 200 家，全年流水在 500000 元以上的商店有 10 余家，像集义兴、义生成每年经碛口转运甘草就达 700 万斤"②。同时，中国共产党积极引导社会主义性质的经济形式的发展，为未来社会主义的建设奠定基础。这一时期根据地的工业主要有 1927 年成立的莲花兵工厂、1931 年成立的中央兵工厂和中央军委被服厂等军用工业，樟脑厂、1934 年成立的中华织布厂等民用工业。为了加强对国营工业的管理，党中央在 1934 年成立国家企业管理局领导各工业部门的经济工作，同年出台的《苏维埃国有工厂管理条例》推动

---

① 中央档案馆编《中共中央文件选集》第 8 册，中共中央党校出版社，1989，第 595 页。
② 刘录开、钟廷豪主编《中国革命根据地商业史》，中国商业出版社，1997，第 237 页。

了根据地工业的有序发展。手工业在革命根据地的工业中占较大比重，毛泽东积极号召群众参加合作社运动。从 1929 年到 1934 年，"在中央苏区等 17 个县的手工业生产合作社发展到了 176 个，合作社社员有 32761 人，股权分红达到 58552 元，所涉及的部门有制盐、造纸、雨伞、生产农具、织布等 30 多个"①。合作社的发展不仅丰富了当地民众的经济生活，而且促进了苏区的经济建设。

（四）适度收缴、合理征税的实践及影响

土地革命时期，毛泽东等共产党人认识到了经济建设的重要性。取得革命战争的胜利，必须进行经济建设，经济建设的直接目标就是支持革命战争、服务革命战争，革命战争与经济建设两者之间是统一的关系。一方面，党的主要收入来源是打土豪缴获和罚没收入、向商人筹款以及征税；另一方面，党在根据地积极发展国营事业、手工业合作社来获得利润、分红等收入。特殊时期党还依靠发行公债筹集战费或经济建设经费等。中国共产党的军队在每次战争之后都会及时收缴反动武装的军饷，接管反动政府的资产。

1928 年 1 月和 9 月中旬，"红四军攻占遂川县城后筹得现金 1.8 万元；5 月上旬攻占永新县城，缴获国民党赣军杨如轩部 20 余担大洋。1930 年 7 月 27 日，红一、三军团协同攻占湖南省会长沙，筹得现金 40 万元；10 月 4 日攻占赣西南重镇吉安，筹得现金 13 万元"②。中央苏区还通过发行多种公债、开设国营企业等措施广开财源来增加财政收入。如 1932 年 6 月和 10 月，"中央苏区政府向苏区群众发行了两期革命战争公债共 180 万元，1933 年 8 月又向苏区群众发行 300 万元经济建设公债。1933 年前 8 个月，中央苏区国营企业总收入不足 11 万元，8~10 月进出口贸易总额已达 33 万元"③。苏维埃政府向民众征收农业税、商业税、工业税，实行统一的累进税制。在根据地初步形成时期，农业税

---

① 赵凌云主编《中国共产党经济工作史（1921—2011 年）》，中国财政经济出版社，2011，第 88 页。

② 林雨鉴、王卫斌：《土地革命时期中央苏区的金银管理实践》，《福建金融》2021 年第 8 期，第 54~59 页。

③ 林雨鉴、王卫斌：《土地革命时期中央苏区的金银管理实践》，《福建金融》2021 年第 8 期，第 54~59 页。

征收的并不多。苏维埃政权在不少地区开始巩固，农民分得了土地，并在分得的土地上获得了较好的收成，生活得到了相当大的改善，具备了建立税收制度的条件。这时，苏维埃政府才开始征收土地税。对于井冈山地区遂川、永新等农民生活困难的地区，政府暂不征税；鄂豫皖根据地到 1931 年才开始建立税收制度。中央根据地在 1932 年以前，大部分地区还没有建立税收制度。至于工商税也是在苏区经济逐渐恢复以后才开始适度征收。尤其是从 1933 年起，国营工商业有了很大发展。据不完全统计，仅中央苏区，"到 1934 年 3 月就有 32 个国营工厂，还有几千名工人的铝矿公司，苏维埃政府还建立了对外贸易局，创办了中华商业公司等等。仅 1933 年 1 月至 8 月国营企业的收入就有 107188 元"①，这些都为政府提供了可观的收入来源。

三 1937~1945 年：抗日战争时期的分配实践及影响

（一） 减租减息的实践及影响

抗战时期，为团结一切可以团结的力量共同抵抗日本侵略者，中国共产党针对富农土豪的政策由没收地主的土地财产变为全面实行减租减息。这里的减租减息既维护了农民的利益，也保证了开明地主阶级利益不受损害：一是减少贫苦农民所需缴纳的地租，解决最低限度的生活问题；二是农民要交租交息，保证不伤害开明地主的利益。晋察冀抗日根据地为落实中央指示制定了《晋察冀边区减租减息单行条例》，这是解决土地问题与农民问题的第一个系统的政策性文件。北岳区是晋察冀抗日根据地的中心地带，在 1940 年之前，晋察冀边区处于政策宣传、群众动员阶段，北岳区减租减息政策完成情况参差不齐，大部分地区基本执行了法令，另外一部分地区只是初步执行或者执行后取消。地主和农民的态度影响着土地政策执行的进程，在第一阶段地主拒绝减租减息政策，故意曲解政策，通过夺回佃地、改定租为伴种等手段明减暗不减，农民的态度非常保守，原因在于害怕地主报复；在第二阶段地主的态度开始出现分化，一部分地主开

---

① 赵凌云主编《中国共产党经济工作史（1921—2011 年）》，中国财政经济出版社，2011，第 97 页。

始执行减租减息的政策，另外一部分地主拥护敌人，成为汉奸。农民此时在执行上的觉悟变高、对抗地主的勇气变大，拒绝向地主交租。1940 年，北岳区政府加强宣传后，该区对土地政策的执行达到了前所未有的高潮。如北岳区中的平山县、新乐县、灵邱县、五台县等 10 多个地区减息超过 32 万元，减租 1.2 万担，共计 1400 余顷土地进行减租减息。① 但在 1941 年以后，敌人不断地攻击破坏减租减息的土地政策，政策效果开始减退，存在明减暗不减以及地主趁机夺佃的问题。但由于土地政策的优势，群众被进一步发动起来，土地政策被进一步贯彻执行，减租运动还是实现了由点到面的开展。1944 年至 1945 年，已经执行了减租减息政策的晋察冀边区的大部分地区，已经逐渐开展了"查减退租"运动。这就有利于解决以前存在的很多问题，如地主不配合甚至抵抗减租减息、地主收地夺佃等。

北岳区土地政策的执行虽然受到各种力量的阻碍，但也产生了巨大的成效。具体表现为，一是保障了农民的利益，中农、贫农拥有的土地数量增多，地主富农阶级势力被削弱。1943 年对北岳区 24 个村庄的调查资料显示，地主卖出土地百分比为 36.13%，卖出土地数量远远超过买入土地数量；贫农、中农买入土地百分比分别为 54.1%、30.396%，买入土地数量远远超过卖出土地数量。② 二是群众的生产积极性被大大提高。在 1939 年边区遭受特大水灾的打击之后，边区人民用了一年时间恢复耕地和修整滩池。1943 年 10 月，"北岳区共开荒 335000 余亩（开秋荒在外），修成滩地 77000 余亩，平毁汽车路、封锁堡垒 8600 余亩。土地实做到锄了三、四遍"③。由此可见土地政策执行后，群众的生产热情与效率之高。三是群众的思想得到转变，相信自己的利益能得到政府的保障。群众不断加入农民协会，参与到抗日斗争中。由此可见，减租减息政策的执行对农村的各阶层群众产生了巨大影响。第一，改变了贫苦农

① 江苏省财政厅、江苏省档案馆、财政经济史编写组合编《华中抗日根据地财政经济史料选编（江苏部分）》第 1 卷，档案出版社，1984，第 560 页。
② 魏宏运主编《晋察冀抗日根据地财政经济史稿》，档案出版社，1990，第 185 页。
③ 《中国的土地改革》编辑部、中国社会科学院及经济研究所现代经济史组编《中国土地改革史料选编》，国防大学出版社，1988，第 206 页。

民的痛苦境遇，提高了贫苦农民的生活水平和经济社会地位，削弱了北岳区的封建地主剥削，充分激发了广大农民抗日和生产的积极性。第二，大大削弱了封建地主阶级的势力，改变了以往存在的土地被集中占有的现象，使得土地由集中转为分散。富农的经济状况也开始受到减租减息等政策的影响，一部分中农贫农逐渐发展为富农。第三，广大农民群众的政治地位也得到了显著提高，激发了农民的抗日热情和生产积极性，促进了边区的建设发展。

（二）适度维护工人经济利益的实践及影响

1939 年 4 月针对抗日战争开始后的新情况，《中共中央关于开展职工运动与"五一"工作的决定》确定了适用全国的劳动斗争纲领。该决定指出，工人运动的基本方针是："与各抗日党派、各抗日团体的工人运动进行统一战线，在统一运动中把工人组织起来，积极参加战争的各方面工作，在抗战中去解决工人失业、饥饿的问题与改善工人阶级政治、经济、文化的地位，以增加抗战建国的力量。"[1] 抗日战争时期在政权建设和劳动立法方面的一个突出特点是，因为没有建立全国性的人民革命政权，不可能制定全面而统一的劳动法。在中共中央的统一领导下，由各边区的抗日民主政府依照本地区的特点，按照中央劳动政策的指导灵活制定了若干劳动法规。一些制度体现了对工人利益的维护，对劳动保护工作的重视，但某些条款仍然具有局限性，例如八小时工作制在实际中不具备实施的条件，以及部分规定存在"左"的倾向。受"左"倾思想路线的影响，工会代表所提出的劳动条件过高，给资方企业带来了一定的压力。如不分城乡手工业和农村雇工，机械地执行八小时工作制，以及过多的休假日和保险金。为了适应抗战以来形势的变化，1940 年之后中国共产党逐渐在原有的劳动法规上进行调整。1941 年 5 月，陕甘宁边区制定新的施政纲领，提出实行十小时工作制。1941 年 9 月，晋冀鲁豫边区施政纲领中提出，除公营企业实行八小时工作制外，其他一般应保持在九小时至十小时。1942 年 10 月，晋西北边区颁布《对于巩固

---

① 中华全国总工会编《中共中央关于工人运动文件选编》下，档案出版社，1986，第 14~15 页。

与建设晋西北的施政纲领》，明确提出工业部门以十小时为原则。1941年颁布了《晋西北工厂劳动暂行条例》和《晋西北改善雇工生活暂行条例》，同年 8 月根据晋西北地区的具体特点，针对矿工的劳动保护颁布了《晋西北矿厂劳动暂行条例》。1943 年颁布的《晋察冀边区目前施政纲领》对劳动时间进行了调整，提出工业部门应暂时实行十小时工作制。山东省 1944 年在《山东省战时施政纲领》中要求正确执行中共中央所提出的劳动政策，既要增加工资，改善雇工待遇；又要遵守劳动纪律，努力增加生产。

各个根据地的政府虽然制定的劳动法规在内容上有所不同，但制定的基本原则都是根据工厂实际情况安排工作时间、工人工资及福利待遇，不再一味维护工人利益而过多忽视雇主及资本家的利益。在雇主及资本家自愿的前提之下，工会代表与其共同协商决定工资标准、劳动合同等，不再采取强制的方式。最终劳资双方矛盾得以缓和，巩固了抗日民族统一战线。

（三）继续引导公营、私营商业发展的实践及影响

为了刺激根据地的商业贸易发展，根据地政府首先进行宣传教育。其宣传教育的主要内容为："我们今天的任务，是鼓励私营商业之大量发展，而不是打击限制，更不应该是消灭商业。我们应该组织对外贸易，实行保护政策，争取对外贸易平衡，变入超为出超。"[1] 积极的宣传风向再加上政府允许商业自由的政策，使人们了解到了商业发展对根据地的重要性。在正确的资本政策指导下，抗日根据地得到了恢复与发展。公营商业经过调整后步入良性循环，首先规模逐渐扩大。如陕甘宁边区贸易公司下属的南昌公司就有 12 个分公司；下属的盐业公司建立了 123 个骡马店；下属的延安光华商店，1941 年资本达 160 万元，营业总额超过893 万元，利润超过 114 万元。再如晋察冀边区，仅北岳区 1942 年就有公营商店 24 家，资金超过 193 万元。[2] 公营商业已成为解放区商业中的一支重要力量。其次种类也在逐渐增多。商店的经营类型有 7 种之多，商

---

① 《发展内地商业，组织对外贸易》，《抗战日报》1941 年 5 月 14 日。

② 赵凌云主编《中国共产党经济工作史（1921—2011 年）》，中国财政经济出版社，2011，第 132~133 页。

店以经营什货业最多，其他行业包括转运栈、饭馆、布匹行、店房、饼子铺、澡堂。① 合作社商业发展迅速。仅陕甘宁边区，1937 年就有消费合作社 130 家，到 1941 年，4 年时间增加到 1135 家，而且合作社成员人数增多，到 1944 年，全区消费合作社猛增到 3699 家。晋察冀边区仅北岳区，1938 年就有消费合作社 14 家，社员 5000 多人，而到 1939 年就激增到13000 多家，社员 6 万多人，到 1940 年，合作社又增加了 6000 多个。② 私营商业快速发展。如延安的私营商店，1938 年有 40 家，1939 年发展到149 家，1940 年增加到 320 家，1943 年发展到 473 家。③ 公营商业和私营商业的发展，促进了根据地内的经济发展，也增加了经济活力，为根据地的税收注入了一大笔资金，从而有力地支援了抗日战争的军费供给，对巩固根据地起到了积极作用。合作社商业的发展在交换物资、改善人民生活等方面，起了重大作用。

（四）减免税收的实践及影响

在抗日战争时期，财政政策的总方针体现的是发展经济、保障供给，同时要符合统一战线的要求。比如陕甘宁边区的财政工作在实际进行中既没有专门针对剥削者，也没有加重人民负担。陕甘宁边区的财政收入主要包括外援、税收、公营经济收入等，财政支出中包括军费、行政费、经济建设费和教育费等。税收是陕甘宁边区最稳定的财政收入来源。边区的农业税是一种实物税，形式是征收粮食，边区政府从成立之初就开始征收救国公粮。1937~1939 年，救国公粮征收的基本原则是依据粮食收成按比例上缴公粮，也就是累进制。但在实际征收时，下辖的各县都分配了征收任务，各县又给各乡分配了任务，导致公粮征收从某种程度上变成了摊派。所以，彼时的救国公粮征收实际上采用的是动员劝募的方法。在全面抗战时期，人民乐于捐助，少数富有者，主要是中农以上阶层被"抓大头"，人民负担轻，征粮的任务完成得比较顺利。

---

① 晋绥边区财政经济史编写组、山西省档案馆：《晋绥边区财政经济史资料选编》（金融贸易编），山西人民出版社，1986，第 497 页。
② 赵凌云主编《中国共产党经济工作史（1921—2011 年）》，中国财政经济出版社，2011，第 133 页。
③ 赵凌云主编《中国共产党经济工作史（1921—2011 年）》，中国财政经济出版社，2011，第 133 页。

面对正确的方向和指示，晋绥根据地政府积极调整了财税政策的制定思路，采取了适宜根据地经济发展的方针政策。例如，根据地为了大力发展农业，鼓励群众积极开垦荒地。晋绥根据地政府在征收条例中特意制定了奖励生产的各项免征条例，用"生荒开垦后免征公粮三年、免缴地租五年，熟荒免征公粮一年、免缴地租三年。开河滩地免征公粮五年、免缴地租五年至二十年"① 的政策来鼓励群众开垦荒地以扩大农业生产。为了促进工业发展，根据地对于必需工业品的生产一律采取减税或免税的政策，基本的征税原则为：根据地必需的、敌区急需的货品实行免税或低税进口；根据地的非必需品、敌区需出口的货品，实行禁止或高额税率限制进口；根据地的必需品、敌区紧缺的土产，实行禁止或高额税率限制出口；根据地的非必需品、敌区不紧缺的土产实行低税出口，税率从3%至100%不等，并且随着经济形势的波动需要不断调整。一系列有效的财政举措，使得根据地的经济发展不仅摆脱了困境，还出现了盈余，缓和了根据地的经济形势。为了增加根据地的税收收入，根据地政府对税收制度做出了一系列的调整，从而明显提高了晋绥抗日根据地的税收。随后，晋绥抗日根据地便开始实行统一累进税。

晋绥抗日根据地的统一累进税主要包括两个部分：收入税与土地财产税。晋绥抗日根据地规定："实行合理的财政税收制度，统筹统支，确立预决算，非经参议会通过，政府不能任意增加人民负担。居民中80%以上的人民应按土地财产或所得之多寡负担抗日经费。切实整理村摊款，预备实行统一累进税。"② 统一累进税的推进不仅减轻了群众的负担，还使得政府能够全面清晰地了解晋绥抗日根据地的收支状况。由于晋绥抗日根据地的经济基础本就落后，又受到战争的迫害，再加上敌人的入侵，原先的经济基础几乎消失殆尽。为了实现税收对经济的调节功能，在晋绥抗日根据地建立初期，根据地政府就宣布"过去一切苛捐杂税一律取消"，确定统一的公粮征收制度，并在众多的税种中只保留了烟税、酒税、营业税、印花税、出入境税，增加了矿产税、屠宰税等

---

① 《征收公粮中奖励生产的各种法令摘要》，A90-4-3，山西省档案馆。
② 樊润德、路敦荣编《晋绥根据地资料选编》第1集，中共吕梁地委党史资料征集办公室编印，1983，第92页。

税种，大大提高了根据地的税收收入，并推动了根据地经济的发展。
1940 年根据地税收收入为 14476.77 元，仅为全年财政总收入的 0.9%。
1941 年税收收入增长到 181032.32 元，占到了全年财政总收入的
22.1%①，比上一年度增加了 11.5 倍还多。根据地颁布了对工业、手工
业的各种减免政策，在征收公粮时只按纯收益的 80% 征收，并减低各种
土货出境税率，如土布、麻纸、铁器、煤炭等物资的税率，保护手工业者
的利益，有力地促进了手工业的恢复和发展。

四 1945~1949 年：解放战争时期的分配实践及影响

（一）土地改革运动及影响

解放战争时期，《五四指示》的发表引导中国共产党的土地政策由减
租减息向没收地主土地分配给农民过渡。1946 年 6 月 26 日，国共两党内
战开始。在这种情况下，各解放区更加积极贯彻《五四指示》。1946 年
10 月，晋冀鲁豫解放区已有 2000 万农民获得了土地，晋察冀解放区察哈
尔省已初步完成土改，东北解放区有 500 万农民得到了土地。到 1946 年
12 月，苏皖解放区各有 1500 余万农民获得了土地，山东解放区有 1900
万农民获得了土地，晋绥解放区有 100 余万农民获得 300 余万亩土地。②
从 1946 年 6 月下旬到 1947 年 2 月，各解放区约有 2/3 的地区解决了土
地问题，实现了"耕者有其田"。在土改运动中，党存在严重的"左"
倾错误，对中农、地主的区分不到位，错误地把中农算作地主，没收
了其所有财产。1947 年 9 月，中国共产党吸取之前土地改革的经验，
颁布了一个新的土地改革法——《中国土地法大纲》。这一新的土地
法不同于之前的土地法，新的土地法要彻底废除封建和半封建的土地
制度，实行耕者有其田的土地制度。各解放区召开会议学习后，结合
本地土地改革的具体情况制定实施法令的具体步骤，广泛发动群众，
掀起了平分土地的热潮。到 1949 年上半年，东北解放区完成了土地改

---

① 刘欣、景占魁主编《晋绥边区财政经济史（1937 年 7 月—1949 年 9 月）》，山西经济出
版社，1993，第 167 页。
② 孙健：《中国经济史——近代部分（1840—1949 年）》，中国人民大学出版社，1989，
第755 页。

革，华北、西北以及华东的山东、苏北的老区和半老区，除一些零星地区外，基本上完成了土地改革，消灭了地主阶级和封建剥削制度。"在拥有2.7亿人口，面积约230万平方公里的解放区内，约有1.6亿人口的地区完成了土地改革，大约有1亿农民分得3.75亿亩土地。"①土地改革的胜利，对于加速全国革命的胜利起到了十分重要的作用。首先，土地改革的胜利使广大农民的政治经济地位空前提高，从而巩固了人民解放军的后方。土地改革彻底消灭了封建剥削制度，广大农民在政治上翻了身，在经济上获得了改善，成为农村的主人。广大翻身农民组织起来，建立了人民民主政权，使中国共产党在解放区的农村获得了深厚的群众基础，从而大大巩固了人民解放军的后方。其次，土地改革的胜利提高了广大农民的生产积极性，为解放战争的胜利奠定了物质基础。土地改革后，广大农民获得了土地，生产的积极性空前高涨。解放区各级人民政府，在土改后迅速把主要精力放在领导农业生产上，使解放区的农业生产得到迅速恢复和发展。如东北解放区，1949年全区粮食产量1414万吨，比1948年增产234万吨。随着农业生产的恢复和发展，农民生活水平得到提高，广大农民积极踊跃交纳公粮。东北解放区在三年解放战争期间，共交纳公粮686万吨，华北解放区交纳公粮129万吨②，有力地支援了人民解放战争。最后，土地改革的胜利调动了广大农民的革命积极性，翻身农民掀起了参军参战支援前线的热潮，直接支援了人民解放战争。"东北解放区三年内共有160万人参军，1949年春在700万人口的新区完成土地改革后，一个月内就有1.8万人参军。在华北，自日本投降到华北全境解放，有近百万人参军。山东解放区三年时间有60万人参军。山东解放区在三年解放战争期间，出动支前民工580万人。东北解放区在三年解放战争中，动员支前民工达313万人。"③

---

① 李新、陈铁健主编《中国新民主主义革命史长编——最后的决战（1947—1949）》，上海人民出版社，1997，第17页。

② 李连清：《解放战争时期中共的土地政策》，《康定民族师范高等专科学校学报》2008年第6期，第29～32页。

③ 李新、陈铁健主编《中国新民主主义革命史长编——最后的决战（1947—1949）》，上海人民出版社，1997，第186页。

(二) 劳资两利政策的实践及影响

解放区以"发展生产，繁荣经济，公私兼顾，劳资两利"为指导方针，制定了一系列的劳动制度，为新民主主义经济建设提供了重要保障。在解放战争初期，中共发动工人进行救济失业、增加工资、改善劳动待遇的运动。因部分干部存在"左"倾错误思想，在处理劳资关系时曾出现了一定的偏差。对此，党中央及时予以纠正。1946 年 4 月 25 日《解放日报》发表社论《解放区职工运动的任务——迎接今年的"五一"节》，明确指出：现阶段解放区职工运动的中心任务，就是与解放区的民主政府和私人资本家合作，共同用最大的努力来恢复与发展解放区的经济建设；解放区经济建设的发展，不但符合中国工人阶级远大的根本利益，而且符合解放区职工目前的直接利益。中共在发动工人进行救济失业、增加工资、改善劳动待遇的运动的同时，逐渐把工人的革命热情引导到开展劳动竞赛、增产立功运动上来。

1947 年为了支援前线的战争，各解放区纷纷开展劳动竞赛，掀起了增产立功运动的热潮。1947 年 2 月 7 日《解放日报》发表社论《中国工人阶级今天的任务》，指出：解放区工人今天最中心的任务，是完成争取自卫战争胜利中自己担当的任务；一切直接与间接参加兵工生产的工人，应该开展新英雄主义的劳动竞赛。同月，《晋冀鲁豫边区职工总会为纪念"二七"号召全区职工开展大生产运动》提出："不论职员或工人，领导或群众，都应制定自己提高生产的计划，展开新英雄主义的竞赛，争取做劳动英雄与模范工作者，争取做模范工厂，在生产中还应开展立功运动，号召每个工人职员在爱国自卫战争中为人民建立更大与更多的功劳。"① 同年 8 月，《太行区职工生产立功运动初步经验总结》指出了开展立功运动的成效。由于 2 万多职工的高度热情和极大的努力，在将近 500 个工厂、矿山、作坊中，生产提高了 40%，少数超过一倍，质量也有很大提高。② 同时经营管理、领导作风、职工思想、业务技术、政治文化等，都在运动中有了显著进步，特别是运动中形成的许多经验，对今后工作有很

---

① 张希坡：《革命根据地的工运纲领和劳动立法史》，中国劳动出版社，1993，第 375 页。
② 张希坡：《革命根据地的工运纲领和劳动立法史》，中国劳动出版社，1993，第 375 页。

大推动作用。劳动竞赛的广泛开展，激发了工人的劳动热情，提高了产品质量，改善了生产技术，降低了生产成本，对于支援前线的战争发挥了重要作用。

经济的发展，需要一种平缓的劳资关系。只有资方的生产经营正常运转，工人职员的基本生活需求才能得到满足。曾经过度保护工人利益的制度、过分限制资方的政策，导致资方撤资、商业停滞，不仅造成广大工人失业，最终对革命根据地的商业流通和经济生产也产生了消极影响。因此，在这个时期，应当平衡劳资关系，充分调动劳资双方及其他一切阶级发展生产和繁荣经济的积极性。在"劳资两利"政策的指导下，一系列劳动法规的制定及实施，推动了解放区的经济发展，为前线的战争提供了物质保障。劳动立法贯彻了对民族工商业的保护性政策，一方面团结了民族资产阶级，巩固了人民民主统一战线，为战争的顺利推进，提供了政治保证；另一方面充分调动了职工的劳动热情，提高了资方的生产积极性，促进了经济的繁荣，为战争的全面胜利提供了物质保障。

（三）区分对待不同资本的实践及影响

对待民族工商业资本、官僚资本中共中央分别采取了保护和没收的政策措施。为了纠正对资本家所犯的"左"倾错误，中共中央发布了"发展生产，繁荣经济，公私兼顾，劳资两利"的指导方针，并要求政府在新解放区严格执行保护民族工商业的政策。中国共产党在实际中从多渠道帮助私营企业：有资金困难的企业，政府给予政策上的支持；对工人大规模与资本家斗争的企业，政府要求贯彻"劳资两利"政策，保护劳资双方的利益；在经营方向上，鼓励公营企业扶助私营企业的发展，引导工商业资本向有利于经济发展的方向发展。党的一系列政策规定，大大激活了民族资本家、小资本家、私人个体的积极性，广大解放区的私营工商业得到了迅速恢复和发展。"1947 年 12 月石家庄解放时仅有私营工业和手工业 760 多家，一年以后就发展到 1700 余家；私人商业则由 1500 多家发展到 2100 多家。北京市工业开业户数，1949 年比 1948 年增长 60%。"[1] 同

---

①　赵凌云主编《中国共产党经济工作史（1921—2011 年）》，中国财政经济出版社，2011，第 184 页。

时，在城市中还涌现了私人集股经营、公私合营、租赁等多种类型的企业。"1946 年 4 月，哈尔滨解放时有私营工商业 6347 家；1948 年 6 月，发展到 26539 家。1946 年有公私合营企业 6 家，1974 年底增至 23 家。1948 年私营工业中由政府委托加工的有 2790 家。"[1] 党中央为工商业的发展提供了一个良好的市场环境，这一举措在政治上稳定了民心，在经济上支援了政府财政和解放战争。在没收官僚资本时，党中央明确指出要严格区分官僚资本界限；在接管企业时，不能打乱企业的组织结构、工资制度等；在接管企业时，放在第一位的是恢复生产、迅速复工，需要改良的部分，要循序渐进。1949 年底，"政府共没收国民党国家垄断资本和私人官僚资本企业 2858 家，银行系统 2400 余家，铁路 2 万多公里，机车 4000 多台，以及一大批商业企业"[2]。没收官僚资本后，党和政府开始在能源、金融、对外贸易等方面掌握国家的经济命脉，建立了比较强大的国营经济，使半殖民地半封建经济逐渐向新民主主义经济转变，这一巨大价值的财富收归国家所有，构成了新中国成立初期国营经济物质技术基础的最主要部分。

（四）统一财政的实践及影响

解放战争时期，财政工作的首要目的就是解决分散混乱的财政政策问题，在全解放区内开展统一财经的工作。在华北各解放区，为了统一解放区财经政策，调整各区财政关系和收支，中共中央成立华北财经办事处，并规定华北财经办事处对各解放区的领导地位。在统一混乱的金融秩序背景下，1948 年 11 月中国人民银行成立，于 12 月 1 日起发行中国人民银行钞票，截至 1949 年 9 月，华北区初步确立了人民币的市场地位。当时市场上流通的各种货币中，人民币已基本取代其他货币进行商品交换。在商业贸易上，各解放区相互间，除特货、纸烟、烧酒及违禁品外，均实行自由贸易政策。地方政府财政收支出现不平衡时，报华北财经办事处备案，由华北财经办事处按照各区贫富、战争及财政情况，予以必要的调剂。华

---

① 赵凌云主编《中国共产党经济工作史（1921—2011 年）》，中国财政经济出版社，2011，第 184 页。

② 赵凌云主编《中国共产党经济工作史（1921—2011 年）》，中国财政经济出版社，2011，第 183 页。

北人民政府通过独立于财政工作机关的财政经济委员会确保财政管理集中化，并且实行严格的预算制度和审计制度保障统收统支制度的执行效果。华北人民政府的财政工作取得了比较显著的成效：财政收入实现了从单纯依靠农业税到农业税、工商业税并重的转变。华北人民政府成立之初，有80%左右的财政收入来源于农民。随着局势的发展，华北人民政府开始将一些重要城市纳入管理范围，同时将税收工作的重点转向城市。截至1949 年 10 月，华北解放区"农业税占全部收入的 60%以上"①。华北人民政府财政工作重心开始更多向城市倾斜，关注点由农村向城市工商业转移。中国人民银行自 1948 年 11 月成立后，"根据战争胜利所创造的条件，有计划的逐步统一货币发行；接收新区敌伪机构；建立新的金融秩序。在各经济中心城市管理市场，开展业务，与投机活动进行斗争，并以各种方式发放了可能的生产贷款，协助贸易之畅通，以恢复与发展工农业生产"②。在中国人民银行的管理下，中国共产党通过贷款方式帮助民众恢复与发展生产。截至 1949 年 9 月，"中国人民银行共发放生产贷款 468 亿元，小米 8930000 公斤，棉花 3716.5 公斤，花生 1640000 公斤，肥料225000 公斤，铁 24895 公斤"③，这对华北工农业生产的恢复与发展起到了巨大的推动作用。

　　总之，中国共产党根据分配思想，制定了指导经济实践的行动纲领和规章制度。在党的分配思想和分配制度的指导下，各地方党组织积极领导群众进行农民运动、职工运动、土地革命以及经济建设等实践，在这一过程中考察分配制度能否有效地作用于旧的社会存在，促进旧的社会存在向"新"的社会存在进步，从而灵活地调整分配思想为制定下一阶段的分配制度提供理论依据。党成立初期的实践活动局限于农民运动和工人运动，尽管提出了相关的税收制度，但是由于力量较为薄弱，没收私人资本、废除苛捐杂税等制度在实际中难以落实。土地革命时期，随着党员数量的增

① 华北人民政府秘书厅：《华北人民政府一年来工作报告》，中国第一历史档案馆资料室，1949，第 57~58 页。
② 华北人民政府秘书厅：《华北人民政府一年来工作报告》，中国第一历史档案馆资料室，1949，第 109 页。
③ 华北人民政府秘书厅：《华北人民政府一年来工作报告》，中国第一历史档案馆资料室，1949，第 110 页。

多和苏维埃政府的成立，中国共产党分配制度的实践领域扩展到资本和财政税收方面。为增加政府收入，党在根据地鼓励引入私人资本、民族资本在当地投资、开设工厂和商店。所以，这一阶段的资本政策和财政税收政策的实践有相互交融的特点。抗日战争时期分配制度的实践相比于之前斗争性减弱，政策的执行为保障供给、统一战线服务。解放战争时期的政策实践具有明显的阶级性，突出表现在土地、资本政策的实践上，最终使得新民主主义社会经济关系取代旧的半封建经济关系。图 4-4 展示了党的政策实践及其影响的演化内容。

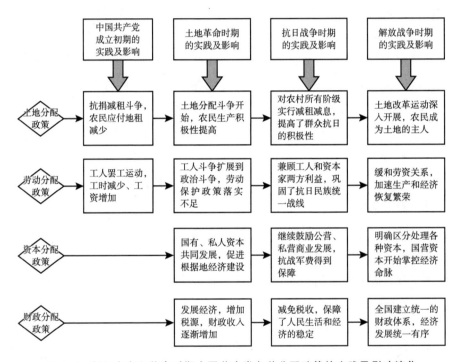

图 4-4　新民主主义革命时期中国共产党各种分配政策的实践及影响演化

第五节　本章小结

社会存在决定社会意识，各时期的生产力发展水平、上层建筑以及精神性存在影响着各时期分配思想的内容。建党初期，中国共产党的群众基础较为薄弱，自身的革命力量不够强大，难以在孤立无援的情况下发起对帝国主义和封建势力的斗争。在对中国社会各阶级生存现状有了进一步认识之后，中国共产党积极为底层农民、工人阶级争取经济权益，把消灭资产阶级私有制、没收生产资料归公有、建立无产阶级专政作为纲领。在此基础上，形成了"没收生产资料、实现公平分配"的分配思想。物质生产方式的发展限制着社会存在的制度、阶级、思想的变化，建党初期的分配思想并不适应于当时的物质生产水平，这使得意识形态反作用于社会存在的制度时难以发挥促进作用，反而产生相反的效果，比如党内早期存在的"绝对平均主义"。

土地革命时期，中国共产党转向广大农村建立红色政权，开始独立开展新民主主义革命和根据地的经济工作。于是，中国各地的农村燃起革命的星星之火，中国共产党的军队、政权逐渐强大起来。在成立苏维埃政府以后，党更加独立地开展以土地革命为主要内容的经济工作，根据地内的农业生产、商业贸易逐渐发展，形成了"以政府为主体进行要素分配"的分配思想。在这一分配思想的指导之下，中国的社会经济制度出现了新的因素，比如农民土地私有制，带有社会主义特征的"公田制"、公营企业等。

抗日战争时期，中国共产党已经成长为一个成熟的革命党，面对敌人对根据地的经济封锁和军事上的强攻，党制定了战时经济政策以团结各阶层群众积极抗日，同时为缓解根据地经济困难提供有利条件。在根据地内部，没有半殖民地性质和帝国主义的统治。以毛泽东为代表的中国共产党人正确把握抗日战争形势和根据地社会性质，为发展根据地经济提供了理论依据，形成了"军队优先分配、人民合理负担"的分配思想。

解放战争时期，中国共产党为了争取国内和平、制止内战，向国民党发起战略大反攻。在错综复杂的军事斗争下，党的主要任务由和平建国转变为战时经济。随着中国共产党解放的区域面积越来越大，根据地的新民主主义社会经济制度向全国扩展，党在这一阶段的工作重点转变为经济统一和建设社会主义经济。中国共产党政权在全国的建立，必然要求相应的社会主义意识形态来指导经济建设，从而形成了"消灭私人占有、实行公有"的分配思想。分配思想作为社会意识的一种精神力量，在一定的条件下转化为物质力量反作用于社会存在，推动着社会存在的发展。"消灭私人占有、实行公有"是与当时社会发展水平相适应的，并且在这一思想下产生的分配制度的实行为新中国成立奠定了良好的物质基础。

新民主主义革命时期中国共产党分配制度的变迁除了与所处的社会背景、所处阶段所产生的分配思想密切相关，还与中国共产党、人民群众密切相关。马克思、恩格斯认为人是推动制度变迁的主体，人的利益、思想等影响着社会实践活动的进程，推动着社会制度变迁。结合新民主主义革命这段历史，这里的人既指中国共产党所代表的伟大杰出人物，也包括中国社会千千万万的人民群众。中国共产党领导人能够准确把握社会形势、分析事物发展变动的趋势，他们在众多的思想潮流中抓住马克思主义，找到了旧中国社会最大的问题——农民土地问题，根据现实提出了分配土地的思想方针，并且制定制度带领人民去改造社会。人民是历史的创造者，是社会变革的决定力量。中国共产党仅仅依靠自己的力量难以推动整个中国社会制度的变迁，正因为中国共产党革命的目的是解救被旧制度剥削的人民群众，所以其才能吸引到无数农民、工人和爱国人士加入变革社会的队伍中。制度变迁的根本动力是生产力和生产关系的矛盾运动。当生产关系不适应生产力的发展时，就会阻碍生产力的发展，激化社会矛盾。推翻清王朝封建统治之后的中国，封建势力仍根深蒂固，小农经济生产仍然占据主导地位。此时建立起来的资产阶级国民政府无视底层农民的贫苦状况，地主阶级加剧对农民的盘剥，使得人民大众与封建主义的矛盾更加尖锐。中国共产党选择武装革命打破旧有制度，在农村地区建立起新的国家政权，于是新的分配制度在红色根据地上慢慢形成。中国共产党所选择的社会制度是生产力发展的必然选择。整个新民主主义革命时期中国共产党分配思想、制度、实践及影响的互动演化如图4-5所示。

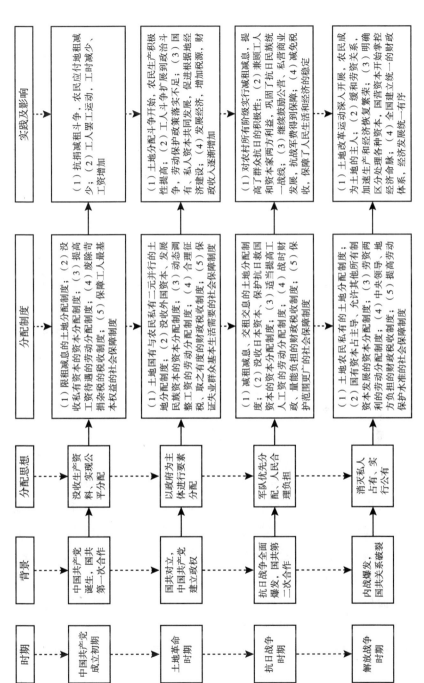

图 4-5 新民主主义革命时期中国共产党分配思想、制度、实践及影响的互动演化

第五章

1949～1978年：社会主义革命和建设
时期分配制度的演化

第一节　社会主义革命和建设时期分配制度演化的时代背景

一　1949～1956年：开展社会主义改造，确立社会主义基本制度

新中国的成立，标志着中国共产党领导的新民主主义革命取得基本胜利，从此，中国结束了半殖民地半封建社会的历史，进入了从新民主主义向社会主义过渡的新时期。新中国成立后面临的主要任务是巩固和发展人民民主政权，经济建设也以此为中心而展开。

新中国成立之初，面临的是一穷二白的局面，具体表现在以下五个方面。第一，农业极度落后。农业生产仍主要依靠手工个体劳动，生产效率低下。封建生产关系在广大农村占统治地位，土地分配极不合理，大部分土地归地主和富农所有，而占农村人口大多数的贫农、雇农和中农则只拥有极少份额的土地；人地矛盾十分突出，1949年我国耕地面积仅占国土总面积的10.2%，而当时我国人口已达到5.4亿，占世界总人口的25%，人均耕地面积仅为世界人均耕地面积的一半（1949年中国为2.7亩，世界为5.5亩)①；农业经济结构以种植业为主，1949年农业总产值的构成为种植业占82.5%、林业占0.6%、牧业占12.4%、副业占4.3%、渔业

---

① 武力主编《中华人民共和国经济史》上册，中国经济出版社，1999，第81页。

占 0.2%，种植业中又以粮食生产为主①。第二，工业基础十分薄弱。旧中国工业技术水平十分低下，工厂由于资本投入不足、技术落后，劳动生产率较低。解放战争后，工业品产量相较于之前最高产量又有较大幅度的下降。第三，基础设施遭到严重破坏。在长期战争之后，仅有的基础设施大部分被毁。如近代中国曾出现两次铁路建设高潮，但由于受到战争和资金短缺的影响，到 1949 年中国铁路里程总长仅为 2.2 万公里，远低于英国 1880 年所拥有的铁路里程数；能够通车的公路仅有 8.07 万公里，且路况较差；城市基础设施尚不完善，难以维持城市的基本运行和发展。第四，人均国民收入较低。连年的战争，加上国民党统治后期持续多年的恶性通货膨胀，人民生活更加困苦。此外，大量工厂停工破产，失业人口剧增，城乡居民收入大大降低。根据联合国亚洲及太平洋经济社会委员会的统计，1949 年中国人均国民收入只有 27 美元，远低于亚洲 44 美元的人均水平。第五，文化教育事业发展落后。旧中国教育水平长期处于落后状态，各类学校数量不足，学校分布呈现不平衡的状况。据统计，1949 年全国每万人中仅有大学生 2.2 人、中学生 23 人、小学生 450 人。②

　　新中国成立之初，全国仍有约 2/3 的农民被束缚在封建土地制度之下，严重阻碍了社会生产力的发展，1950 年 6 月 28 日，中央人民政府委员会发布的《中华人民共和国土地改革法》明确规定，"废除地主阶级封建剥削的土地所有制，实行农民的土地所有制"。土地改革后，农民群众的生产积极性大大提高，一种是发展个体经济的积极性，另一种是发展互助合作的积极性。1951 年 9 月，党中央召开了第一次农业互助合作会议，认为这两种积极性都是对发展生产有利的，一方面不能忽视和粗暴地挫伤农民个体经济的积极性，另一方面要提倡将农民"组织起来"。会议肯定了农业生产合作社建立在私有财产基础上，组员以土地入股参加分红。③ 1953 年，土地改革基本完成，农民从封建土地关系的束缚中彻底解放出来，极大地促进了农村生产力的发展。

---

① 国家统计局编《中国统计年鉴（1983）》，中国统计出版社，1983，第 151 页。
② 国家统计局编《中国统计年鉴（1983）》，中国统计出版社，1983，第 514 页。
③ 中共中央党史研究室编《学习〈中国共产党的七十年〉阅读文件选编》，中共党史出版社，1992，第 415 页。

1949~1952 年，在具有社会主义性质的国营经济的领导下，半社会主义性质的合作社经济、私人资本主义经济、个体经济、国家资本同私人资本合作的国家资本主义经济等各种经济成分分工合作、各得其所，工业比重有所增加，国营经济的成分上升，到 1952 年底，取得了恢复国民经济的历史性胜利。

从 1953 年起，我国开始实行第一个五年计划。按照"一五"计划的任务要求，国家经济建设的重点是：为实现工业化奠定基础，并为社会主义改造、建立独立的比较完整的工业体系和国民经济体系创造条件。

1954 年，党的七届四中全会提出了过渡时期的总路线："从中华人民共和国成立，到社会主义改造基本完成，这是一个过渡时期。党在过渡时期的总路线和总任务，是要在一个相当长的时期内，基本上实现国家工业化和对农业、手工业、资本主义工商业的社会主义改造。"毛泽东同志将其概括为"一体两翼"与"一化三改"："一体"指生产力得到极大发展，实现中国的工业化；"两翼"中，个体农业、手工业为一翼，资本主义工商业为另一翼；"一化"是指实现工业化；"三改"是指农业、手工业、资本主义工商业的社会主义改造。过渡时期中国社会的基本矛盾转变为资本主义和社会主义、无产阶级同资产阶级的矛盾，革命性质随之发生了根本的转变，革命任务"就是要变革资产阶级所有制，变革产生资本主义的根源的小私有制"，"使生产资料的社会主义所有制成为我国国家和社会唯一的经济基础"。

以"一化三改"为核心内容的"三大改造"实现了我国由新民主主义向社会主义的伟大转变，建立起了社会主义公有制这一基本经济制度。在农业方面，中国共产党从农村实际情况出发，全面开展农业合作化运动，制定并实施了一系列路线、方针和政策，运动先后经历了互助组、初级社和高级社三个阶段，将农民个体经济逐步转变为社会主义集体经济。从 1951 年开始，党中央颁发了一系列决议，1955 年全国掀起了农业合作化的高潮，到 1956 年底，96%以上的农户参加了农业生产合作社，基本实现了农业合作化。对于个体手工业的改造采取了合作化和逐步过渡的形式，从手工业生产合作小组、手工业供销合作社，发展为手工业生产合作社。1956 年底参加手工业合作组织的人数已占全国手工业从业人数的

91.7%，基本上实现了对个体手工业的社会主义改造。消灭资本主义私有制是过渡时期的一项基本任务。资本主义工商业的社会主义改造，从1954年至1956年底全面进行。中国共产党创造性地运用国家资本主义的形式与和平赎买政策，将其逐步改造成社会主义公有制企业，将原来的资本家从剥削者的角色逐步转变为社会主义劳动者。社会主义改造的完成，标志着社会主义基本制度的建立，这为当代中国发展进步奠定了政治和制度基础。据统计，1952年，中国全民所有制经济即国营经济占比为19.1%，集体所有制经济即合作社经济占比为1.5%，公私合营经济占比为0.7%，三者合计为21.3%，个体经济占比为71.8%，私营经济占比为6.9%；到1956年，公有制经济成为绝对主体，全民所有制经济、集体所有制经济和公私合营经济占比高达92.9%，个体经济占比仅为7.1%，私营经济已不复存在。[①] 1956年，党中央宣布"我国的无产阶级同资产阶级之间的矛盾已经基本上解决"，"社会主义的社会制度在我国已经基本上建立起来了"，标志着中国进入社会主义社会。当然，在当时党中央高估了社会主义改造的形势，加快了社会主义改造的步伐，犯了要求过急、工作过粗、改变过快的错误，以致在过短时间内完成社会主义改造，遗留了一些有长期消极影响的问题。[②]

二　1956~1966年：全面建设社会主义，国民经济在曲折中发展

从1955年到1956年，党和国家领导人为迎接中共八大召开以及准备大规模经济建设进行了大量调查研究，努力寻求马克思主义基本原理同中国实际的第二次结合。1956年4月25日和5月2日，毛泽东分别向中央政治局和最高国务会议做了《论十大关系》的讲话和报告，提出了当前必须处理好重工业与轻工业、农业，沿海工业与内地工业，经济建设与国防建设，国家、生产单位与生产者个人，中央与地方，汉族与少数民族，党与非党，革命与反革命，是与非，中国与外国十大关系；强调调动一切

---

① 中共中央党史研究室：《中国共产党的七十年》，中共党史出版社，1991，第333页。
② 洪银兴：《中国共产党领导建设新中国的经济发展思想演进》，《管理世界》2021年第4期，第1~12页。

积极因素是建设社会主义的根本方针。① 这标志着中国共产党探索社会主义建设道路的起步。

1956 年中共八大正确分析了中国社会的主要矛盾和主要任务，会议宣布：我们国内的主要矛盾，已经是人民对于建立先进的工业国的要求同落后的农业国的现实之间的矛盾，已经是人民对于经济文化迅速发展的需要同当前经济文化不能满足人民需要的状况之间的矛盾，因此党和国家的主要任务，就是要集中力量来解决这个矛盾，把我国尽快地从落后的农业国变为先进的工业国。② 中共八大是中国共产党领导中国人民探索适合中国国情的社会主义建设道路在较高起点上的一个良好开端。

从 1957 年秋季起，我国掀起了大规模建设社会主义的热潮，形成了"鼓足干劲，力争上游，多快好省地建设社会主义"的总路线。总路线实际上突出的是"多"和"快"，强调"速度是总路线的灵魂"。1957 年 10 月27 日《人民日报》社论号召"实现一个巨大的跃进"。③ 1958 年 8 月，中共中央北戴河会议通过了《关于在农村建立人民公社问题的决议》。发动"大跃进"和人民公社化运动，反映了中国共产党和全国人民急于改变中国经济文化落后状况的愿望，促使 1958 年至 1960 年经济出现了一个短暂的高速发展，但是由于缺乏建设经验和脱离实际，出现了以高指标、瞎指挥、浮夸风和"共产风"为主要标志的严重"左"倾错误。随后，在总结"大跃进"和"左"倾错误的时候，又开展了反右倾斗争。1959 年至 1961 年，连续3 年发生严重自然灾害，加之中苏两党关系恶化，加剧了经济困难的形势。

1961 年召开的中共八届九中全会决定对国民经济实行"调整、巩固、充实、提高"八字方针，任务是"克服困难，恢复农业，恢复工业，争取财政经济状况的根本好转"。1962 年，中共中央召开了空前规模的七千人大会和中共中央政治局常委扩大会议。随后，中央决定恢复设立中央财经小组，由陈云出任组长，统一领导国民经济调整工作。具体工作如下：继续动员大量城镇人口下乡；调整积累与消费的比例，大幅度压缩基建项目；调整农村生产关系，加强农业生产；消除财政赤字，稳定市场；加强

---

① 《毛泽东文集》第 7 卷，人民出版社，1999，第 24~44 页。
② 《建国以来毛泽东文稿》第 9 册，中央文献出版社，1996，第 241~242 页。
③ 陈坚、王钦双：《往事回眸：共和国成长记事》，人民出版社，2011，第 55 页。

对国民经济的集中统一领导。国民经济调整迅速见效，到 1962 年底经济开始复苏。

在国民经济取得好转的 1964 年 12 月，第三届全国人民代表大会第一次会议在北京举行，周恩来在政府工作报告中提出了建设"四个现代化"的战略目标：在不太长的历史时期内，把中国建设成为一个具有现代农业、现代工业、现代国防和现代科学技术的社会主义强国。

三　1966~1978 年：十年艰难探索及之后的及时调整

1966 年到 1976 年，我国经历了一场历时十年的艰难探索。在此期间，中国经历了种种大事件，人民经受了政治风波和自然灾害方面的严重考验，最终以粉碎"四人帮"为转折点，结束了这场十年浩劫。粉碎"四人帮"后，领导层和群众中普遍存在要求加快建设的良好愿望。1978 年，谷牧等分别率领代表团访问考察了欧洲五国、日本和中国港澳地区。回来后，他们分别向中共中央政治局汇报并提出，我们比发达国家和地区已经落后很多。邓小平较早地看到了实现现代化不能仅仅依靠引进外国资金、技术，更需要用改革来推动生产力发展。1978 年 10 月，他在全国工会九大的致辞中说："各个经济战线不仅需要进行技术上的重大改革，而且需要进行制度上、组织上的重大改革。进行这些改革，是全国人民的长远利益所在，否则，我们不能摆脱目前生产技术和生产管理的落后状态。"[1]

从 1976 年 10 月"文革"结束到 1978 年 12 月党的十一届三中全会召开的两年多时间里，我们党逐步扭转了"文化大革命"造成的混乱局面，虽然各项经济工作还未完全摆脱"左"倾错误思想的影响，但是，党在如何加快社会主义经济建设的探索中，提出了发展社会主义商品经济、改革经济管理体制、实行对外开放等一系列经济思想。这一阶段中国共产党经济思想的曲折发展与党对社会主义经济建设的艰辛探索是分不开的。新旧冲突、徘徊前进成为其最大特点。一方面，旧的思想和制度仍束缚着人们的头脑；另一方面，拨乱反正对旧的思想和制度的否定，孕育着新的思想和制度，一场思想解放运动即将喷薄而出。

---

[1]　《邓小平文选》第 2 卷，人民出版社，1994，第 136 页。

第二节　社会主义革命和建设时期分配思想的演化

中华人民共和国成立到改革开放前（1949~1978 年）是我国社会主义革命和建设时期，这一时期党基本确立了按劳分配的指导思想，肯定按劳分配所蕴含的物质激励特点，建立了承认差别的统一货币工资制度。随着社会主义改造完成，按劳分配思想逐渐退化为消灭差别的平均主义分配思想。这一时期，党的分配思想呈现公平优先、兼顾效率的特点。本章节按照时间脉络，从初次分配、再分配和三次分配三个方面介绍党在社会主义革命和建设时期分配思想的演化。

一　初次分配思想的演化

1949~1978 年我国初次分配思想的演化可归纳为三个阶段：1949~1956 年，提出多元收入分配思想；1956~1966 年，提出"各尽所能，按劳取酬"分配思想；1966~1978 年，提出绝对平均主义分配思想（见表 5-1）。

表 5-1　1949~1978 年初次分配思想的演化

时间	分配思想
1949~1956 年	多元收入分配思想
1956~1966 年	"各尽所能，按劳取酬"分配思想
1966~1978 年	绝对平均主义分配思想

（一）1949~1956 年：多元收入分配思想

1949~1956 年是我国从新民主主义社会向社会主义社会过渡的时期，这一时期我国在全国范围内实行新民主主义的经济制度，国营经济、合作社经济、农民和手工业者的个体经济、私人资本主义经济和国家资本主义经济五种经济成分并存，因此相应地也就存在多种收入形式。例如，经过土地改革后分得土地的广大个体农民的收入、城市工人的工资收入与民族资本家获得的利润和利息等。政府对不同的经济成分实行不同的分配政策，收入分配方式呈现多元化特征。新中国成立初期，毛泽东就提出公私兼顾、劳资两利为新民主主义国家的分配原则，并强调分配要服从客观经济发展的需要，不应该拘泥于收入分配上的完全平等。收入差别，只要对经济发展有利，就应该承认其客观存在，要在保证经济增长前提下提高劳动者的收入。1953年三大改造开始后，分配思想逐渐向按劳分配思想转变。如在农村，农民加入初级农业生产合作社，保留土地私有权，将土地和耕畜、农具等生产资料交初级农业生产合作社统一经营，并根据它们的数量和质量取得相应报酬；入股的农民参加由初级农业生产合作社统一组织的集体劳动，按照其提供的劳动数量取得报酬。到了高级农业生产合作社阶段，农民的土地全部转归高级农业生产合作社所有，大型的生产工具统一作价转入高级农业生产合作社，农村集体所有制确立。这样，原来初级农业生产合作社中与土地私有相联系的按资分配制度被淘汰，取而代之的是单一的按劳分配制度。在城市，通过两次工资制度改革，废除了国民党遗留下来的混乱、不合理的工资制度，改革了解放区沿袭下来的供给制，全面实行了按劳分配指导思想下的货币工资制，适应了经济社会发展的需要。

（二）1956~1966年："各尽所能，按劳取酬"分配思想

生产资料公有制是社会主义社会生产关系的核心。1956年，经过社会主义三大改造，我国确立了以生产资料公有制为基础的社会主义基本经济制度，在分配方面，实行"各尽所能，按劳分配"的原则，通过实行有差别的工资制度来激发劳动者的生产积极性。

在物质生产条件十分落后的情况下，在分配中处理好国家、集体（企业）、个人利益的关系是一道现实难题。这一阶段党的分配思想强调兼顾国家、集体和个人利益。毛泽东在1956年4月25日发表的《论十大关系》中专门论述了这个问题，指出"不能只顾一头，必须兼顾国家、集体和个人三个方面"，"无论只顾哪一头，都是不利于社会主义，不利于无产阶级专政的"[①]。1957年在《关于正确处理人民内部矛盾的问题》中，毛泽东再次强调，要注意调节国家、集体、个人这三个方面利益的关系，同时要把物质利益原则和按劳分配原则联系起来。他指出，"简单地

---

① 《毛泽东文集》第7卷，人民出版社，1999，第28、31页。

拿农民每人每年平均所得和工人每人每年平均所得相比较，说一个低了，一个高了，这是不适当的。工人的劳动生产率比农民高得多，而农民的生活费用比城市工人又省得多，所以不能说工人特别得到国家的优待"①。在社会主义建设初期，党的分配思想倾向于强调分配要适应经济发展的需要，而不拘泥于收入的绝对平等。分配上存在差别，即使是利润与工资之间的差别，只要有利于促进经济发展就是被允许的，物质分配应遵循"各尽所能，按劳取酬"的原则，绝不是实行所谓的绝对平均。

1958 年以后，由于我国社会主义经济的发展，社会主义政权日益巩固，尤其是生产资料私有制的社会主义改造的基本完成、"一五"计划的顺利实施，使一部分人出现了盲目浮躁、急于求成的心理。"大跃进"期间，"工业学大庆""农业学大寨""全国人民向人民解放军学习"等口号得到了广泛传播，要求人们在社会主义建设中弘扬革命精神，而不是简单地谋求个人物质报酬。这一时期，收入分配思想随之转变，学术界和一些领导人把按劳分配视为资产阶级法权而加以否定，以致按劳分配理论遭到严重冲击，平均主义思潮盛行。这一时期工资制度改革以政治教育为主、物质鼓励为辅，工资政策坚持政治挂帅和通过思想政治工作调动职工积极性，认为物质激励具有"资产阶级个人主义"倾向，应予克服。

1961 年至 1965 年，面对"大跃进"给经济发展造成的不良影响，党进行了反思并寻找新的方案。在纠正"大跃进"和人民公社化运动的错误时，毛泽东提出要反对平均主义的分配原则，指出"我们对于社会主义时期的革命和建设，还有一个很大的盲目性，还有一个很大的未被认识的必然王国。我们还不深刻地认识它。我们要以第二个十年时间去调查它，去研究它，从其中找出它的固有的规律，以便利用这些规律为社会主义的革命和建设服务"②。1961 年 1 月，党的八届九中全会正式通过了"调整、巩固、充实、提高"的八字方针，国民经济进入调整纠错时期。

（三）1966~1978 年：按劳分配思想与平均主义思想的反复与波动

1966 年 5 月至 1976 年 10 月的"文化大革命"片面强调"以阶级斗

---

① 《毛泽东文集》第 7 卷，人民出版社，1999，第 222 页。

② 中共中央文献研究室编《建国以来重要文献选编》第 13 册，中央文献出版社，1996，第 421 页。

争为纲"，党的指导思想偏离了正确的方向，这一时期的初次分配思想在按劳分配与平均主义之间徘徊。这一时期，按劳分配被视为资产阶级法权受到批判，分配上搞平均主义，吃"大锅饭"，计件工资和奖励制度也被当作资本主义元素而全盘否定。"文化大革命"后期，在1972~1973年的第一次国民经济整顿中，党再次提出了坚持按劳分配、反对平均主义的基本分配原则。周恩来则提出要改变四个一个样（干多干少一个样，干好干坏一个样，会干不会干一个样，干与不干一个样）。

　　1976年10月至1978年12月党的十一届三中全会召开之间的两年多时间里，国民经济在徘徊中前进。1977年5月5日《人民日报》上发表了由国务院政治研究室起草的特约评论员文章《贯彻执行按劳分配的社会主义原则》。这篇文章首先明确了按劳分配是社会主义原则，引用了列宁的"人类从资本主义只能直接过渡到社会主义，即过渡到生产资料公有和按每个人的劳动量分配产品"[①]。按劳分配是社会主义公有制的产物，又是社会主义公有制的实现。任何分配制度都不是由人们的主观意志决定，而是由一定的生产资料所有制决定的。其次指出在现阶段社会主义经济中，按劳分配原则是通过一定的劳动报酬形式实现的，如计时工资、计件工资、奖励、津贴等。最后强调要注意国家利益、集体利益和个人利益之间的关系，正确处理工资上涨和发展生产的关系，科学规划积累和消费的比例，使其与国力相适应。邓小平高度评价了这篇文章，并进一步指出，"我们一定要坚持按劳分配的社会主义原则。按劳分配就是按劳动的数量和质量进行分配。根据这个原则，评定职工工资级别时，主要是看他的劳动好坏、技术高低、贡献大小。政治态度也要看，但要讲清楚，政治态度好主要应该表现在为社会主义劳动得好，做出的贡献大。处理分配问题如果主要不是看劳动，而是看政治，那就不是按劳分配，而是按政分配了。总之，只能是按劳，不能是按政，也不能是按资格"[②]。同时，邓小平还提出恢复"文化大革命"期间被废除的奖金制度和稿费制度，进行物质激励。对此他做出如下解释，"颁发奖牌、奖状是精神鼓励，是一种

---

① 《列宁全集》第29卷，人民出版社，1985，第178页。
② 《邓小平文选》第2卷，人民出版社，1994，第101页。

政治上的荣誉。这是必要的。但物质鼓励也不能缺少。在这方面，我们过去行之有效的各种措施都要恢复。奖金制度也要恢复。对发明创造者要给奖金，对有特殊贡献的也要给奖金。搞科学研究出了重大成果的人，除了对他的发明创造给予奖励外，还可以提高他的工资级别"，"稿费制度也要恢复，并根据新的情况加以修订"，"贯彻按劳分配原则有好多事情要做。有些问题要经过调查研究，逐步解决。有些制度要恢复起来，建立起来。总的是为了一个目的，就是鼓励大家上进"。①

二 再分配思想的演化

1949~1978 年我国再分配思想的演化可归纳为三个阶段：1949~1956年，提出统一全国税政，适应多种经济成分并存需要的思想；1956~1966年，提出税收制度适应计划经济要求的思想；1966~1978 年，提出合并税种、简化征收的思想（见表 5-2）。

表 5-2   1949~1978 年再分配思想的演化

时间	再分配思想
1949~1956 年	统一全国税政,适应多种经济成分并存需要的思想
1956~1966 年	税收制度适应计划经济要求的思想
1966~1978 年	合并税种、简化征收的思想

（一）1949~1956 年：统一全国税政，适应多种经济成分并存需要的思想

1949~1956 年国民经济恢复及社会主义改造时期的再分配思想是统一全国税政，适应多种经济成分并存的需要。新中国成立初期，新、旧解放区税制及征税办法差异较大，建立健全新的税收政策与征管体系，成为一项迫切任务。这一时期，财政面临巨大困难与考验：财源破坏严重、财政负担加重，致使财税收入困难大，难以满足财政支出的需要；官僚资本庞大、投机资本活动猖獗，致使物价飞涨，严重影响国民经济的恢复和发展；国内外敌对势力对新中国进行破坏和封锁。要克服这些困难，国家就

_____

① 《邓小平文选》第 2 卷，人民出版社，1994，第 102 页。

要在经济、政治、军事等各方面具备统一集中的调度权和指挥权。

1950 年 6 月，陈云在党的七届三中全会上指出，过去在税收工作中，党对税率的大小是否超过人民的负担能力，即轻重是否适度，没有仔细考虑。关于税率，陈云指出，三五年内，税率一般情况下不提高，一部分产品的税率还可能略降，理由是经过多年战争，人民很苦。同时，为了让人民理解新中国的税收，党注重对税收工作进行引导，营造税收工作同样是革命工作的氛围。

这一时期党强调要处理好国民收入分配中积累与消费的比例关系，不断提高劳动人民的物质和文化生活水平的需要。如何解决人民长期利益与当前利益的矛盾、如何处理好国民收入分配中积累与消费的比例关系，是当时的重大财政问题。毛泽东指出，"在我国的国民经济中，积累和消费的比例怎样才算恰当，这是一个关系我国经济发展速度的大问题"①。周恩来提出，经济建设从根本上是为了人民福利，在建设过程中要考虑人民的长远利益和当前利益、集体利益和个人利益之间的关系。他指出，"我们的一切工作都是为了人民的，我们的经济工作和财政工作直接地或者间接地都是为着人民的物质生活和文化生活的改善"。②

（二）1956~1966 年：税收制度适应计划经济要求的思想

全面建设社会主义时期的再分配思想是税收制度适应计划经济要求。社会主义公有制和计划经济体制建立后，国营经济、集体经济、公私合营经济已占我国经济的绝大部分，个体经济占比较小，私营经济几乎可以忽略不计。税收制度应与计划经济的要求相适应，成为这一时期税收领域探索的主旋律。由于国家可以直接控制国营企业和通过价格机制间接获取集体经济的利润，计划经济体制下税收组织收入和调节经济的功能大大弱化。此时税收的作用仅仅体现在两个方面：一是对集体经济征税，包括农业税和城镇集体经济税，以体现全民所有制与集体所有制的差别；二是在全民所有制内部，税收作为指令性计划的辅助手段，对计划价格机制运行中不同行业、不同国营企业的成本和利润进行进一步调节。

---

① 《毛泽东文集》第 7 卷，人民出版社，1999，第 348 页。
② 中共中央文献研究室编《周恩来经济文选》，中央文献出版社，1993，第 195、319 页。

这一时期的税制建设在理论上受到了苏联"非税论"的严重影响，"税利合一"的主张盛行一时。所谓"税利合一"，是指国营企业以利润上缴代替流转税及其他一切税收。"税利合一"是对全民所有制内部税收存在的否定。虽然"税利合一"试点的时间短，并以失败而告终，但全民所有制内部税收存在的客观必然性问题在理论上并没有解决，"非税论"的影响依然长期存在，并在不久之后以另外一种形式——过分简化税制表现出来，税收在财政收入以及国民经济中的地位下降，作用逐渐减小。在全面开展社会经济建设阶段，国家认识到社会保障在国民经济建设中的作用，确认"在发展生产的基础上逐步开展对职工的劳动保险和福利事业是国家的长远方针"[1]，开始对社会保障进行进一步探索和调整。

（三）1966~1978 年：合并税种、简化征收的思想

"文革"时期，税收制度被批判为"烦琐哲学"[2]，税收作用被持续淡化，甚至出现了"税收无用论"的观点[3]。"税收无用论"是认为税利无本质区别，因而主张取消对国营企业征税的一种理论。其认为在我国社会主义改造基本完成以后，社会经济结构逐渐趋于单一，全民所有制的国营经济已占统治地位，对于国营企业和支付定息的公私合营企业来说，如果不缴税就缴利，利润也是全额上缴，因此缴税和缴利是一样的，没有分别征收的必要。总体而言，在社会主义改造完成后，单一的公有制经济不断发展壮大，国营企业上缴的利润不断增加，因此国家主观层面上更多强调利润的引导作用，在一定程度上忽视了税收的作用。税收收入占财政收入的比重也逐年下降，从 1950 年的 78.78%下降到了 1978 年的 45.86%。[4]这一时期，税收作为政府财政收入的重要来源和调控经济手段的职能较弱。1973 年工商税制改革后，工商统一税及其附加、对企业征收的城市房地产税、车船使用牌照税、盐税、屠宰税合并为工商税，工商

---

① 中共中央文献研究室编《建国以来重要文献选编》第 10 册，中央文献出版社，1994，第 585 页。

② 李万甫：《共和国 70 年税制变迁：历程、脉络和经验》，《财政研究》2019 年第 10 期，第 3~11 页。

③ 陈少强、覃凤琴：《新中国成立 70 年的税收治理逻辑》，《税务研究》2019 年第 10 期，第 24~28 页。

④ 根据 Wind 数据库的财政税收数据整理得到。

税制由原来的 11 个税种简并为 7 个税种。在极度简化的税制下，国营企业只需要缴纳工商税一种税，集体企业需要缴纳工商税和工商所得税两种税。

三　三次分配思想的演化

三次分配有别于初次分配和再分配，是指通过社会慈善等社会公益事业所进行的分配活动，覆盖扶贫、济困、扶老、救孤、恤病、助残、优抚、救灾，以及促进科教、文卫、体育等领域事业的发展。三次分配是在政府的倡导和支持下，由民间团体和个人自愿组织开展的，是一种不求回报、不以营利为目的对社会资源和社会财富进行的分配活动，是对初次分配和再分配的有益补充，有利于缩小社会贫富差距，实现更为合理的收入分配。

近代以来，随着国门被打开，外国传教士进入中国，以兴办医院、学校、育婴堂和赈灾济贫为主要特色的境外宗教慈善在中国发展起来。20世纪初，在国际红十字会的影响下，中国红十字会成立并广泛开展了人道主义救助活动。特别是在抗日战争和解放战争时期，以救助难民、救护伤兵和赈济灾民为主要内容的社会救助活动得到广泛发展，中国共产党领导的中国解放区救济总会也发挥了积极作用。

1949~1978 年，我国形成了政府主导慈善福利事业的思想。新中国成立初期的民间慈善团体及其慈善事业经历了由部分恢复、发展到消失的过程。最初，政府允许旧有慈善团体继续存在，并对其进行逐步改造，其中一部分慈善团体成为政府所属机构，其慈善事业成为政府救助的一部分，尚存的慈善团体的慈善事业成为政府救助的配合力量。但是，这一时期政府主导的官办色彩是贯彻始终的。

新中国成立时，国际社会正处于两大阵营对峙及冷战时期，作为新生的社会主义国家，我们被西方资本主义国家封锁包围。就国内来说，经历了革命及战争的新中国，社会各方面都遭到了严重破坏，社会状况亟须调整。此时，面对严峻的国内外形势，党对慈善的发展规划做出了相应调整。1950 年 4 月，董必武主持召开了救济福利事业在转型时期的关键会议，并做了题为《新中国的救济福利事业》的报告，不再把慈善定义为资本主义奴役人民的"糖衣炮弹",将救济福利事业归为"政府和人民同心协力医治战争创伤并进行和平建设一系列工作中的一个组成部分"①。在报告精神的指引下,掌管全国救济工作的中国人民救济总会在北京成立。该组织不仅承担起国内社会弱势群体的教养与收容以及为灾民难民募捐寒衣、药品等工作,还为其他国家的难民提供国际援助。党的七届三中全会前夕,新中国成立伊始面临的种种困境虽得到了初步改善,但国家仍面临恢复经济的诸多难题,为此毛泽东强调必须对失业工人、失业知识分子、灾民进行救济。此外,党中央对社会上的慈善组织及机构进行了调整,要求其统一接受中国共产党的领导。1950 年,党中央研究讨论中国红十字会的改组问题,对其名称、理事会选聘规则进行议定,使其更好地协助国家卫生部门的工作以及服务于新中国成立初期成立的中国人民救济总会,其部分运转资金"暂由政府补助",其内部功能的发挥与国家经济运行有了更加密切的联系。此次改组会议后,党接管了中国红十字会原有的卫生工作人员,改变了其民间慈善机构的性质。与此同时,在与宋庆龄等负责人积极协商后,原来主要功能为抗战、救灾的"中国福利基金会"也被改组为中国福利会,成为主要负责国内妇女儿童工作与国际交流宣传等方面事务的官方部门。

从 1953 年 11 月全国城市救济工作会议到 1956 年社会主义改造完成,是政府对旧有慈善团体继续整顿直至完全由国家接办的阶段。在这一阶段前期,政府与慈善组织还存在以耦合式互动为主、耦合与非耦合式互动相结合的互动关系,政府与民间团体合作的或政府支配的慈善事业也还存在。三大改造以及"一五"计划完成后,我国建立起了高度集中的计划经济体制。当时几乎所有社会机构,不管是营利机构还是非营利机构基本都由政府控制;而计划经济下分配的平均化及普遍贫困的到来,使人们难有余力去帮助他人。"文革"期间,政府完全包揽了当时的救济救助工作,所有的赈灾和养老恤孤工作全由民政部门担当,并建立了全国统一的社会救助管理体系,以更好地处理社会建设、赈济救灾等事务,给人民群众提供安定的生活环境。

---

① 徐达深主编《中华人民共和国实录》第 1 卷(上),吉林人民出版社,1994,第 232 页。

第三节 社会主义革命和建设时期分配制度的演化

生产决定分配，分配是生产的反映。与社会主义基本经济制度相适应，这一时期我国实行按劳分配的基本分配制度。从中华人民共和国成立到改革开放前（1949~1978年）是我国社会主义革命和建设时期，这一时期的收入分配制度体现了生产力与经济基础的决定性作用。受生产力发展水平与对马克思主义按劳分配思想的局限性认识影响，这一时期遵循了有差别的平均主义分配思想。在新中国成立初期，中国共产党肯定按劳分配所蕴含的物质激励特点，承认差别的统一货币工资制度建立，但随着社会主义改造的完成，按劳分配制度在曲折中前进，逐渐退化为平均主义的分配制度。本章节按照时间脉络，从初次分配、再分配和三次分配三个方面介绍党在社会主义革命和建设时期分配制度的演化。

一 初次分配制度的演化

对1949~1978年我国初次分配制度方面的相关文件进行梳理（见表5-3），将我国社会主义革命和建设时期初次分配制度的演化归纳为三个阶段，分别是：1949~1956年，实行多种分配方式并存的分配制度；1956~1966年，实行单一的按劳分配制度；1966~1978年，实行平均主义的分配制度。

表5-3 1949~1978年初次分配制度的演化

时间	文件名称	内容
1950年6月	《中华人民共和国土地改革法》	废除地主阶级封建剥削的土地所有制，实行农民土地所有制
1950年7月	《中央直属各机关一九五〇年度暂行供给标准》	实行供给制的国家机关工作人员的生活费及其他津贴，一律折米包干供给。分为大、中、小灶三种待遇标准
1951年12月	《中共中央关于农业生产互助合作的决议(草案)》	肯定了农业生产合作社建立在私有财产基础上，组员以土地入股参加分红，又是建立在集体劳动的基础上，实行计工取酬、按劳分红

续表

时间	文件名称	内容
1952 年 3 月	《关于全国供给制工作人员统一增加津贴的通知》	统一以工资分为工资的计算单位,建立新的工资等级制度,推行计件工资和奖励工资制度
1953 年 9 月	《过渡时期的总路线》	指出利润分配应该是"四马分肥",即将利润分为国家所得税、企业公积金、工人福利费、资本家红利四个方面进行分配,其中大部分归国家和工人,主要为国家民生服务
1953 年 12 月	《关于发展农业生产合作社的决议》	初级农业生产合作社,实行土地入股、统一经营,产品统一分配。社员劳动报酬以按件计酬或评工计分的方法予以计量
1955 年 1 月	《关于整顿和巩固农业生产合作社的通知》	
1955 年 10 月	《关于农业合作化问题的决议》	高级农业生产合作社统一经营、统一分配,社员的收入分配就由初级社的劳动力、土地、投资和其他生产资料都参与收益分配,转变为单纯的按劳分配
1956 年 6 月	《高级农业生产合作社示范章程》	
1955 年 8 月	《关于国家机关工作人员全部实行工资制和改行货币工资制的命令》	供给制(包干制)已经不符合"按劳取酬"和"同工同酬"的原则,将军队干部和国家机关工作人员供给制待遇一律改为工资制待遇,工作人员及其家属的一切生活费用均由个人负担
1956 年 6 月	《关于工资改革的决定》	取消工资分制度和物价津贴制度,实行直接用货币规定工资标准的制度
1956 年 9 月	《在中国共产党第八次全国代表大会上的政治报告》	新中国成立以来,我国在优先发展国营经济的条件下,实行"公私兼顾、劳资两利"的政策
1958 年 8 月	《关于在农村建立人民公社问题的决议》	实行"按劳取酬"的分配制度,而不是"各取所需"
1958 年 12 月	《关于人民公社若干问题的决议》	在分配给社员个人消费的部分,实行工资制和供给制相结合的分配制度
1958 年 11 月	《关于企业实行部分供给部分工资制的初步意见(草案)》	在全国部分地区试行半供给制半工资制

续表

时间	文件名称	内容
1959 年 2 月	《关于人民公社管理体制的若干规定(草案)》	"统一领导,队为基础;分级管理,权力下放;三级核算,各计盈亏;分配计划,由社决定;适当积累,合理调剂;物资劳动,等价交换;按劳分配,承认差别。"[1]
1959 年 4 月	《关于人民公社十八个问题》	在分配制度方面,应把评工计分和工资制结合起来,供给制必须有所限制
1960 年 11 月	《关于农村人民公社当前政策问题的紧急指示信》	至少今后二十年内,人民公社分配的原则是按劳分配
1962 年 2 月	《关于改变农村人民公社基本核算单位问题的指示》	确定以生产队（生产小队）为人民公社的基本核算单位,规定至少三十年不变
1977 年 8 月	《中国共产党第十一次全国代表大会上的政治报告》	在经济政策上要坚持实行各尽所能、按劳分配的社会主义原则

（一）1949~1956 年：多种分配方式并存的分配制度

1949 年至 1956 年是我国从新民主主义向社会主义过渡的时期,收入分配制度在变迁中寻求统一。新中国成立伊始,党首先在农村进行了土地制度改革,其标志是 1950 年 6 月颁布实施的《中华人民共和国土地改革法》。从内容上来看,这次改革的目标是实现"耕者有其田",核心则是没收地主的土地、生产和生活资料归农民所有,彻底实现封建地主土地所有制向农民土地所有制的转变。所谓土地归农民所有,就是在农村实行以家庭为经营单位的个体经济,农民生产的产品在扣除税收以后全部归自己所有。

在城市,机关、事业单位和国营企业干部职工的收入由政府直接管理,既有供给制,也有工资制。供给制是从革命战争年代延续下来的,党政干部和部队一样实行物资供给制,这是一种带有军事共产主义性质的分配制度。供给制的供给由伙食、服装和津贴组成,按职务高低划分等级。随着国民经济的恢复和党政军机构规模的扩大,供给制难以满足多样化的

---

[1]　《毛泽东文集》第 8 卷,人民出版社,1999,第 14 页。

生活需要，容易造成资源浪费，不再适应形势需要。旧工资制度杂乱且无法体现按劳分配的原则，妨碍国民经济计划的编制与各地区之间的平衡。1950年7月，财政部制定了《中央直属各机关一九五〇年度暂行供给标准》，规定把实行供给制的国家机关工作人员的生活费（包括粮食、菜金、煤炭、细粮补贴，鞋袜、棉被补贴，过节费，轻病号补助等）及其他津贴，一律折米包干供给。

随着社会主义国营经济的不断壮大和完善，多种分配制度并存的弊端开始显露。尤其是旧中国混乱不合理的工资状况，成为新中国恢复和发展生产的障碍，正如周恩来总理所说的那样，"旧中国遗留下来的工资制度，是轻重倒置、高低悬殊、极不合理的"[1]。

在这种情况下，1952年前后，经过各方面的准备，全国以各大行政区为单位，进行了一次全国性的工资改革。1952年，政务院颁布了《关于全国供给制工作人员统一增加津贴的通知》，将各级人民政府供给制工作人员分为10等24级。政务院还颁布了《各级人民政府工资制工作人员工资标准》和《各级人民政府供给制工作人员津贴标准》，把供给制标准和工资制标准统一起来，工资制人员以工资分为单位实行29级职务等级工资制，供给制人员收入中的津贴部分也分为29个等级。第一，以工资分作为全国统一的工资计算单位，并规定工资分所含实物的种类和数量。每一工资分，按照当时一般工人的实际生活需要折合为粮食、布匹、食用油、食盐、煤炭五种实物（见表5-4）。第二，根据按劳分配原则，建立新的工人和职员的工资等级制度。改革计件工资制和建立奖励制度，制定工人的技术等级标准。

表5-4　工资分的组成

粮食	布匹	食用油	食盐	煤炭
0.8斤	0.2尺	0.05斤	0.02斤	2斤

　　资料来源：张车伟、赵文《中国工资和收入分配改革：回顾与展望》，《中国经济报告》2019年第2期，第58~68页。

---

① 中共中央文献研究室编《建国以来重要文献选编》第10册，中央文献出版社，1994，第333页。

　　1953 年至 1956 年中国实现了混合收入分配制度向按劳分配制度的过渡。在农村，一场旨在将农村个体经济转变为集体经济的农业社会主义改造快速地在全国蔓延。这一新制度使得原来生产资料归农民所有彻底变为归集体所有，这也就决定了农民获得生产成果的方式为按劳分配。党中央于 1953 年 2 月 15 日发表《关于农业生产互助合作的决议》，同年 12 月 16 日中共中央委员会通过了《关于发展农业生产合作社的决议》，全国农村开展了农业合作化运动，对农业进行社会主义改造。运动经历了私有化程度逐渐降低的互助组、初级农业生产合作社和高级农业生产合作社三个阶段。

　　在初级农业生产合作社，收入分配的特点是实行土地入股、统一经营，产品统一分配。社员劳动报酬以按件计酬或评工计分的方法予以计量；土地、耕畜和大型农具等生产要素都按一定比例参与分红。

　　在高级农业生产合作社，由于实行生产资料集体所有、集中劳动、统一经营、统一分配，社员的收入分配就由初级社的劳动力、土地、投资和其他生产资料都参与收益分配，转变为单纯的按劳分配。按劳分配具体形式分为劳动日和劳动工分制，社员凭劳动工分领取劳动报酬。

　　在城市，取消供给制，实行货币工资制。1955 年 8 月，国务院颁布的《关于国家机关工作人员全部实行工资制和改行货币工资制的命令》指出：供给制（包干制）已经不符合"按劳取酬"和"同工同酬"的原则，将军队干部和国家机关工作人员供给制待遇一律改为工资制待遇，工作人员及其家属的一切生活费用均由个人负担。这次改革废除了以实物计量、货币支付的工资分分配制度，党政机关供给制和工资制相结合的分配方式全部改为货币工资制。国务院制定了新的工资标准，把国家机关工作人员的工资标准分为 30 个等级（见表 5-5），最高 560 元，最低 18 元，最高工资加上北京地区物价津贴 16% 以后，为 649.6 元，最低为 20.88 元，最高与最低相差 30.11 倍，是新中国成立以来最大的倍数，也是最高的标准。货币工资制的实施，为后来按劳分配制度的确立做了充分的准备。

　　由于"一五"期间国民经济发展很快，所以 1956 年国家统一部署了

表 5-5　1955 年实行的国家机关工作人员工资标准

单位：元

工资	等级		
560	总理、副总理		
440	总理、副总理		
380	部长		
340	部长	副部长	
300		副部长	
260		副部长	部长助理
230	正副司局长		部长助理
200	正副司局长		部长助理
170	正副司局长	正副处长	
154	正副司局长	正副处长	
138	正副司局长	正副处长	
96		正副处长	正副科长
86	科员		正副科长
68	科员		正副科长
56	科员		
45	办事员		
30	办事员	杂勤人员	
18		杂勤人员	

资料来源：张车伟、赵文：《中国工资和收入分配改革：回顾与展望》，《中国经济报告》2019 年第 2 期，第 58~68 页。

第二次工资制度改革。1956 年 6 月 16 日国务院全体会议第三十二次会议通过、7 月 4 日颁行的《关于工资改革的决定》《关于工资改革中若干具体问题的通知》《关于工资改革实施方案程序的通知》，对国家机关和企事业单位的工资制度进行进一步的改革，把工资制度改革的重点放在提高劳动者工资水平与缩小社会工资差距上，采取和实行了如下具体措施。第一，取消工资分和物价津贴制度，实行直接用货币规定工资标准的制度，以消除工资分和物价津贴给工资制度带来的不合理现象。第二，改进工人的工资等级制度，使熟练劳动和不熟练劳动、繁重劳动和轻便劳动，在工资标准上有比较明显的差别，以克服工资上的平均主义。第三，改进产业之间、行业之间和各类人员之间的工资关系。工资向重要的、技术含量高的和劳动条件比较差的产业和行业倾斜，向重点建设地区倾斜，向高级知识分子、小学教师和乡干部等倾斜。第四，改进企业职员和技术人员的工资制度，企业职员和技术人员的工资标准，应该根据他们所担任的职务进行统一规定。第五，改进推广计件工资制和企业奖励制度以及津贴制度，设立产品试制、材料能源节约、产品质量和超额完成任务等方面的奖励。第六，改革国家机关和事业单位的职务等级工资制度，调整各类人员的工资标准，将"德"、"才"和"资历"作为工资定级的重要依据，并将事业单位按技术能力评定工资改为按专业技术职务评定工资。[①]

新中国成立初期的两次工资制度改革，废除了国民党遗留下来的混乱、不合理的工资制度，改革了解放区沿袭下来的供给制，贯彻落实"各尽所能、按劳分配"的社会主义分配原则，初步建立起符合当时社会经济需要的社会主义工资制度。

（二）1956~1966 年：单一的按劳分配制度

1956 年 9 月党的八大以后，我国开始进入对社会主义道路的艰难探索时期。1958 年 8 月，中共中央通过了《关于在农村建立人民公社问题的决议》，提出人民公社"不必忙于改变原有的分配制度"，分配制度仍然是"按劳取酬"，并不是"各取所需"，同时把人民公社看作向共产主义过渡的最好的组织形式。人民公社运动开始后，实行了工资制和供给制相结合的分配制度，被党的八届六中全会高度评价为"社会主义分配方式上的一个创举"。供给制主要有粮食供给制、伙食供给制和生活基本资料供给制三种形式，社员都到公共食堂吃饭，甚至"吃饭不要钱"。工资制是在供给部分外，根据多劳多得的原则，象征性发给社员少量的工资。供给制被认为是按需分配原则的体现，具有共产主义因素，要求逐步扩大实行的范围。有些公社提出"八包""十包"等，即社员的衣食住行、生老病死、婚丧嫁娶、教育医疗等所需费用都由公社供给。

[①]　谭中和：《建国 70 年中国工资收入分配制度变迁与改革实践——历程、经验与愿景》，《中国劳动》2019 年第 2 期，第 30~40 页。

　　为了适应"按需分配"的共产主义分配原则,人民公社普遍推行供给制。人民公社分配中的供给部分,占了公社投入中的绝大部分,这就对具有按劳分配性质的工资部分造成了直接的冲击,"从而使得工资制形同虚设"[①]。山西省"有的县社员分到手的现金很少,或者将社员应分得的现金,用转帐办法作为储蓄。最严重的是有的县因为基本建设投资过大,有百分之十六的分配单位,社员除口粮外,现金分文未得"[②]。1958年秋收后的事实证明,人民公社的供给制与工资制相结合的分配制度无论从哪个角度来说都名不副实。1958年10月之后,全国农村供给制便夭折了。人民公社社员的收入分配采取实物分配和价值分配两种形式,口粮是实物分配中的最主要部分,分给社员的收入扣除口粮之后,统一按劳动工分分配。

　　平均主义的供给制的实施,造成了对粮食等物质的巨大浪费和对生产的严重破坏。中共中央经过一系列讨论,决定取消供给制,恢复按劳分配制度。以上对分配制度的调整,是在肯定"三面红旗"(即社会主义建设总路线、"大跃进"、人民公社)的基础上进行的,对急于求成思想所造成的错误和失误缺乏充分认识。1960年3月,中共中央发出指示,要求推广农村公共食堂,实现全国农村有80%的人到公共食堂吃饭,力争达到90%,人民公社的供给制又在一定程度上得到了恢复。在国际、国内的双重压力下,为了恢复农业生产,中共中央分别于1960年8月、1961年3月和5月调整了农村的生产关系和相关的经济政策,进一步强调以生产大队为基础的三级所有制是现阶段农村人民公社的根本制度,重新确立"三级所有,队(生产队)为基础"的核算体系;取消过去的供给制,实行工分制;恢复社员的自留地;彻底取消公共食堂;退赔人民公社化运动以来平调社队和社员个人的各种财物和劳动力。带有平均主义色彩的按劳分配制度在农村得以重新确立。农村以工分制为主要内容的"按劳分配"制度确立后,对调动农民的生产积极性、推动国民经济的发展起了一定的作用。但此时工分制仍带有浓厚的平均主义色彩,它在调动农民的生产积

① 辛逸:《简论大公社的分配制度》,《中共党史研究》2007年第3期,第22~27页。
② 中共中央文献研究室编《建国以来重要文献选编》第13册,中央文献出版社,1996,第245~246页。

极性方面所起的作用仍是有限的。短短几年，人民公社的收入分配制度就经历了"工资制—半供给制半工资制—大部分工资制小部分供给制—工资制"的变化，供给制再度退出收入分配制度主线。

在城市，许多国营企业和国家机关开始试行供给制与工资制结合的分配制度，并逐步向全国推广。与此同时，全国也开始了对计件工资制和奖励制度的"围剿"行动。1958 年 11 月，劳动部起草了《关于企业实行部分供给部分工资制的初步意见（草案）》，在全国一些地方试行了半供给制半工资制。由于受到多种因素的影响，1958 年试行的半供给制半工资制到年底就以失败而告终，大多数企业不到半年时间就恢复了原来的工资制。1959 年至 1965 年，在困难时期，党对工资分配理论和工资政策进行了反思，并对我国原工资制度进行了某些调整和改革。例如确定五项工资政策原则、恢复计件工资制度和奖励制度、调整工资和部分地区工资区类别、试行工龄津贴、试行"一条龙"工资标准等。[①] 经过调整，中共中央在分配制度等方面采取了较为正确的方法，从而使得国民经济得到了较为正常的发展。

（三）　1966~1978 年：平均主义的分配制度

十年"文革"期间，按劳分配制度遭到严重破坏。在农村，受极"左"势力的影响，实行"扩社并队"，劳动计酬实行"标准工分，自报公议"，社员的自留地和家庭副业被当作"资本主义尾巴"割掉，不准农民搞编织、采集，家庭饲养也只限于"一猪、一树、一鸡、一兔"，农村集市贸易被完全取缔。

1976 年 10 月至 1978 年 12 月党的十一届三中全会召开之间的两年多时间，国民经济在徘徊中前进。1977 年 5 月 5 日《人民日报》上发表了由国务院政治研究室起草的特约评论员文章《贯彻执行按劳分配的社会主义原则》。1977 年 8 月，党的十一大政治报告指出，对于广大人民群众，在思想教育上要大力提倡共产主义劳动态度，在经济政策上则要坚持实行各尽所能、按劳分配的社会主义原则，并且逐步扩大集体福利。这次会议为日后改革开放、确立按劳分配的制度奠定了基础。

---

① 祝晏君主编《工资收入分配》，中国劳动社会保障出版社，2001，第 23 页。

二 再分配制度的演化

对 1949~1978 年我国再分配制度方面的相关文件进行梳理（见表 5-6），将我国社会主义革命和建设时期再分配制度的演化归纳为三个阶段，分别是：1949~1956 年，实行多税种、多次征的复合税制；1956~1966 年，实行简化的税收制度；1966~1978 年，合并税种、实行单一税制。

表 5-6 1949~1978 年再分配制度的演化

时间	文件名称	内容
1949 年 9 月	《中国人民政治协商会议共同纲领》	第四十条规定，国家的税收政策，应以保障革命战争的供给、照顾生产的恢复和发展及国家建设的需求为原则，简化税制，实行合理负担 第二十五条规定，革命烈士和革命军人的家属，其生活困难者应受国家和社会的优待。参加革命战争的残废军人和退伍军人，应由人民政府给以适当安置，使能谋生立业
1949 年 11 月	《全国税政实施要则(草案)》	明确规定了一系列新的税收政策、征收与管理制度，并统一税种，建立社会主义新税收制度
1950 年 5 月	《关于 1950 年新解放区夏征公粮的决定》	孤寡老弱及夏收后灾区之仍无力负担者免征或减征农业税
1951 年 2 月	《中华人民共和国劳动保险条例》	建立劳动保险基金制度
1952 年 1 月	《关于首先在大中城市开展"五反"斗争的指示》	"五反"的内容之一是反对偷税漏税
1952 年 6 月	《关于全国各级人民政府、党派、团体及所属事业单位的国家工作人员实行公费医疗预防的指示》	建立公费医疗制度
1953 年	《关于中华人民共和国劳动保险条例若干修正的决定》	工厂、矿场及交通事业的基本建设单位与国营建筑公司的职工也被纳入其中

续表

时间	文件名称	内容
1954 年	《关于在贯彻税收集中统一的原则下,明确因地制宜的政策界限的初步意见(修正稿)》	对税收管理权限做了新的调整,明确划分中央和大区权限
1954 年 9 月	《中华人民共和国宪法》	第九十三条指出,中华人民共和国劳动者在年老、疾病或者丧失劳动能力的时候,有获得物质帮助的权利。国家举办社会保险、社会救济和群众卫生事业,并且逐步扩大这些设施,以保证劳动者享受这种权利
1956 年 9 月	《中国共产党第八次全国代表大会关于政治报告的决议》	税收政策、物价政策、工资政策和合作社收益的分配政策,应当既能够保证社会主义建设所需要的资金积累,又能够保证人民生活的逐步改善
1957 年	《关于职工生活方面若干问题的指示》《关于国家机关工作人员福利费掌管使用的暂行规定的通知》	对职工住房、交通、医疗、物品供给、补助等问题以及福利经费来源使用都做了明确的规定
1958 年	《关于工人、职员退休处理的暂行规定》《关于工人、职员退职处理的暂行规定(草案)》	将原来分别规定的国营企业职工和国家机关、事业单位职员的养老保险待遇合并,建立了包括这些人员在内的统一的退休退职制度
1958 年 3 月	《关于改革工商税收制度的报告》	减少税收种类,把商品流通税、货物税、营业税和印花税合并为工商统一税;简化征税办法,把多次征税改为工业品在工厂一般只征一道税
1958 年 9 月	《中华人民共和国工商统一税条例(草案)》	简化营业税制度,巩固工商业的统一;把工商业的货物税与营业税、商品流通税和印花税试点合并,对所有商品和服务统一收税,对生产、零售和服务行业,根据全部收入,按照比例征收税款;设立独立的工商企业所得税
1958 年 6 月	《中华人民共和国农业税条例》	对农业税的纳税人、征税对象和税率做了规定,规定全国的平均税率为常年产量的 15.5%

时间	文件名称	内容
1959 年 11 月	《关于执行〈国务院关于现役军官退休处理的暂行规定〉的通知》	明确军官退休制度,建立民政部和军队政治机关共同负责机制
1960 年 1 月	《关于农业税问题的请示报告》	在今后 3 年内将农业税的征收额稳定在原有的水平上,并对各省区市实行任务包干的办法
1961 年 1 月	《关于改进财政体制加强财政管理的报告》	(1)凡属工商统一税税目、税率的调整,盐税税额的调整,应当报经中央局批准。工商统一税纳税环节的变动,牵涉 1 个大区以内 2 个省区市以上的,应当报经中央局批准。(2)凡属开征地区性的税收,地方各税税目、税率的变动,在中央规定的所得税税率范围以内确定具体税率,必须报经中央局批准
1962 年 4 月	《关于严格控制财政管理的决定》	税收在国家财政收入中占有重要地位,并且是配合执行国家财政、经济政策的有力工具,必须切实做好税收工作
1962 年 9 月	《农村人民公社工作条例(修正草案)》	把对贫困社员的救济作为人民公社的一项制度固定下来。要求人民公社救济款项使用要做到突出重点、专款专用,重点用于贫困队员救济
1964 年 3 月	《关于解决企业职工退休后生活困难经费问题的通知》	提高退休人员的困难补助
1965 年 12 月	《关于改进公费医疗问题的通知》	对公费医疗和劳保医疗进行了修改,规定由个人负担门诊挂号费、出诊费和营养滋补药品费
1966 年 4 月	《关于改进企业职工劳保医疗制度几个问题的通知》	
1973 年 1 月	《中华人民共和国工商税条例(草案)》	工商统一税及其附加、城市房地产税、车船使用牌照税、盐税、屠宰税合并为工商税,工商税制由原来的 11 个税种简并为 7 个税种

（一）1949~1956 年：多税种、多次征的复合税制

在国民经济恢复及社会主义改造时期，我国按照"公私兼顾、劳资两利、城乡互助、内外交流"的原则，实行多税种、多次征的复合税制，在全国设置了 14 个税种。在税收征管方面，除了关税由海关负责执行，其他税种由税务机关征收。这一时期，我国通过建立新税制，并在实践中不断调整和完善，确立了一套适应国民经济发展形势的税收制度。这一时期的税收政策采取了按经济性质区别对待的策略。针对资本主义工商业，自 1953 年起采取国家所得税、企业公积金、工人福利费和资本家红利"四马分肥"的利润分配方法，增加了国家财政积累资金，限制了资本的积累规模和速度。与此同时，对国营企业不征收所得税，实行利润上缴制度。为了促进合作经济发展，在农业税和相应的工商业税上也采取了倾斜性设计。

1949 年 9 月 29 日，第一届中国人民政治协商会议通过了《中国人民政治协商会议共同纲领》（简称《共同纲领》）。《共同纲领》第四十条规定："国家的税收政策，应以保障革命战争的供给、照顾生产的恢复和发展及国家建设的需求为原则，简化税制，实行合理负担。"[1] 1949 年 11 月 24 日到 12 月 9 日，首届全国税务会议在北京举行。会议根据《共同纲领》的精神，编写了《全国税政实施要则（草案）》。[2] 1950 年 1 月 30 日，由国务院、国家税务总局组织协调，发出统一方案。方案明确规定了一系列新的税收政策、征收与管理制度，并统一税种，建立社会主义新税收制度。

《全国税政实施要则（草案）》规定，全国总共设置 14 个税种，包括消费税、工业和商业税（包括营业税和所得税）、盐税、关税、薪给报酬所得税、存款利息所得税、印花税、遗产税、交易税、屠宰税、房产税、地产税、特别消费税和车辆使用牌照税。此外，还有一些征收税，如

---

[1] 陆和健：《1949-1952 年的农业税收与新中国国民经济的恢复》，《扬州大学税务学院学报》2004 年第 2 期，第 29~32 页。

[2] 刘美婵：《税收制度与企业资源配置关系——以铁路运输企业为例》，硕士学位论文，北京交通大学，2010。

农业税和牧业税。① 税收制度在执行过程中做了一些调整。例如，工资所得税和遗产继承税，始终未开征。

在社会保障制度方面，新中国成立后，党和政府十分重视社会保障工作。新中国成立前夕颁布的《共同纲领》做了原则性规定。其中，第二十五条指出："革命烈士和革命军人的家属，其生活困难者应受国家和社会的优待。参加革命战争的残废军人和退伍军人，应由人民政府给以适当安置，使能谋生立业。"第三十二条指出："人民政府应按照各地各业情况规定最低工资。逐步实行劳动保险制度。保护青工女工的特殊利益。"1952 年 2 月，《中华人民共和国劳动保险条例》正式颁布，这是新中国成立后第一部社会保险法规，标志着新中国的社会保险体系初步建立。《中华人民共和国劳动保险条例》对全国范围内凡有职工百人以上的国营、公私合营、私营和合作社营企业及铁路、航运、邮电等企业单位的职工及其直系亲属的医疗、生育、养老、疾病、伤残、死亡等方面的待遇做了明文规定。1953 年《关于中华人民共和国劳动保险条例若干修正的决定》颁布，工厂、矿场及交通事业的基本建设单位与国营建筑公司的职工也被纳入其中。三大改造完成后，商业、外贸、粮食、供销合作社、金融、民航、石油、地质、水产、国营农牧场、造林等产业与部门的职工亦被纳入其中。1966 年，部分集体所有制企业的职工也进入了劳动保险制度体系内。经过政策的不断扩展，劳动保险制度成为覆盖绝大多数城市居民的社会保障制度。

1952 年 6 月，政务院发布《关于全国各级人民政府、党派、团体及所属事业单位的国家工作人员实行公费医疗预防的指示》，公费医疗制度开始建立。在随后几年里，政府又出台了一系列文件，一个涵盖公费医疗、退休制度、抚恤制度的公职人员社会保障制度建立起来，至此以劳动保险制度为核心、公职人员社会保障制度为补充的城市社会保障制度趋向完善。

到 1952 年底，我国已胜利完成恢复时期的任务。以国家经济为主导的多种经济成分并存的新民主主义经济秩序已稳固建立，国家财政状况有

---

① 刘佐：《中国税制改革 50 年》，《当代中国史研究》2000 年第 5 期，第 65~73 页。

了根本好转。

在 1953 年的税制改革中，税收结构基本保持不变，但重复征税的制度改变了。工业部门的税收减少，消费税、销售税和额外的印花税被纳入商业消费税。第一个五年计划期间的税收制度是根据过去的经验和形势的紧迫性，在调整新中国成立初期财税高度集权体制的基础上逐步形成的。对"一五"时期税收制度的形成有决定意义的是 1953~1954 年的调整。在 1953 年 8 月召开的全国财经工作会议上，周恩来指出，财政体制应在中央统一领导和计划下，确定财政制度，划定职权范围，分级管理，层层负责。国家预算应在国家的统一预算内，实行三级预算制度，划分中央与地方的收支范围，按照主次轻重及集中和分散的情况，分配中央与地方的大体比例。地方收多于支者上缴，收少于支者补助。地方财政，按照统一制度，凡超计划的征收和节约，一般归地方支配。①

1954 年初，财政部税务总局在《关于在贯彻税收集中统一的原则下，明确因地制宜的政策界限的初步意见（修正稿）》中，对税收管理权限做了新的调整，明确划分了中央与地方的权限。1956 年，我国社会主义改造基本完成，计划经济体制基本确立。1956 年 8 月，实行全行业公私合营后，在资本主义工商业的性质、经营方法、生产组织、利润分配等均发生重大变化的情况下，我国明确了征收工商业税方面所采取的新措施。"这一规定主要体现了以下精神：对公私合营企业的课税逐步参照国营企业的课税原则，依照合营企业的情况，做出具体规定；对合作商店、合作小组及个体小商小贩的课税采取简化、从宽、适当照顾的原则，并废止了民主评议②的征收方法，改用一年不变的新的定期定额征收办法。"③

（二）1956~1966 年：简化的税收制度

在全面建设社会主义时期，公有制经济的社会主义改造占据了绝对优势。社会主义公有制企业代替资本主义工商业企业成为税收征收的重点。

---

① 财政部综合计划司编《中华人民共和国财政史料》第 1 辑，中国财政经济出版社，1982，第 5 页。

② 1950 年 1 月颁布的《工商业税暂行条例》中规定的工商业税的三种征收方式之一。

③ 中国社会科学院、中央档案馆编《1953—1957 中华人民共和国经济档案资料选编（财政卷）》，中国物价出版社，2000，第 698 页。

1957 年 9 月，财政部提出 1958 年在基本上保持原税负的基础上简化税制的改革方针。1958 年，我国进行了第二次大规模的税收制度改革，主要内容是简化营业税制度，巩固工商业的统一；把工商业的货物税与营业税、商品流通税和印花税试点合并，对所有商品和服务统一收税，对生产、零售和服务行业，根据全部收入，按照比例征收税款；设立独立的工商企业所得税。此次改革还根据集中统一与因地制宜的原则，改进税收管理体制，下放一部分税收管理权限，以利于发挥中央和地方两个积极性。此后，在国民经济调整时期（1961～1965 年），我国调整了农村税收负担。1963 年，财政部提出改进农村工商税收征税办法的意见，对农村工商税收做了改进。此外，全面开征了集市交易税。

在社会保障制度方面，这一时期国家认识到社会保障在国民经济建设中的作用，确立"在发展生产的基础上逐步开展对职工的劳动保险和福利事业是国家的长远方针"①，开始对社会保障进行进一步探索和调整。为了统一机关和企业人员退休制度，放宽退休条件，调整退休待遇，促使年老体弱人员接受退休，国务院于 1958 年 2 月发布《关于工人、职员退休处理的暂行规定》。新的规定将机关人员养老保险和企业职工养老保险纳入同一个养老保险计划体系中，养老保险制度开始趋于一致。1958 年 3 月，全国人大常委会批准了国务院《关于工人、职员退职处理的暂行规定（草案）》，该草案放宽了我国企事业单位的退职条件，并提出退职后最高可获得本人 30 个月的退职工资。为解决退职人员的生活困难，1964 年内务部与财政部联合发出《关于解决企业职工退休后生活困难经费问题的通知》，提高退休人员的困难补助。

对于军人这一特殊群体的退休问题，国务院 1958 年 7 月公布了《关于现役军官退休处理的暂行规定》，1959 年 11 月内务部、中国人民解放军总政治部联合发出《关于执行〈国务院关于现役军官退休处理的暂行规定〉的通知》，再一次明确军官退休制度，建立民政部和军队政治机关共同负责机制。1962 年 9 月，中共八届十中全会通过的《农村人民公社

---

① 中共中央文献研究室编《建国以来重要文献选编》第 10 册，中央文献出版社，1994，第 585 页。

工作条例（修正草案）》，把对贫困社员的救济作为人民公社的一项制度固定下来。要求人民公社救济款项使用要做到突出重点、专款专用，重点用于贫困队员救济。在分配粮食等生活资料时，向贫困户倾斜，保证其基本生活。各队社从总收入中适当提取一定数目公益金，用于贫苦人员的补助。为了降低医疗经费，我国在1965年底对国家机关工作人员医疗制度做了适当调整，看病挂号费用自行支付，营养药品费用一律自理，医院领导批准使用的除外。对企业职工医疗保险制度进行同步调整，企业职工生病到定点医院救治，挂号、出诊的费用由自己支付。因工负伤或职业病住院治疗的，费用由本人负责1/3，企业负责2/3。企业职工供养的直系亲属生病就诊，药费和手术费用减半，其他费用个人承担，缩小企业承担范围。

（三）1966~1978年：合并税种、实行单一税收制度

在"文革"期间，我国进行了工商税制改革，税制极度简化。1969年开始试行综合税，1970年试行行业税，1973年对工商税制又进行了简并。1973年工商税制改革与1958年的简化税制一脉相承。1973年1月，《中华人民共和国工商税条例（草案）》在全国范围内试行。一是合并税种，把工商统一税及其附加、城市房地产税、车船使用牌照税、盐税、屠宰税合并为工商税（盐税暂按原办法征收）。二是简化税目、税率。税目由过去的108个减为44个；税率由过去的141个减为82个。而在82个税率中，又有很多是相同的，实际上不同的税率只有16个。① 1973年改革后，工商统一税及其附加、城市房地产税、车船使用牌照税、盐税、屠宰税合并为工商税，工商税制由原来的11个税种简并为7个税种。在这样极其简单的税制下，国营企业只需要缴纳工商税一种税，集体企业需要缴纳工商税和工商所得税两种税。可见，这一时期，在税制结构上主要是以流转税为主体。

在社会保障制度方面，"文革"严重影响了我国各级政府正常工作的顺利开展，1969年1月，国家撤销了负责救灾救济、社会福利等事务的

---

① 王诚尧：《建国以来税收制度的建立和改革概况（上）》，《财政研究》1983年第1期，第74~80页。

内务部，负责劳动保险事务的工会也陷入瘫痪状态，关于企业职工社会保障资金的管理工作中断，整个社会保险工作一度处于无领导、无管理的局面。1969 年 2 月，财政部发布《关于国营企业财务工作中几项制度的改革意见（草案）》，规定国营企业一律停止提取劳动保险金，企业的退休职工、长期病号工资和其他劳保开支在营业外列支。这一做法使社会保险丧失了统筹调剂的职能，变成了"企业保险"。我国的社会保险制度分割为国家、企业、乡村 3 个相互封闭和脱节的板块。1969 年 11 月，财政部发布通知，统一原社会保障体系中的奖励基金、福利费以及医疗卫生费，统一后的科目为职工福利基金，按 11% 提取，直接计入中央国营企业的成本中；如果企业未能为员工提取 11% 的职工福利基金，则应当在税后利润中将这部分资金补给职工。1975 年，国家劳动总局成立，负责管理劳动保险，以及国家机关工作人员的待遇、退职退休和复员转业军人的安置等工作。

三 三次分配制度的演化

新中国成立初期，政府对慈善团体的政策呈现阶段性特点，慈善事业也处于动态变化中。总体来看，从 1949 年到 1956 年，中国民间慈善团体及其慈善事业经历了由部分恢复、发展到消失的过程。

1949 年 12 月，政务院发布《关于生产救灾的指示》，要求各地人民政府应给予灾民一定的贷款，并拨出一部分救灾物资辅助灾民生产自救；1950 年 2 月，政务院又专门成立了全国救灾委员会；1950 年 4 月，中国人民救济代表会议在北京召开，成立了中国人民救济总会，通过了《中国人民救济总会章程》。1950 年 12 月，中央人民政府发布了《关于处理接受美国津贴的文化教育救济机关及宗教团体的方针的决定》，该决定提出，允许旧有慈善团体继续存在，要求慈善事业在一定程度上配合政府的社会救助。从决定发布到 1953 年 12 月召开全国城市救济会议，政府对旧有慈善团体进行了逐步改造，使其中一部分慈善团体成为政府所属机构，其慈善事业成为政府救助的一部分，尚存的慈善团体的慈善事业成为政府救助的配合力量。至 1956 年初，旧有慈善团体或停办或由国家接办或改组为其他性质的机构，从而最终消失。

中国红十字会成立于 1904 年，建会以后从事救助难民、救护伤兵和赈济灾民活动，为减轻遭受战乱和自然灾害侵袭的民众的痛苦而积极工作，并参加国际人道主义救援活动。新中国成立后，中国红十字会于1950 年进行了协商改组，周恩来总理亲自主持并修改了《中国红十字会章程》。1952 年，中国红十字会恢复了在国际红十字运动中的合法席位。在国际上，改组后的中国红十字会总会于 1950 年 9 月 5 日电告红十字会协会，并派代表参加第 21 届理事会。1952 年，我国外交部长宣布承认1949 年修订的日内瓦四公约，8 月，第 18 届红十字与红新月国际大会承认中国红十字会是中国唯一合法的全国性红十字会。这是新中国在国际组织中恢复的第一个合法席位。

20 世纪 50 年代末至 60 年代初，政府对原有各类慈善机构进行取缔、接收和改造，着手建立新的福利机构与设施，内容包括社会救济、社会福利、优抚安置以及农村"五保"供养、合作医疗等与高度集中计划经济相适应的社会保障制度，于是原本作为社会保障体系补充的民间慈善事业停歇消失。在全面建设社会主义时期，中国红十字会按照自身的性质和任务开展工作，在刚刚成立的新中国的经济建设和外交事务中发挥了特殊作用。1966 年，各级红十字会组织机构被撤销，总会大部分工作人员或调离或被下放到干校，国内工作被迫停顿达 10 年之久。1978 年，改革开放之初，国务院批准中国红十字会恢复国内工作，中国红十字会各级组织相继恢复，各项工作渐渐走向正常，开始走上发展壮大的道路。

第四节 社会主义革命和建设时期的分配实践及影响

一 初次分配的实践及影响

（一）1949~1956 年：开展社会主义改造运动，贯彻落实按劳分配原则

新中国成立之初的土地改革是一场充分发挥农民生产积极性的土地私有制改革。由于农民拥有了土地的所有权，所以农民在土地上所投入的劳

动发生了前所未有的改变。土地改革使全国 3 亿多无地、少地农民分得约 7 亿亩土地及其他生产资料，极大地调动了农民的生产积极性。

1951 年 12 月 15 日，《中共中央关于农业生产互助合作的决议（草案）》正式印发给各级党委试行实施。党中央指出：这是在一切已经完成了土地改革的地区都要实行的，全党要把农业生产互助合作"当作一件大事去做"。根据决议（草案），农业生产互助合作运动很快在全国范围开展起来。这表明，农业方面社会主义改造的初步工作已经开始进行。到 1952 年底，已经组织起来的农户占全国总农户的 40% 左右，比 1950 年增加了三倍。互助组发展到 802.6 万个，其中常年互助组 175.6 万个，参加的农户 1144.8 万户；初级农业生产合作社 3644 个，参加的农户 5.9 万户，平均每个社 16.2 户。此外，全国有具有示范作用的高级农业生产合作社 10 个。[①] 1952 年，爱国增产节约竞赛在全国蓬勃开展，组织起来的农民在农业增产中起了带头作用。全国各地有成百万个互助合作组织率先参加爱国增产节约竞赛，通过竞赛评比，显示出互助合作组织的生产成绩比单干好。当年上半年，全国各地兴修及整修小型水利工程，共扩大灌溉面积 2290 万亩，超过 1951 年扩大灌溉面积的两倍多，其中大部分是靠互助合作组织的力量兴建的。

党中央于 1953 年 2 月 15 日做出《关于农业生产互助合作的决议》，同年 12 月 16 日中共中央委员会通过了《关于发展农业生产合作社的决议》，全国农村开展农业合作化运动，对农业进行社会主义改造。运动经历了私有化程度逐渐降低的互助组、初级农业生产合作社和高级农业生产合作社三个阶段。

在初级农业生产合作社阶段，通过土地改革运动，农民分得了土地和一部分生产资料，农民成了国家的主人。但由于生产资料严重缺乏和自然条件恶劣，单个农民无法克服生产和经营中的困难，在自愿的基础上和政府的组织下，各地设立了临时的、常年的互助组和初级农业生产合作社等，实行土地入股分红。农民加入初级农业生产合作社，保留土地私有

---

① 中共中央党史研究室：《中国共产党历史（1949—1978）》第 2 卷（上册），中共党史出版社，2011，第 134 页。

权，将土地和耕畜、农具等生产资料交社统一经营，并根据它们的数量和质量取得相应报酬；入股的农民参加由社统一组织的集体劳动，按照其提供的劳动数量取得报酬。

1956年1月，在初级农业生产合作社刚刚建立尚未站稳脚跟的情况下，农业合作化运动进入由办初级农业生产合作社为主转为办高级农业生产合作社为主的阶段，到年底基本完成办高级农业生产合作社的任务，农业合作化提前完成。这一阶段，农民的土地全部转归高级农业生产合作社所有，大型的生产工具统一作价转入高级农业生产合作社，农村集体所有制确立。这样，原来初级农业生产合作社中与土地私有相联系的按资分配制度被淘汰，取而代之的是单一的按劳分配制度。在农村集体所有制经济中，生产队是基本的经济核算单位，统一生产、统一经营，集体派工、集体生产，用抹去了劳动差别的工分作为收入分配的唯一标准。虽然农民的收入取决于生产队的纯收入，但当时农产品实行的是统购统销政策，农产品价格也由国家计划调节，且价格很低、产出很少，故而农村收入分配中的平均主义倾向比较严重。

1952年的第一次工资制度改革，是按劳分配原则在国营企业的初步尝试，为后来按劳分配制度的确立奠定了基础，也极大地调动了职工的生产积极性。这次工资改革是以各大区为单位进行的，因此还需要进一步在全国层面统一工资制度。到了大规模经济建设时期，由于地区间工人调动频繁，各地区不同的工资标准造成了同工不同酬的问题。1949年到1952年的恢复时期，职工平均工资增长速度快于农民收入增长速度，开始出现农民向城市流动的现象。为此，1953年到1955年，没有在全国层面调高工资。这一时期消费品价格上涨，职工实际工资下降。同时，我国生产力有了很大发展，物质基础相对丰厚。

根据上述情况，国务院于1956年6月16日，在国务院全体会议第三十二次会议上通过了《关于工资改革的决定》，统一部署了第二次工资制度改革，规定此次工资改革的原则是：鉴于全国物价基本稳定，取消工资分制度，实行货币工资制。职工平均工资提高的幅度，根据国家工业和农业的发展情况及当时的政治经济任务来确定，职工的工资水平应与劳动生产率水平相适应，并且要使劳动生产率提高的速度超过职工工资的提高速度。根据国家工业化的政策，提高重工业部门、重点建设地区、高级技术工人和高级科学家、技术人员的工资。

经过 1952 年和 1956 年两次城镇职工工资制度改革，我国初步建立起了体现按劳分配原则的社会主义工资制度。到 1957 年，多数国营企业工资水平相比解放初有了显著提高，机关事业单位的职员薪水也有明显增加，全国平均工资提高了 18.1%，也改善了产业之间、部门之间以及地区之间的工资分配关系。这一阶段所实施的工资制改革由于认识到了劳动存在数量和质量方面的差异，并且给予了这些差异有差别的工资报酬，所以极大地调动了城镇工人的生产积极性。表 5-7 的沈阳市主要产业工人工资标准体现了此时期的有差别的工资制度。

表 5-7　沈阳市主要产业工人工资标准

单位：元

产业类别	工资等级								适用企业
	一	二	三	四	五	六	七	八	
钢铁冶炼	34.50	40.74	48.13	56.82	67.10	79.25	93.60	110.40	沈阳轧钢厂
电力	34.00	40.05	47.19	55.59	65.48	77.15	90.88	107.10	沈阳电厂
重化工	33.50	39.20	45.86	53.67	62.78	73.47	85.96	100.50	沈阳化工厂
制革	30.50	35.30	40.90	47.40	54.90	63.60	73.70	85.40	中央属制革厂
被服	29.00	33.30	38.30	44.00	50.50	58.10	66.70	76.90	中央及地方属被服厂
粮食加工	28.00	32.60	38.10	44.20	51.50	59.90	70.00	—	地方属碾米厂
建筑安装	33.66	39.95	47.43	56.28	66.82	79.44	94.20	—	中央及地方属建筑企业

资料来源：张车伟、赵文：《我国工资与收入分配改革的回顾与展望》，*China Economist* 2019 年第 1 期，第 94~132 页。

总体来看，1949~1956 年所实施的土地制度改革和工资制度改革对经济个体的效率差异表现出了应有的"尊重"，适当拉开了居民之间的收入差距，因而极大地调动了城乡居民的生产积极性。在这一阶段，1949~1953 年的土地私有制改革使得经济增长率达到了年均 14.2% 的极高水平，随后土地的社会主义改造虽然在一定程度上降低了农民的生产积极性，且使 1953 年以后的经济增长有所下滑，但总体而言这一阶段仍达到了年均 11.8% 的高速度增长水平。因此，土地私有制改革的制度红利及其对农民的收益激励在这一阶段发挥了主导作用。

（二）1956～1966 年：实行“按需分配”的共产主义，严重挫伤劳动者生产积极性

在全面建设社会主义时期，按劳分配制度在曲折中发展。1958 年 8 月，中共中央通过了《关于在农村建立人民公社问题的决议》，在公社初期，取消了高级农业生产合作社时的劳动工分制，广泛推行供给制和工资制相结合的分配制度，被党的八届六中全会高度评价为“社会主义分配方式上的一个创举”。供给制主要有粮食供给制、伙食供给制和生活基本资料供给制三种形式，社员都到公共食堂吃饭，甚至“吃饭不要钱”。20 世纪 60 年代初对人民公社进行调整时，废除了这种分配制度，恢复了合作社时期的劳动工分制。但这种评工计分的分配制度，并没有真正体现按劳分配、多劳多得的原则，相反却造成近 20 年时间里在劳动报酬上吃“大锅饭”的平均主义顽症。工资制是在供给部分外，根据多劳多得的原则，象征性发给社员少量的工资。供给制被认为是按需分配原则的体现，具有共产主义因素，要求逐步扩大实行的范围。1958 年 8 月在北戴河召开的中央政治局扩大会议上，毛泽东提出，人民公社“仍然是社会主义性质的，不要过分强调共产主义”，“粮食多了，可以搞供给制，还是按劳付酬”，“全国办个公共食堂，人民在食堂吃饭不要钱”。[①] 在农村体现为农民作为集体生产成员的一分子，在集体领导下付出力所能及的劳动，并按工分取得劳动报酬。工分在总量上取决于生产队的纯收入，于个体而言则按性别和年龄的不同分为成年男性、成年女性、青年、老年和少年等几个级别。在这一分配制度下，同一生产队里的劳动者，只要参与了相应的劳动，都能够获得与自己等级相对应的工分；同一等级的劳动者，不管其生产效率存在怎样的差别，也都能获得一致的报酬。可见，这一不区分劳动数量和质量的按劳分配原则，极大地压制了农民的生产积极性，农忙时节“聊闲天”“磨洋工”等怠工的现象屡禁不止。公共食堂在兴办之初，受到了热烈欢迎。办公共食堂便于集体劳动集中吃饭，又能够把妇女从家务劳动中解放出来。《人民日报》当时的社论指出：“举办公共食堂，正是进一步解放劳动力，特别是解放妇女劳动力，提高劳动力的利用率和

---

① 中共中央文献研究室编《毛泽东传》第 4 册，中央文献出版社，2011，第 1796、1802 页。

劳动生产率的最有效的措施；也正是实现生活集体化，培养社员集体生活习惯和集体主义、共产主义思想觉悟，巩固人民公社的基本关键。"在中央的倡导下，各地开始兴办公共食堂。到 1958 年底，全国建立了 340 多万个公共食堂，在食堂吃饭的人占农村总人口的 90%。公共食堂在农村掀起了一场"吃饭革命"，农民吃饭有了保障，解决了鳏寡孤独者和贫困户的吃饭问题，产生了一定的积极效果，但后来公共食堂的弊端就逐渐暴露出来。人民公社名义上实行供给制和工资制两种分配方式，党中央明确规定了工资制和供给制的比例（三七开，工资部分占七成，供给部分占三成），但实际上很多公社并没有多少钱可以发工资，分配以供给制为主，实行粮食或伙食供给制，每个劳动日的工分压得很低。许多地方出现了社员出勤率、劳动效率和劳动质量显著下降的情况。供给部分比例太高，结果是多劳不能多得、干多干少都是吃一样的饭，社员的生产积极性大为降低。党中央及时注意到了这一问题，颁布了《农村人民公社工作条例（修正草案）》，要求严格按劳动工分进行分配，生产队是否办食堂，由社员讨论决定。随后，绝大部分公共食堂解散，在人民公社实行了四年的"大锅饭"停止了。

农村分配中的平均主义，除了供给制还有基本核算单位问题。党中央对公社"一平二调"的"共产风"进行了批评和纠正，强调人民公社的根本制度是"三级所有，队为基础"。这个"队"指的是生产大队，它是基本核算单位，是统一分配的单位。《农村人民公社工作条例（修正草案）》颁布后，党中央开始研究基本核算单位应该是大队还是小队的问题。一些地方出现的瞒产私分、社员生产不积极等问题，根本原因在于队与队之间的平均主义，直接组织生产的是小队，统一分配的却是大队。1962 年党中央颁布了《关于改变农村人民公社基本核算单位问题的指示》，确定以生产队（生产小队）为人民公社的基本核算单位，规定至少三十年不变。基本核算单位下放到生产队，虽然解决了队与队之间的平均主义问题，但并没有进一步"包产到户"，户与户之间的平均主义仍然存在，农民在生产队内部按工分进行分配，大体上还是体现了按劳分配的原则。不仅如此，在 1958~1961 年，为响应人民公社运动和实现农业生产的高级合作化，农民仅剩的自留地和副业生产也都在全国范围内收归国有或集体所有，这使得农民在土地和劳动上残留的最后一点产权都丧失殆尽；同时在生产队里建公共食堂，实现了农民吃饭不花钱且按需分配的"共产体制"。因这一以供给制为主、工资制为辅的分配制度带来了产出减少和物资浪费，同时更因自然灾害所带来的巨大冲击，刚兴建的公共食堂不得不停办，而自留地和副业生产也在 1961 年后又不得不重新回放给农民，并且一直延续到 1977 年；但事实上均分制所带来的低效率一直没有改变。

这一时期我国在城镇实行货币工资制度，确立以技术、职务、行业、地区四个基本因素为参照标准的按劳分配制度，继续对一些便于实行计件工资制的部门实行计件工资制，且对企业及职工实行与效益挂钩的奖励制度。从制度上来说，1956 年改革的工资制度虽然分配形式极为单一，但却充分考虑到了绩效奖励的作用，这就默认了收入差距的适当拉开有利于当时生产力水平的提高。但在随后，这一通过"物质奖励"来提高生产力的做法被"精神激励"所取代。实际上，依靠意识形态来提高生产效率虽然在当时物资紧缺的年代发挥了短暂的作用，但从长远来看，这一激励机制是不稳固且缺乏长效机制的，只有制度规则才具有刚性的激励效应。尽管如此，依靠"精神激励"来提高生产效率的做法一直延续到1977 年，且在十年"文革"时期尤甚。在这一时期，按劳分配甚至被认为是"衰亡着的资本主义"、"资本主义的旧事物"和"资本主义的分配制度"等，这就导致此时按劳分配的分配制度被否定，收入分配的平均化趋势进一步加强。因此，这一时期城镇居民的收入仅在地区、产业、行业和部门之间存在较小的差距，但总体是平均且固定的，这使得职工对企业经营状况的好坏和经济效益的高低漠不关心。在居民个人收入分配方面，改革开放前按劳分配被看成社会主义阶段的唯一分配方式，其他曾经存在的多种分配方式都被视为非社会主义性质的，因而被限制直至取消。当时的"按劳分配"只有两种形式，即工资制和工分制。全民所有制企业、机关和事业单位以及城镇集体企业，均实行工资制；农村集体经济实行工分制。工资收入几乎是城镇居民的唯一收入，农村居民的收入主要是从集体所得的工分收入。

1958 年到 1960 年，即"大跃进"时期，国民经济出现了较大的波动。

分配制度在供给制和工资制之间摇摆。在"大跃进"运动中，基本建设规模急剧扩大，造成职工人数大增。仅 1958 年一年，全国全民所有制单位职工人数就增加了 2000 多万人，相当于原有职工的 85%。1960 年与 1957 年相比，我国全民所有制单位职工共增加了 2593 万人，增加了一倍多。

职工人数的急剧增加，引起了工资基金的大突破。工资基金是国家按照计划下达的为支付国家机关、企业、事业、社会团体等基层单位全体职工劳动报酬而设置的一种基金，是各单位职工工资的来源，包括按工资标准支付的基础工资、职务工资、工龄津贴、计件工资、保留工资、停工工资及根据国家有关规定属于工资总额范围内的各种奖金、津贴、补贴，以及浮动工资、自费改革工资等。工资基金的总额，应与社会总产品中能够出售给领取工资者的消费资料总量相适应。1960 年与 1957 年相比，全民所有制单位职工工资总额增加了 107 亿元，增长率为 68.6%。由于工资基金增长过快，1958 年社会商品购买力超过市场商品可供量，其差额为 3.5 亿元，1960 年，差额扩大到 74.8 亿元。

1961 年，决策层提出了一些理顺关系、调整经济的重大政策措施。同时，对贯彻执行按劳分配原则的必要性的认识，也逐步明确。在实际工作中，取消了供给制、半供给制半工资制，恢复了奖励制度和计件工资制度，并在 1963 年为职工调高了工资。1961 年 1 月，党的八届九中全会正式提出"调整、巩固、充实、提高"的八字方针，国民经济进入调整纠错时期。1962 年工农业生产开始回升，1964 年全面好转，1965 年既定的各项调整任务基本完成，国民经济出现了自"大跃进"以来最好的局面。

（三）1966～1978 年：全面否定按劳分配原则，收入分配平均主义长期固化

"文革"期间，奖金和计件超额工资被平均发给职工，平均主义盛行，结果造成了干不干、干多干少、干好干坏都一样。这严重破坏了按劳分配原则，挫伤了职工的劳动积极性，给生产建设带来了巨大损失，给人民生活带来了极大困难。十年间，工业劳动生产率下降了 10%，1976 年全国职工年平均工资为 605 元，比 1965 年还少 47 元。

综合来看，改革开放前的个人收入分配制度是一种高度集中的计划分配制度，在传统的公有制和计划经济条件下，工资分配实行的是单一型的略有差别的平均分配，并没有真正贯彻按劳分配原则，这造成我国的个人收入平均化趋势极为明显。据统计，1978 年，城市的基尼系数为 0.16，属于绝对平均范围，农村的基尼系数为 0.21，属于比较平均范围，均远低于 0.3～0.4 的相对合理范围。[①]

从宏观层面分析，1949 年至 1978 年这一时期，我国分配关系调整的原则是兼顾国家利益、集体利益和个人利益，调整范围主要在政府、国营企业、国营企业职工、集体企业职工、集体企业、农民之间。随着国民经济运行节奏的变化，政府、国营企业、国营企业职工、集体经济及农民的这一分配关系也在不断调整。

二　再分配的实践及影响

（一）1949～1956 年：建立高度集权式的税收制度，社会保障体系初步建立

关于新中国成立之初的税政改革，中央主要从机构设置和管理权限划分两个方面着手，使新中国的税收制度得到集中与统一。这种集中统一的税收制度，在当时的形势下是完全必要的。但在集中统一的同时，有必要为地方保留一定的机动权力。所以税收制度在采取高度集权的体制的同时，适当为地方保留了一定的自主权。

总的来说，此时在统收、统支高度集权的财政体制框架下，税收制度也是高度集权式的，但并未把税收管理权限都集中在中央，也留给了地方甚至县级一定的税收管理权限。随着全国局势逐步趋向和平与稳定，财政状况有了相当大的好转，这种高度集中的体制也就不再适应形势的发展。此时，社会主义税收制度的建立保证了国家财政收入，对国民经济的迅速恢复发挥了积极的作用。

1953 年修订后的税收制度使税收成为社会主义过渡时期的强大工具。一方面，有效动员、积累资金，支持国家重点建设；另一方面，作为对资本主义工商业改造的工具，逐步引导私营经济，走上社会主义道路。

[①] 张亮：《我国收入分配制度改革的历程回顾及其经验总结》，《发展研究》2016 年第 11 期，第 4～14 页。

在社会保障方面，1951 年实行的《中华人民共和国劳动保险条例》中，明确说明了职工劳动保险的相关内容，例如保费支配、保险标准、保险项目、保险范围、保管和征集、执行机制和监督机制等等。首先，《中华人民共和国劳动保险条例》明确提出我国企事业单位、机关部门或员工人数 100 人以上的企业，均应当为单位或企业的员工提供待遇保障，包括养老保险、医疗保障、生育保障、优抚安置、扶贫救灾、福利体系等等。20 世纪 60 年代，我国参保人数突破 1600 万人，其中有 600 多万人的社会保障由组织负责签订。其次，《中华人民共和国劳动保险条例》明确提出企业职工应当享受的劳动保险费用，由企业承担，各级工会组织管理企业缴纳的保障资金，职工无须缴纳任何保障费用。最后，《中华人民共和国劳动保险条例》明确提出我国工会组织是执行企业职工社会保障制度的主体。工会组织可以直接在我国各大商业银行设立账户，委托商业银行对保险基金进行统筹管理，各级政府和劳动管理部门有权针对工会组织管理保险基金的行为进行监督。企业若未能按照国家相关规定定期缴纳职工保险，不仅要在规定期限内补交保险，还需要缴纳一定的滞纳金。总体来看，新中国成立初期的社会保障规模以及范围在不断扩大，涵盖的保障项目较多，能够基本保障我国社会公民的生活，应对各类突发事件，可基本维持社会的稳定发展。相关统计数据显示，新中国成立初期，全国企业职工薪酬总额的 17.9% 都用于缴纳职工保险，约 27.9 亿元。① 但新中国成立初期的社会保障制度在国家快速发展进程中也凸显出诸多问题，保障内容过多，在实施过程中导致制度内容和实践出现脱节的情况。另外，当时我国本身还未能构建完善的国家制度体系，经济水平落后、人口众多，这种完全由企业和社会承担保障费用的社会保障模式，导致我国各保险保障管理机构与企业产生了特殊的关系，不利于保证社会保障制度的独立性。

"一五"时期，我国已基本建立起相对完整的工业体系，而且在国防尖端技术方面取得了巨大成就，极大增强了我国的综合国力和国防防御能力，但是在财政思想上采取了"高积累，低消费"的政策，特别是在一

---

① 国家统计局编《中国统计年鉴（1983）》，中国统计出版社，1983，第 491 页。

些时期片面追求发展的高速度出现了"重积累，挤消费"的问题，影响了人民生活。财政政策上的统收统支不仅为新中国彻底结束晚清以来的地方分裂局面继而设计并建设全国统一的公有制经济奠定了财政基础，而且为完成"两弹一星"、工业体系重建等关键项目提供了必需的财力保障。

（二）1956~1966 年：改进税收管理体制，发挥中央和地方两个积极性

在全面建设社会主义时期，公有制经济的社会主义改造占据了绝对优势。社会主义公有制企业代替资本主义工商业企业成为税收征收的重点。1958 年，我国进行了大规模的税收制度改革，同时根据集中统一与因地制宜的原则，改进了税收管理体制，下放了一部分税收管理权限，以利于发挥中央和地方两个积极性。此后，在国民经济调整时期（1961~1965 年），我国调整了农村税收负担。1963 年，财政部提出改进农村工商税收征税办法的意见，对农村工商税收做了改进。此外，全面开征了集市交易税。

在全面建设社会主义时期，我国对社会保障制度进行了艰难探索，三年困难时期，我国面临严重的经济困难。内务部和地方各级政府在城市救济中主要是组织人员生产自救，对救济经费的支出使用严格管理，对退职人员进行精简。连续三年的自然灾害导致农村居民流离失所，贫困人口大幅度增加，国家将大部分救济经费用于农村救济。1960~1963 年，国家共向农村发放救济费 4.8 亿元，超过去十年费用总和。针对新中国成立初期我国职工福利待遇过高、福利种类繁多的问题，1957 年国务院发布了《关于职工生活方面若干问题的指示》《关于国家机关工作人员福利费掌管使用的暂行规定的通知》，对职工住房、交通、医疗、物品供给、补助等问题以及福利经费来源使用都做了明确的规定。国务院根据我国当时政治、经济情况要求取消部分福利项目、适当降低福利标准。1957~1965 年，我国的城市福利事业发展较快，各地民政部门修缮了许多养老院、儿童福利院，新建了精神病疗养院等机构，以满足不同群体的保障需求。

（三）1966~1978 年：弱化税收在国民经济中的调控作用，社会保障制度在艰难中前进

"文化大革命"期间，税收制度被视为一种"烦琐哲学"，各种"税收无用论"甚至取消税收的观点甚嚣尘上。在这种税收虚无主义思潮的影响下，中国的税制改革朝着"合并税种、简化征收办法"的方向发展。

1972 年 3 月，财政部将《关于扩大改革工商税制试点的报告》和《中华人民共和国工商税条例（草案）》上报国务院，报告中提到"对于税收在现阶段的这些作用，我们必须有一个正确的认识。特别是税收在国营企业中的作用，往往容易被忽视。那种认为'税收已经无用，应当取消'的看法是不对的"。① 1972 年 3 月，国务院发布《中华人民共和国工商税条例（草案）》，决定从 1973 年 1 月起全面实行工商税。自此中国进入单一税制时代，国营企业只需缴纳工商税一个税种，对集体企业也只征收工商税和工商所得税。1973 年简化税制是当时思想政治领域批判"烦琐哲学"在国家经济生活中的反映，极大地影响了税收活动在国民经济生活中正常的职能作用发挥，很多地方合并甚至撤销了税收征管机构，税收积累占国民收入的比例大大降低，导致了极其不良的财政经济后果。1956～1978 年，企业上缴利润占国家财政收入的 52.8%，而税收收入仅占国家财政收入的 45.9%。② 税收作为政府重要收入来源和调控手段的职能较弱。

"文革"期间，我国社会保障制度在艰难中前进。1969 年，我国政府出台国企财务制度改革意见，其中明确提出，我国国营企业停止提取所有的社会劳动保障金，包括长期病号项目、劳动开支、离职退休项目等社会劳动保障金均不予提取。此项规定使我国社会保障体系失去了互助互济的作用。1969 年 11 月，财政部发布通知规定，统一原社会保障体系中的奖励基金、福利费以及医疗卫生费，统一后的科目为职工福利基金，按 11% 提取，直接计入中央国营企业的成本中；如果企业未能为员工提取 11% 的职工福利基金，则应当在税后利润中将这部分资金补给职工。"文革"结束后，为了尽快改变经济困难局面，党中央采取紧缩开支、压缩投资、减轻资金和物资压力、保证有限资金投向生产建设等措施，重点开展恢复国民经济的工作。同时由于受"两个凡是"错误方针的影响，党和国家的工作一直处于徘徊局面，党对我国社会保障制度建设的探索一时难以有新的突破。

---

① 国家税务局编《税收工作文献汇编（1978—1992 年）》，法律出版社，1993。

② 徐键：《分税制下的财权集中配置：过程及其影响》，《中外法学》2012 年第 4 期，第 800～814 页。

三　三次分配的实践及影响

（一）1949～1956 年：官办慈善，以国家救济福利形式推动慈善事业发展

1950 年 9 月，中央人民政府政务院第五十二次会议根据《共同纲领》制定了《社会团体登记暂行办法》，同时授权内务部于 1951 年 3 月制定《社会团体登记暂行办法实施细则》。这就为清理旧社会遗留的各种社会团体以及取缔不符合新社会要求的社会团体提供了政策依据。但由于该办法没有详细指出合格社会团体的具体标准，因此在办法颁布之后，国民时期留下的以及外国教会组织兴建的慈善机构，绝大多数以"封建组织"、"反动组织"和"宗教性组织"的名义被取缔。只有极少数社会团体经整顿和收编后，被党和政府赋予了相应的工作职责，这些组织随之成为党和政府重要的、不可或缺的职能部门。截至 1953 年底，全国各地已改造旧的慈善机构 419 个，调整旧的救济福利团体 1600 多个。[①] 从以上分析可知，在新中国成立初期，政府并没有明确排斥慈善事业，但是政府的官办慈善思想、对全国救济福利事业的统一以及对外来援助的抵制，都使慈善事业以国家救济福利的形式存在，失去了民间社会化的性质，民间慈善机构在政府各种举措的限制下，事实上已失去了生存和发展空间。

这一时期，国家对外国教会的慈善组织有针对性地采取了接管、整顿或取缔措施。朝鲜战争爆发后，原接受美国津贴的宗教团体及慈善组织也纷纷发表声明切断同美帝国主义的联系。1951 年 4 月，内务部和中国人民救济总会联合发布了《关于处理接受美国津贴的救济社团及救济机关的实施办法》，全国各地都成立了相应的登记管理处。至 1952 年底，所有接受外国津贴的慈善救济机关全部由人民政府接办，分别改造为当地救济分会或民政部门主管的城镇救济福利事业机构。欧美各国在华举办的慈善团体共有 451 个被接管，不再开展活动。只保留了中国红十字会和中国福利基金会，不过改组后的中国红十字会隶属卫生部，成为其下辖的一个业务机构。到 1954 年前后，各类慈善机构被整顿和改造，基本不再有纯粹

---

① 周秋光、曾桂林：《中国慈善简史》，人民出版社，2006，第 366 页。

民办性质的慈善机构了。

与此同时，政府的大包大揽排斥了其他社会的救助力量。1951 年正式颁布实行的《中华人民共和国劳动保险条例》对职工的生老病死残等都做了具体规定。全国总工会据此委托地方和企业开办了养老、育儿等各类集体福利设施，所需经费全部由政府或企业拨款。这一时期形成了由政府机关部门出面动员群众对失业工人、灾民进行救济的模式。例如在1950 年上海的救济失业工人运动中，政府出面发动全国在业人员捐献一天工资、人民解放军指战员捐献一斤米、机关工作人员捐献一二斤米，筹措救济失业工人的资金。这种做法一直延续到了现在。

（二）1956~1978 年：社会福利和救济事业在艰难中探索发展

"文革"期间，所有的赈灾和养老恤孤工作全由民政部门承担。1968年负责社会福利的中央机构内务部和地方民政部被相继撤销，随之各单位的福利机构被强行合并和撤销，图书馆、文化馆等福利单位被冲击、损毁，导致之前从事职工福利工作的干部、职工，包括保育员、护理员被迫失业，甚至受到迫害，福利制度被废止。由于单位的生产发展处于停顿状态，职工社会福利资金来源无法得到充分保证，单位职工福利受到很大影响，职工各种补贴、社会福利以及各种娱乐文体活动等都不复存在。社会救济工作无法正常开展，基本处在全面停滞状态。1969 年社会部被撤销时，全国有优抚对象 4000 多万人，残疾人 500 多人，五保对象 300 多人，困难户和受灾人口每年都在 1 亿人左右。大批符合条件的贫困人员不能得到及时救济，导致大量孤老幼童、残疾人流落街头，无法保障其基本生活。在当时，有心行善者只能将资产捐给国家，由政府代为救助。政府不仅大包大揽一切救济工作，而且否定个人的力量，再加上受到意识形态的影响，造成了慈善事业发展的停滞。

第五节　本章小结

分配制度是一个社会经济制度的重要内容，体现了生产资料所有制的性质和要求，直接决定了一个社会基本的利益关系。探索建立适合中国国情的收入分配制度和关系，一直是党和国家的重要课题。本章将社会主义

革命和建设时期（1949~1978 年）分为国民经济恢复及社会主义改造时期
（1949~1956 年）、全面建设社会主义时期（1956~1966 年）、"文化大革命"
及两年徘徊时期（1966~1978 年）三个阶段，从初次分配、再分配以及三
次分配三个层面梳理了我国收入分配思想、制度的演化历程，并进一步分
析阐述了不同历史阶段收入分配制度实践的成效及影响（见图 5-1）。

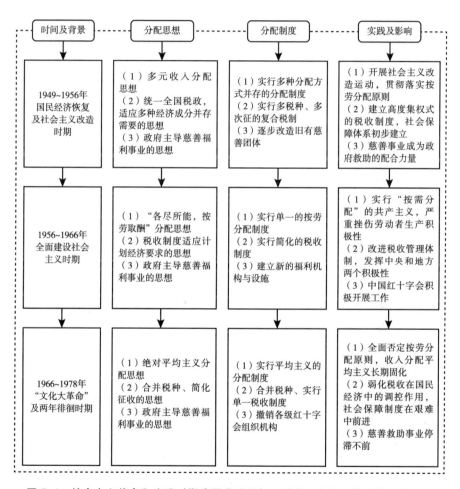

图 5-1 社会主义革命和建设时期我国分配思想、制度、实践及影响的互动演化

新中国成立到改革开放前，党在收入分配方面遵循的是有差别的平均
主义思想，收入分配政策经历了从多种收入分配方式并存到单一分按劳分
配的演进过程。在初次分配方面，这一时期我国主要实行的是高度集中的

计划经济体制，相应的确立了按劳分配的社会主义分配制度。在再分配方面，我国通过三次大规模的税收制度改革，不断简化税制，形成了以流转税为主体的格局，同时构建了相对完善的社会福利保障体系。在三次分配方面，这一时期主要是由政府主导慈善事业，官办色彩浓厚，民间慈善团体及其慈善事业经历了由部分恢复、发展到消失的过程。总体来看，从新中国成立至改革开放前，我国的收入分配制度演化经历了较为曲折复杂的过程，基本确立了我国的收入分配格局，为改革开放后我国收入分配制度的改革奠定了基础。

第六章

1978~2012年：改革开放和社会主义现代化建设新时期分配制度的演化

从 1978 年开始，中国步入改革开放和社会主义现代化建设新时期，在逐步开放并不断融入世界经济体系的过程中，中国共产党的分配思想、分配制度及实践也进一步发展并成熟。

第一节　改革开放和社会主义现代化建设新时期分配制度演化的时代背景

一　1978~1992 年：实施改革开放，积极融入全球市场

在经历了三年困难时期、十年内乱后，党、国家和人民遭受了新中国成立以来最严重的挫折和损失。1978 年 9 月，邓小平远赴东北调研，在发表讲话时提出："社会主义要表现出它的优越性，哪能像现在这样，搞了二十多年还这么穷，那要社会主义干什么？"[①] 随后在 12 月中旬举办的中央工作会议上，他发表了《解放思想，实事求是，团结一致向前看》的重要讲话。在讲话中邓小平强调："如果现在再不实行改革，我们的现代化事业和社会主义事业就会被葬送。"[②] 邓小平同志的这次发言意义重大，成为党的十一届三中全会的主题报告。而这次全会也成为 1949 年以

---

① 《邓小平年谱（1975—1997）》上，中央文献出版社，2004，第 384 页。
② 《邓小平文选》第 2 卷，人民出版社，1994，第 150 页。

来党史上的转折性会议，因为自此开始，标志着我国进入了改革开放和社会主义现代化建设新时期，开始积极融入全球市场。

二　1992~2001 年：加快构建社会主义市场经济体制

1992 年初，邓小平先后赴武昌、深圳、珠海和上海等地视察，围绕计划经济与市场经济问题沿途发表了许多重要讲话。这些讲话的一个核心是计划和市场只是调节经济的手段，不能作为判断社会性质的标准。这一精辟、透彻的论述，彻底打破了长期以来禁锢人们思想的枷锁，使大家对市场经济有了清晰的、正确的认识。1992 年 10 月，党的十四大报告提出建立社会主义市场经济体制的改革目标。随后 1993 年，中共十四届三中全会又把这一目标具体化、系统化，引领我国经济体制改革进入一个新的阶段。到 2000 年底，我国已经初步建立起社会主义市场经济体制。随着社会主义市场经济体制的建立，我国的市场化程度进一步提高，所有制形式日益多元化，在发展国有经济、集体经济的同时，催生了个体经济、私营经济、外资经济等。在所有生产关系中，生产资料的所有制形式最具有标志性意义。因此，中共十五大在认真总结改革实践经验的基础上，首次明确把公有制为主体、多种所有制经济共同发展的制度确立为社会主义初级阶段的基本经济制度，从而为经济体制改革和发展指明了方向和夯实了基础。

三　2001~2012 年：中国加入 WTO，深度融入世界经济体系

2001 年 12 月 11 日，历经 15 年谈判，中国正式加入世界贸易组织，成为第 143 个成员。中国加入世界贸易组织，是中国深度参与经济全球化的里程碑，标志着中国改革开放进入历史新阶段。加入世界贸易组织以来，中国积极践行自由贸易理念，全面履行加入时的承诺，大幅开放市场。开放是一国经济健康可持续发展的动力之源。经济越开放，市场交换的要素种类才越多，规模才越大，国内资本市场才越丰富，经济总量也会随之增加。在日益开放的市场条件下，一方面大量外国资本进入中国市场，丰富了国内的资本市场。大量先进技术和经验随着外资一同进入中国市场，不仅帮助中国企业提升了自身的管理水平和产能，而且加强了国内

市场的竞争，加快了市场化改革的进程。另一方面我国的产品与资本也有了更广阔的市场空间。经过党中央三代领导集体的不断探索和不懈努力，到 2012 年我国实现了从"站起来"到"富起来"的伟大飞跃。

第二节 改革开放和社会主义现代化建设新时期分配思想的演化

一 三个层面分配思想的演化

（一）初次分配思想的演化

1978~2012 年我国初次分配思想的演化可归纳为三个阶段：1978~1992 年，破除平均主义，切实贯彻按劳分配，肯定其他分配方式的合法存在；1992~2001 年，按劳分配为主体、多种分配方式并存，把按劳分配和按生产要素分配结合起来；2001~2012 年，按劳分配为主体、多种分配方式并存，生产要素按贡献参与分配（见表 6-1）。

表 6-1 1978~2012 年初次分配思想的演化

时间	初次分配思想
1978~1992 年	破除平均主义,切实贯彻按劳分配,肯定其他分配方式的合法存在
1992~2001 年	按劳分配为主体、多种分配方式并存,把按劳分配和按生产要素分配结合起来
2001~2012 年	按劳分配为主体、多种分配方式并存,生产要素按贡献参与分配

1. 1978~1992 年：破除平均主义，切实贯彻按劳分配，肯定其他分配方式的合法存在

1978~1992 年我国在初次分配方面的思想是破除平均主义，切实贯彻按劳分配，肯定其他分配方式的合法存在。在改革开放前的计划经济时期，我国的收入分配主要是在国家的计划指导下，遵循平均主义的原则实行所谓的"按劳分配"，干多干少一个样、干好干坏一个样，这样的分配思想非常不利于个人积极性的调动和生产效率的提高，实际上是一种不公平的分配思想。邓小平敏锐地发现了平均主义的危害性，在党的十一届三

中全会召开前夕的中央工作会议上，提出要允许一部分人先富起来，然后先富带动后富。这就为我国的收入分配制度改革提供了思想引领：要破除效率低下的平均主义思想，根据劳动的数量和质量进行分配，允许一部分人先富起来，调动人们的生产积极性，极大提高生产力，然后先富带动后富逐步实现共同富裕。1987年党的十三大报告明确指出，"在所有制和分配上，社会主义社会并不要求纯而又纯，绝对平均。在初级阶段，尤其要在以公有制为主体的前提下发展多种经济成分，在以按劳分配为主体的前提下实行多种分配方式，在共同富裕的目标下鼓励一部分人通过诚实劳动和合法经营先富起来"。① 这就肯定了其他分配方式的合法存在，但这一时期其他分配方式只是处于补充地位。

2. 1992~2001 年：按劳分配为主体、多种分配方式并存，把按劳分配和按生产要素分配结合起来

1992~2001年我国在初次分配方面的思想是按劳分配为主体、多种分配方式并存，把按劳分配和按生产要素分配结合起来。1992年公有制与市场经济相结合的社会主义市场经济体制的建立，为按劳分配与按生产要素分配结合提供了体制和制度条件。市场经济意味着在国家宏观调控下市场对资源配置起基础性作用，生产要素作为物质和劳务产品生产时投入的资源，理所当然也就包含在市场调节的范围内，而市场对要素配置的调节又主要是通过要素价格即要素提供者所获报酬的上下波动来实现的。要素价格就是根据要素投入所获取的收益和要素稀缺程度，给要素提供者的相应报酬。这就意味着，只有承认各种要素的产权及其应得的各种利益，才能最大限度地调动各类生产要素参与生产的积极性、主动性、创造性，让各类生产要素的活力竞相迸发，让一切创造社会财富的源泉充分涌流，使各类资源和要素得到优化配置。因此，把按劳分配和按生产要素分配结合起来是社会主义市场经济体制的内在要求。同时，这一时期其他分配方式的地位从"补充"上升到和按劳分配"并存"，说明随着社会主义市场经济体制的建立，按生产要素分配等非按劳分配的分配方式的地位上升。

---

① 赵紫阳：《沿着有中国特色的社会主义道路前进——在中国共产党第十三次全国代表大会上的报告（1987年10月25日）》，《党的建设》1987年第Z1期，第3~23页。

3. 2001～2012 年：按劳分配为主体、多种分配方式并存，生产要素按贡献参与分配

2001～2012 年我国在初次分配方面的思想是按劳分配为主体、多种分配方式并存，生产要素按贡献参与分配。2001 年，随着我国加入世界贸易组织，外国企业和外国资本大量进入我国，外资经济蓬勃发展，自2002 年以来我国吸收外资超过美国，跃居世界第一。在投资主体多元化、产权结构复杂化、所有制形式多样化的格局下，我国继续坚持按劳分配为主体、多种分配方式并存的分配思想。与此同时，加入世界贸易组织后，我国的要素市场进一步发育和完善，资本、技术、管理等生产要素参与收益分配的要求凸显。因此，我国在 2002 年党的十六大报告中明确了生产要素按贡献参与分配的分配原则，并在 2006 年 10 月 11 日党的十六届六中全会上将这一原则确立为制度。

（二）再分配思想的演化

1978～2012 年我国再分配思想的演化可归纳为三个阶段：1978～1992年，税收调节为主；1992～2001 年，社会保障调节为主，保障对象主要面向城镇职工；2001～2012 年，社会保障调节为主，保障对象覆盖范围扩大到城乡居民（见表 6-2）。

表 6-2　1978～2012 年再分配思想的演化

时间	再分配思想
1978～1992 年	税收调节为主
1992～2001 年	社会保障调节为主,保障对象主要面向城镇职工
2001～2012 年	社会保障调节为主,保障对象覆盖范围扩大到城乡居民

1978～1992 年我国的再分配思想是主要通过税收对收入分配进行调节。个人所得税是调节个人收入分配的最为直接和有效的税收种类。我国的个人所得税最早于 1950 年提出，原名称为"薪酬所得税"，但由于当时实行计划经济，国家长期实行低工资制，该税未曾出台就被搁置。党的十一届三中全会以后，我国开始实行改革开放和社会主义市场经济体制改革，随着党中央决定将工作重心转向经济建设，我国的税收制度也相应发

生了变化。我国个人所得税的发展经历了以下四个阶段。第一阶段为适应改革开放的方针政策，1980年针对来华工作的外籍个人取得所得开征个人所得税。第二阶段为适应个体经济的发展，开征城乡个体工商户所得税。第三阶段是改革开放后，个人收入差距急剧扩大，为调节个人收入水平，避免个人收入过高，1986年9月25日，对中国公民开征"个人收入调节税"。"个人收入调节税"的征税对象包括工资薪金所得、承包转包所得、劳务报酬所得、财产租赁所得、专利与非专利转让所得、稿酬所得、利息、股息、红利以及其他所得。其中，工资薪金适用20%～60%的五级全额累进税率，扣除标准为400元。第四阶段是1993年10月31日，三税合一，将外籍个人、中国公民及个体工商户的税收统一纳入《个人所得税法》。其中第一阶段的个人所得税对我国收入分配的调节作用不明显，从第二阶段起个人所得税才真正开始发挥其再分配的作用。随着1992年我国社会主义市场经济体制的正式确立，我国的社会保障制度改革全面推进，但此时的保障对象主要面向城镇职工。进入21世纪以后，尤其是党的十六大后，新一届党中央领导集体高举以人为本的科学发展观大旗，提出构建社会主义和谐社会的建设目标，在收入分配中更加注重公平。因此，这一时期我国的保障对象覆盖范围扩大到城乡居民，出台了相应的支农惠农政策以及最低生活保障制度等以缩小收入差距。

（三）三次分配思想的演化

1978～2012年我国三次分配思想的演化可归纳为三个阶段：1978～1992年，允许民间慈善力量介入社会救济工作；1992～2001年，进一步提高慈善事业的市场化程度；2001～2012年，海外慈善力量加入，国内慈善主体扩展至全民（见表6-3）。

表6-3　1978～2012年三次分配思想的演化

时间	三次分配思想
1978～1992年	允许民间慈善力量介入社会救济工作
1992～2001年	进一步提高慈善事业的市场化程度
2001～2012年	海外慈善力量加入，国内慈善主体扩展至全民

新中国成立后，由于受极"左"思潮和"文化大革命"的影响，我国的慈善事业一度陷入衰微和停滞的境地，所有的社会救济工作全落在民政部门的肩上，但因资源有限、运作经验不足，救济效果不尽如人意。直到 1978 年改革开放以后，各领域开始了拨乱反正，我国的慈善事业才迎来了恢复期。政府开始引入民间的慈善力量介入社会救济工作，如中国儿童少年基金会、中国宋庆龄基金会、中国残疾人福利基金会、中国妇女发展基金会、中国青少年发展基金会、中国扶贫基金会等全国性的公益基金会。这些基金会均由政府倡建，属于官办、半官办性质的社会福利与公益组织。1992 年我国正式建立社会主义市场经济体制后，进一步提高了慈善事业的市场化程度，以 1994 年中华慈善总会的成立为引领，以慈善会为主体的民间慈善组织全面兴起。随着 2001 年我国加入世界贸易组织，我国的对外开放程度进一步提高，开始有海外的慈善力量加入我国的公益慈善事业。同时，国家层面对慈善的重视程度提高，为慈善事业的复苏营造了有利的社会环境，我国公民的慈善热情被大大点燃，在 2008 年掀起了"全民慈善"的热潮。

二 效率与公平视角下三个层面分配思想演化的特点

以上是从初次分配、再分配、三次分配三个层面梳理改革开放到党的十八大的分配思想的演变过程。从效率和公平的角度看，三个层面分配思想演化的特点如下：1978~1992 年，提高效率是前提；1992~2001 年，效率优先、兼顾公平；2001~2012 年，更加注重社会公平（见表 6-4）。

表 6-4 1978~2012 年党的重要会议文件及其关于"公平与效率"的表述

时间和会议	文件名称	内容
1978~1992 年：提高效率是前提		
1978 年 党的十一届三中全会	《解放思想，实事求是，团结一致向前看》	没有关于效率和公平的明确表述，间接表达了"在提高效率的同时注重社会公平"的思想
1982 年 党的十二大	党的十二大报告	没有关于效率和公平的明确表述

时间和会议	文件名称	内容
1987 年 党的十三大	党的十三大报告	在促进效率提高的前提下体现社会公平
1992 年 党的十四大	党的十四大报告	兼顾效率与公平
1992~2001 年:效率优先、兼顾公平		
1993 年 党的十四届三中全会	《中共中央关于建立社会主义市场经济体制若干问题的决定》	效率优先、兼顾公平
1997 年 党的十五大	党的十五大报告	效率优先、兼顾公平
2001~2012 年:更加注重社会公平		
2004 年 9 月 19 日 党的十六届四中全会	《中共中央关于加强党的执政能力建设的决定》	注重社会公平
2005 年 10 月 8 日至 11 日 党的十六届五中全会	《中共中央关于制定国民经济和社会发展第十一个五年规划的建议》	更加注重社会公平,使全体人民共享改革发展成果
2006 年 10 月 11 日 党的十六届六中全会	《中共中央关于构建社会主义和谐社会若干重大问题的决定》	在经济发展的基础上,更加注重社会公平
2007 年 10 月 15 日至 21 日 党的十七大	党的十七大报告	初次分配和再分配都要处理好效率和公平的关系,再分配更加注重公平
2012 年 党的十八大	党的十八大报告	初次分配和再分配都要兼顾效率和公平,再分配更加注重公平

（一）1978~1992 年：提高效率是前提

1978~1992 年三个层面分配思想演化的特点是提高效率是前提。在改革开放前的计划经济时期，我国的收入分配主要是在国家的计划指导下，遵循平均主义的原则实行所谓的"按劳分配"，干多干少一个样、干好干坏一个样。这样的分配思想非常不利于个人积极性的调动和生产效率的提高，实际上是一种不公平的分配思想。邓小平敏锐地发现了平均主义的危害性，在党的十一届三中全会召开前夕的中央工作会议上提出要允许一部分人先富起来，然后先富带动后富。这就为我国的收入分配制度改革提供了思想引领：要破除效率低下的平均主义思想，根据劳动的数量和质量进行分配，允许一部分人先富起来，调动人们的生产积极性，极大提高生产力，然后先富带动后富逐步实现共同富裕。允许一部分人先富起来是从效率的角度提出要发展生产，而先富带动后富实现共同富裕则是对公平的关注。1982年党的十二大提到，"对在生产建设和各项工作中起骨干作用的中年知识分子，国家已经决定采取切实措施，使他们的生活待遇和工作条件陆续地、分批地得到改善"①。此外，必须制止不顾生产和利润滥发奖金和各种津贴的行为。党的十二大没有关于效率和公平的直接表述，主要是对按劳分配主体地位的确认，而按劳分配实际上是效率和公平的统一。1987年党的十三大提出，"我们的分配政策，既要有利于善于经营的企业和诚实劳动的个人先富起来，合理拉开收入差距，又要防止贫富悬殊，坚持共同富裕的方向，在促进效率提高的前提下体现社会公平"②。这是自党的十一届三中全会以来，党的重要会议中第一次明确提出效率和公平的关系，没有指明效率和公平哪个更重要，只是提出了效率提高是实现公平的前提。1992年党的十四大提出要兼顾效率与公平。

（二）1992～2001年：效率优先、兼顾公平

1992～2001年三个层面分配思想演化的特点是效率优先、兼顾公平。改革开放后特别是党的十四大以来，针对原有分配领域的平均主义严重影响效率提高的情况，为了充分调动人民群众的积极性，加快生产力的发展，1993年党的十四届三中全会提出了"效率优先、兼顾公平"的分配原则。1997年党的十五大承续了这一思想，提出坚持效率优先、兼顾公平有利于优化资源配置，促进经济发展，保持社会稳定。这一时期坚持效率优先、兼顾公平的分配思想，有利于提高生产力，让我们国家富裕起来。

（三）2001～2012年：更加注重社会公平

2001～2012年三个层面分配思想演化的特点是更加注重社会公平。任何一个理论都有其发生作用的时效性，收入分配体系的建设也要朝着更加科学、合理的方向发展。随着生产力的发展，经济水平得到提高，"效率

---

① 中共中央文献研究室编《十二大以来重要文献选编》上，人民出版社，1986，第19页。
② 中共中央文献研究室编《十三大以来重要文献选编》上，人民出版社，1991，第32页。

优先、兼顾公平"这一理论已经不能适应我国国情的需要。2004 年 9 月，中共十六届四中全会通过《中共中央关于加强党的执政能力建设的决定》，首次提出"注重社会公平"。2005 年 10 月，中共十六届五中全会通过《中共中央关于制定国民经济和社会发展第十一个五年规划的建议》，进一步提出"更加注重社会公平，使全体人民共享改革发展成果"。2006 年 10 月，中共十六届六中全会通过《中共中央关于构建社会主义和谐社会若干重大问题的决定》，指出要"更加注重社会公平，促进共同富裕"。从这些论述中可知，在中共十七大召开前，党的重要文献关于分配问题都强调要注重或更加注重社会公平，而没有提及效率问题。在中共十七大上，党中央及时地提出了"初次分配和再分配都要处理好效率和公平的关系，再分配更加注重公平"的重要思想。这一主张是在党的十七大报告中首次提出来的，把公平纳入初次分配，为再分配创造了坚实的基础，同时大大减少了进行再分配的社会压力和社会成本；而把效率引入再分配，充分正视了我国还是发展中国家的基本国情，还没有条件建成高福利国家，这是对效率和公平的新认识。同时党的十七大报告也提出，"合理的收入分配制度是社会公平的重要体现"，这对收入分配的性质进行了明确的阐述，把社会公平作为合理收入分配制度的本质要求，作为和谐社会建设的重要内容，是一个重大的理论创新与突破。2012 年，党的十八大报告里延续了党的十七大报告里收入分配的思想，提出"初次分配和再分配都要兼顾效率和公平，再分配更加注重公平"。

第三节　改革开放和社会主义现代化建设新时期分配制度的演化

一　初次分配制度的演化

对 1978～2012 年党的历次重大会议报告关于初次分配制度的表述进行梳理（见表 6-5），发现这一时期我国的初次分配制度是随着市场化改革进程而逐步演进的。依循制度变迁的关键历史节点，这一时期我国初次分配制度的演化经历了三个阶段，分别是：1978～1992 年，实施按劳分配为主体、其他分配方式为补充的制度；1992~2001 年，实施按劳分配为主体、多种分配方式并存的制度；2001~2012 年，实施按劳分配为主体、多种分配方式并存，各种生产要素按贡献参与分配的制度。

表 6-5　1978~2012 年初次分配制度的演化

时间和会议	文件名称	内容
1978~1992 年：实施按劳分配为主体、其他分配方式为补充的制度		
1978 年 党的十一届三中全会	《解放思想，实事求是，团结一致向前看》	不讲多劳多得，不重视物质利益，对少数先进分子可以，对广大群众不行，一段时间可以，长期不行
1982 年 党的十二大	党的十二大报告	不顾生产和利润的实际情况而滥发奖金和各种津贴的现象，必须制止
1987 年 党的十三大	党的十三大报告	以按劳分配为主体，其他分配方式为补充
1992 年 党的十四大	党的十四大报告	以按劳分配为主体，其他分配方式为补充
1992~2001 年：实施按劳分配为主体、多种分配方式并存的制度		
1993 年 党的十四届三中全会	《中共中央关于建立社会主义市场经济体制若干问题的决定》	按劳分配为主体、多种分配方式并存，允许属于个人的资本等生产要素参与收益分配
1997 年 党的十五大	党的十五大报告	坚持按劳分配为主体、多种分配方式并存的制度，把按劳分配和按生产要素分配结合起来，允许和鼓励资本、技术等生产要素参与收益分配
2001~2012 年：实施按劳分配为主体、多种分配方式并存，各种生产要素按贡献参与分配的制度		
2002 年 党的十六大	党的十六大报告	确立劳动、资本、技术和管理等生产要素按贡献参与分配的原则，完善按劳分配为主体、多种分配方式并存的分配制度
2003 年 10 月 11 日至 14 日 党的十六届三中全会	《关于完善社会主义市场经济体制若干问题的决定》	完善按劳分配为主体、多种分配方式并存的分配制度，各种生产要素按贡献参与分配

时间和会议	文件名称	内容
2004 年 9 月 19 日 党的十六届四中全会	《中共中央关于加强党的执政能力建设的决定》	正确处理按劳分配为主体和实行多种分配方式的关系
2005 年 10 月 8 日至 11 日 党的十六届五中全会	《中共中央关于制定国民经济和社会发展第十一个五年规划的建议》	完善按劳分配为主体、多种分配方式并存的分配制度,坚持各种生产要素按贡献参与分配
2006 年 10 月 11 日 党的十六届六中全会	《中共中央关于构建社会主义和谐社会若干重大问题的决定》	坚持按劳分配为主体、多种分配方式并存的分配制度,完善劳动、资本、技术、管理等生产要素按贡献参与分配的制度
2007 年 10 月 15 日至 21 日 党的十七大	党的十七大报告	要坚持和完善按劳分配为主体、多种分配方式并存的分配制度,健全劳动、资本、技术、管理等生产要素按贡献参与分配的制度
2012 年 党的十八大	党的十八大报告	完善劳动、资本、技术、管理等要素按贡献参与分配的初次分配机制

(一) 1978~1992 年:实施按劳分配为主体、其他分配方式为补充的制度

新中国成立后,按劳分配就成为我国的收入分配原则。这一原则在理论上规定多劳多得、少劳少得、不劳不得。然而在实际落实的过程中这一分配原则却逐渐偏离了其初衷,演化为"平均主义"。典型的比如人民公社化时期吃"大锅饭"的现象。"一大二公"的人民公社经营管理过于集中,生产中没有责任制,分配上实行平均主义,"干多干少一个样、干好干坏一个样",这就极大挫伤了那些辛勤劳动的社员的生产积极性,逐渐滋生了懒惰消极的思想,公社内耗现象严重。反映在结果上就是农业生产效率低下,农民生活没有明显改善。截至改革开放前,我国尚有一亿多农民的温饱问题没有解决。邓小平敏锐地发现了平均主义的危害性,在随后召开的党的十一届三中全会和十二大上贯彻了按劳分配的思想。邓小平提出,"为国家创造财富多,个人的收入就应该多一些,集体福利就应该搞

得好一些。不讲多劳多得，不重视物质利益，对少数先进分子可以，对广大群众不行，一段时间可以，长期不行"①。1982 年党的十二大也提到，对在生产建设和各项工作中起骨干作用的中年知识分子，要使他们的生活待遇和工作条件得到改善；必须制止滥发奖金和各种津贴的现象。随着我国社会建设实践的发展，党对社会主义的认识也渐趋深入，党的十三大做出了我国正处于并将长期处于社会主义初级阶段的判断。在此基础上，党的十三大报告明确指出，要在以公有制经济为主体的前提下允许多种所有制经济成分共同发展，在以按劳分配为主体的条件下实行多种分配方式。这就肯定了按劳分配以外的其他分配方式的合法存在，是我国分配制度改革的第一次突破。但此时"其他分配方式"只是"按劳分配"的补充，两者的地位并不平等。

（二）1992~2001 年：实施按劳分配为主体、多种分配方式并存的制度

随着 1992 年社会主义市场经济体制正式建立，我国的市场化程度大大提高，为多种所有制经济及除了按劳分配外其他分配方式的存在提供了有利的制度条件。1993 年党的十四届三中全会首次提出了"按劳分配为主体、多种分配方式并存"的分配制度，这意味着"其他分配方式"的地位从"补充"上升到了"并存"，按劳分配和其他分配方式是平等存在的，两者不再具有主辅之分，这是我国分配制度改革的第二次突破。同时这次全会也提出了"允许属于个人的资本等生产要素参与收益分配"，这意味着承认了生产要素可以参与收益分配。

（三）2001~2012 年：实施按劳分配为主体、多种分配方式并存，各种生产要素按贡献参与分配的制度

进入 21 世纪以来，随着我国加入世界贸易组织，我国的市场开放度进一步提高，多种所有制经济共同发展。2002 年党的十六大确立劳动、资本、技术和管理等生产要素按贡献参与分配的原则，提出完善按劳分配为主体、多种分配方式并存的分配制度。1992~2001 年只是承认了生产要素可以参与收入分配，党的十六大后明确了生产要素参与分配的原则，即

---

① 《邓小平文选》第 2 卷，人民出版社，1994，第 146 页。

"按贡献参与分配"。2006 年 10 月 11 日，党的十六届六中全会提出，"坚持按劳分配为主体、多种分配方式并存的分配制度"，"完善劳动、资本、技术、管理等生产要素按贡献参与分配的制度"。随后党的十七大和党的十八大则是继续坚持和完善这一制度。

二　再分配制度的演化

对 1978~2012 年国家在再分配方面出台的一些制度条例进行梳理（见表 6-6），发现这一时期我国再分配制度的演化经历了三个阶段，分别是：1978~1992 年，设立和完善个人所得税制度，建立面向集体和国有企业职工的社会保障制度；1992~2001 年，实行分税制，建立和完善面向城镇所有企业职工的社会保障制度；2001~2012 年，基本建立覆盖城乡居民的社会保障体系框架。

表 6-6　1978~2012 年再分配制度的演化

时间	文件名称	内容
1978~1992 年：设立和完善个人所得税制度，建立面向集体和国有企业职工的社会保障制度		
1980 年 9 月	《中华人民共和国个人所得税法》	针对来华工作的外籍个人取得所得开征个人所得税
1984 年 4 月	《关于城镇集体企业建立养老保险制度的原则和管理问题的函》	城镇集体企业职工的养老保险费实行企业、个人分担的原则
1986 年 1 月	《中华人民共和国城乡个体工商业户所得税暂行条例》	凡符合条件的城乡个体工商业户，都要以其生产经营所得为计税依据，采用 10 级超额累进税率收税
1986 年 7 月	《国营企业职工待业保险暂行规定》	规定国营企业职工待业保险基金的筹集、管理、使用及管理机构等
1986 年 9 月	《中华人民共和国个人收入调节税暂行条例》	对在我国境内有住所，取得达到规定纳税标准收入的中国公民征收所得税
1991 年 6 月	《关于企业职工养老保险制度改革的决定》	企业职工养老保险由国家、企业、个人三方共同负担

续表

时间	文件名称	内容
1992~2001 年：实行分税制，建立和完善面向城镇所有企业职工的社会保障制度		
1993 年 12 月	《关于实行分税制财政管理体制的决定》	改革现行地方财政包干体制，实行分税制财政管理体制
1994 年 4 月	《关于职工医疗制度改革的试点意见》	在江苏省镇江市、江西省九江市试点探索建立职工基本医疗保险制度的路径和方法
1994 年 12 月	《企业职工生育保险试行办法》	生育保险基金的筹集和使用、产假等十六条内容
1995 年 3 月	《关于深化企业职工养老保险制度改革的通知》	基本养老保险费用由企业和个人共同负担，实行社会统筹与个人账户相结合
1996 年	《企业职工工伤保险试行办法》	工伤范围及其认定、劳动鉴定和工伤评残、工伤保险待遇、工伤保险基金等
1996 年 8 月	《中华人民共和国老年人权益保障法》	家庭赡养与扶养、社会保障、社会服务、社会优待等九部分内容
1997 年 7 月	《关于建立统一的企业职工基本养老保险制度的决定》	加快改革步伐，建立统一的企业职工基本养老保险制度
1998 年 12 月	《关于建立城镇职工基本医疗保险制度的决定》	在全国范围内进行城镇职工医疗保险制度改革
1998 年 12 月	《失业保险条例》	失业保险基金的构成和支出项目、失业保险待遇、管理和监督等六部分内容
1999 年 9 月	《城市居民最低生活保障条例》	持有非农业户口的城市居民，符合条件的，可从当地人民政府获得基本生活物质帮助
2001~2012 年：基本建立覆盖城乡居民的社会保障体系框架		
2002 年 10 月	《关于进一步加强农村卫生工作的决定》	提出要建立和完善农村合作医疗制度和医疗救助制度，逐步建立新型农村合作医疗制度
2003 年 4 月	《工伤保险条例》	工伤保险基金、工伤认定、劳动能力鉴定、工伤保险待遇等八章内容

时间	文件名称	内容
2005 年	《关于建立城市医疗救助制度试点工作的意见》	用 2 年的时间进行试点,再用 2~3 年时间在全国建立起城市医疗救助制度
2005 年 12 月	《全国人民代表大会常务委员会关于废止〈中华人民共和国农业税条例〉的决定》	取消农业税
2006 年 1 月	《农村五保供养工作条例》	供养对象、供养内容、供养形式等内容
2007 年 7 月 10 日	《关于开展城镇居民基本医疗保险试点的指导意见》	从 2007 年起开展城镇居民基本医疗保险试点,一年后全面推开
2007 年 7 月 11 日	《关于在全国建立农村最低生活保障制度的通知》	合理确定农村最低生活保障标准和对象范围等六部分内容
2008 年 10 月	《关于推进农村改革发展若干重大问题的决定》	加快完善农村社会保障体系
2009 年 9 月	《关于开展新型农村社会养老保险试点指导意见》	从 2009 年起开展新型农村社会养老保险试点,并就试点工作提出指导意见
2011 年 6 月	《关于开展城镇居民社会养老保险试点的指导意见》	从 2011 年起开展城镇居民社会养老保险试点,并就试点工作提出指导意见

(一) 1978~1992 年:设立和完善个人所得税制度,建立面向集体和国有企业职工的社会保障制度

1978~1992 年我国的个人所得税陆续设立和完善,开始试点探索社会保障制度的改革。1980 年 9 月 10 日,第五届全国人民代表大会第三次会议通过了《中华人民共和国个人所得税法》,标志着我国个人所得税制度正式建立。1986 年 1 月 7 日,国务院颁布了《中华人民共和国城乡个体工商业户所得税暂行条例》,适用于从事工业、商业、服务业、建筑安装业、交通运输业以及其他行业经工商行政管理部门批准开业的城乡个体工商户。1986 年 9 月 25 日,国务院又出台了《中华人民共和国个人收入调节税暂行条例》。实行个人收入调节税后,原《中华人民共和国个人所得

税法》仅适用于在我国的外国居民，对本国公民的个人收入统一征收个人收入调节税。同时，这一时期我国开始试点探索社会保障制度的改革，但是是作为国有企业改革的配套措施展开的，覆盖面仅限于国有企业和集体企事业单位。在与国有企业改革紧密相关的一些项目上突破了原有计划经济的束缚，开始建立与社会主义市场经济相适应的保险项目，并提出建立多层次养老保险体系、初步建立失业保险制度。1984 年 4 月，劳动人事部、中国人民保险公司印发函件，指出城镇集体企业职工的养老保险费实行企业、个人负担的原则，企业、个人各负担多少，要确定一个合理的比例，企业应负担保险费的主要部分。1986 年 7 月 12 日，国务院发布《国营企业职工待业保险暂行规定》以保障国营企业职工在待业期间的基本生活需要。1991 年 6 月，国务院发布《关于企业职工养老保险制度改革的决定》，提出要改变养老保险现有的缴纳办法，由国家、企业、个人三方一起承担，职工个人也要缴纳一定的费用。该决定适用于全民所有制企业，城镇集体所有制企业参照执行。

（二）1992~2001 年：实行分税制，建立和完善面向城镇所有企业职工的社会保障制度

1993 年 12 月 15 日，国务院做出《关于实行分税制财政管理体制的决定》，提出自 1994 年 1 月 1 日起改革现行地方财政包干体制，实行分税制财政管理体制。就社会保险来讲，养老保险方面，1995 年和 1997 年相继发布了《关于深化企业职工养老保险制度改革的通知》和《关于建立统一的企业职工基本养老保险制度的决定》。工伤保险方面，为了推进工伤保险制度的改革，1996 年劳动部在总结各地经验的基础上，发布了《企业职工工伤保险试行办法》。该办法后来被 2003 年颁布的《工伤保险条例》替代。失业保险方面，为了完善国有企业的劳动制度，保障待业职工的基本生活，维护社会安全，1993 年 4 月 12 日颁布了《国营企业职工待业保险规定》，将待业保险的范围进一步扩大，该制度随后被 1998 年 12 月 26 日通过的《失业保险条例》替代。生育保险方面，1994 年 12 月 14 日劳动部发布了《企业职工生育保险试行办法》，以维护企业女职工的合法权益，保障她们在生育期间得到必要的经济补偿和医疗保健。医疗保险方面，在认真总结近年来各地医疗保险制度改革试点经验的基础上，国务院决定在全国范围内进行城镇职工医疗保险制度改革。1998 年 12 月 14 日，国务院发布了《关于建立城镇职工基本医疗保险制度的决定》，要求城镇所有用人单位及其职工都要参加基本医疗保险，实行属地管理；用人单位和职工都要缴纳保险费用；基本医疗保险基金实行社会统筹和个人账户相结合。就社会福利来讲，为了保障老年人的合法权益，1996 年 8 月 29 日，第八届全国人大常委会第二十一次会议通过了《中华人民共和国老年人权益保障法》。就社会救济来讲，1999 年 9 月 28 日，国务院通过了《城市居民最低生活保障条例》并予以发布，这极大地推动了城市居民最低生活保障工作的开展，将城市居民最低生活保障制度纳入了法制化发展轨道。

（三）2001~2012 年：基本建立覆盖城乡居民的社会保障体系框架

2001~2012 年我国的社会保障政策主要面向农民、城镇居民和特困人群，覆盖城乡居民的社会保障体系框架基本形成。在社会保险方面，2002 年 10 月，中共中央、国务院发布了《关于进一步加强农村卫生工作的决定》，提出要建立和完善农村合作医疗制度和医疗救助制度，逐步建立新型农村合作医疗制度。2003 年 1 月 1 日起，新型农村合作医疗制度开始在全国部分县（市）试点，主要是通过政府财政补助，将过去的农村合作医疗转变为"新农合"，解决广大农村居民的基本医疗问题（到了 2010 年，在《社会保险法》中才将其定义为基本医疗保险制度）。2005 年，国务院办公厅转发了民政部等部门《关于建立城市医疗救助制度试点工作的意见》，提出用 2 年的时间在各省区市的部分县（市、区）进行试点，再用 2~3 年时间在全国建立起管理制度化、操作规范化的城市医疗救助制度。该制度的目标群体是城市居民最低生活保障对象中未参加城镇职工基本医疗保险人员、已参加城镇职工基本医疗保险但个人负担仍然较重的人员以及其他特殊困难群众。之后，城市医疗救助制度试点陆续在全国展开。至此，城乡医疗救助制度的雏形已经形成。作为一项建设中的全国性制度，其发展方向是与城镇职工医疗保险制度和新型农村合作医疗制度相配合，以解决特困人群的基本医疗保障问题。2007 年 7 月 10 日，国务院发布了《关于开展城镇居民基本医疗保险试点的指导意见》，针对目前没有医疗保障制度安排的主要是城镇非从业居民的现状，为实现基本建立覆盖城乡全体居民的医疗保障体系的目标，决定启动城镇居民基本医疗保险试点，一年后便全面推开。2008年10月，党的十七届三中全会通过了《关于推进农村改革发展若干重大问题的决定》，要求加快完善农村社会保障体系。2009年9月1日起，开展新型农村社会养老保险试点。根据党的十七大精神和《中华人民共和国国民经济和社会发展第十二个五年规划纲要》《中华人民共和国社会保险法》的规定，国务院决定，从2011年起开展城镇居民社会养老保险试点并就试点工作提出指导意见。在社会福利方面，2006年1月21日，国务院颁布了《农村五保供养工作条例》，对符合条件的困难人群，在吃、穿、住、医、葬方面给予生活照顾和物质帮助。在社会救济方面，在农村探索建立最低生活保障制度。2007年7月11日，国务院发布了《关于在全国建立农村最低生活保障制度的通知》，为农村生活困难的群众提供基本的生活保障。此外，在税收方面，我国从2006年1月1日起废止了《中华人民共和国农业税条例》，这是政府解决"三农"问题的重要举措，停止征收农业税大大减轻了农民的负担，提高了他们的收入水平。

三　三次分配制度的演化

对1978~2012年国家在三次分配方面出台的一些制度条例进行梳理（见表6-7），发现这一时期我国三次分配制度的演化经历了三个阶段，分别是：1978~1992年，实施引入民间力量参与社会救济的制度；1992~2001年，实施大力支持民间慈善组织发展的制度；2001~2012年，实施进一步支持慈善事业发展的制度。

表6-7　1978~2012年三次分配制度的演化

时间	文件名称	内容
1978~1992年:实施引入民间力量参与社会救济的制度		
1988年9月27日	《基金会管理办法》	主要规定了基金会的定义、设立条件、审批体制、资金筹集规则等
1989年10月	《社会团体登记管理条例》	包括社会团体管辖、成立登记、变更登记、注销登记等六部分内容

时间	文件名称	内容
1992~2001 年：实施大力支持民间慈善组织发展的制度		
1998 年 10 月 25 日	《民办非企业单位登记管理暂行条例》	包括民办非企业单位的管辖、登记、监督管理等六部分内容
1999 年 6 月 28 日	《中华人民共和国公益事业捐赠法》	包括捐赠和受赠、捐赠财产的使用和管理、优惠措施、法律责任等六部分内容
2001~2012 年：实施进一步支持慈善事业发展的制度		
2001 年 3 月 15 日	《中华人民共和国国民经济和社会发展第十个五年计划纲要》	发展慈善事业，加强对捐助资金使用的监管
2004 年 3 月 8 日	《基金会管理条例》	包括基金会的设立、变更和注销，组织机构，财产的管理和使用，等等
2004 年 9 月 19 日	《中共中央关于加强党的执政能力建设的决定》	健全社会保险、社会救助、社会福利和慈善事业相衔接的社会保障体系
2005 年 3 月 5 日	第十届全国人民代表大会第三次会议《政府工作报告》	支持慈善事业发展
2005 年 11 月 21 日	《中国慈善事业发展指导纲要（2006—2010 年）》	包括发展慈善事业的总体要求、主要目标、工作原则，发展慈善事业的基本政策和措施，加强对慈善事业的组织指导三部分内容
2011 年 7 月 15 日	《中国慈善事业发展指导纲要（2011—2015 年）》	包括"十一五"时期我国慈善事业发展回顾与"十二五"时期面临形势，加快发展慈善事业的指导思想、基本原则和主要目标，加快发展慈善事业的重点任务，加强对慈善事业发展的组织协调四部分内容

（一）1978~1992 年：实施引入民间力量参与社会救济的制度

1978~1992 年我国的慈善事业处于起步阶段，这一时期基金会成为慈善事业的中流砥柱。新中国成立后，由于受极"左"思潮和"文化大革命"的影响，慈善事业被当作"统治阶级欺骗与麻痹人民的装饰品"[①]而屡遭批判。慈善事业由此陷入停滞状态，以至于销声匿迹长达近 30 年。1978 年中共十一届三中全会以后，各领域开始了拨乱反正，但慈善事业的发展还是遇到了一定的阻碍。不过一部分人开始纠正对慈善事业的误解和偏见。他们试图引入民间力量参与救济工作，主张大力发展民间慈善事业。20 世纪 80 年代以后，理论界对慈善、慈善事业以及人道主义有了新的认识，慈善事业得以正名，这就廓清了遗留在人们头脑中的偏见。政府也转变了态度，开始允许民间力量参与社会福利救济之事。1981 年 7 月28 日，中国第一个以募集资金的形式为儿童少年教育福利事业服务的非营利性社会公益组织——中国儿童少年基金会成立，标志着内地的慈善事业逐步走向复兴，这是我国慈善领域探索性改革取得的初步成果。1982年 5 月，中国宋庆龄基金会成立，以"增进国际友好，促进祖国统一，发展少年儿童"为宗旨，开展少儿文教、福利方面的公益慈善事业。1984 年 3 月，中国残疾人福利基金会成立。1985 年 4 月，由中国基督徒志愿者组成的爱德基金会被誉为"民间慈善机构的一面旗帜"[②]。1988 年3 月 15 日，中国残疾人福利基金会和中国盲人协会又组建了中国残疾人联合会，以发展残疾人事业、促进残疾人平等为宗旨。但此时关于基金会的运作管理尚无相关法规。1988 年 9 月 27 日，《基金会管理办法》出台，确立了对于基金会的三重监管制度。随后两年内，又相继成立了几个全国性的公益基金会。1989 年 10 月，国务院公布《社会团体登记管理条例》，把基金会作为社会团体之一进行规范。《基金会管理办法》和《社会团体登记管理条例》的颁布，不仅使基金会的设立更合规，也催生了更多其他的民间慈善组织。

---

① 董必武：《新中国的救济福利事业——一九五〇年四月二十六日在中国人民救济代表会议上的报告》，《人民日报》1950 年 5 月 5 日，第 1 版。

② 谢玉华主编《公共部门公共关系学》，湖南人民出版社，2003，第 271 页。

（二）1992~2001 年：实施大力支持民间慈善组织发展的制度

随着 1992 年我国社会主义市场经济体制建立，我国的民间慈善事业发展加快，以慈善会为主体的由政府支持的民间慈善组织相继设立。1993年，我国出现了首家以慈善命名的组织——吉林省慈善总会。这是全国率先成立的省级慈善组织，由省内外热心慈善事业的社会各界人士、企事业单位、慈善组织和有关社会团体自愿参加组成。业务范围包括筹募善款、赈灾救助、扶贫济困、慈善救助、公益援助等。1994 年中华慈善总会成立，作为 1949 年以来首个全国性的民间慈善组织，中华慈善总会由热心慈善事业的公民、法人及其他社会组织志愿参加。此后，各地陆续开始筹建辖区内的慈善团体。1998 年国务院颁布了《民办非企业单位登记管理暂行条例》，在一定程度上使得社会组织的设立更加容易。1999 年 6 月 28日通过的《中华人民共和国公益事业捐赠法》，从法律层面鼓励和规范社会捐赠活动，填补了我国在规范捐赠行为专门法律方面的空白。

（三）2001~2012 年：实施进一步支持慈善事业发展的制度

进入 21 世纪以来，我国慈善事业的发展上升到了一个新的阶段。2001 年 3 月 15 日第九届全国人民代表大会第四次会议批准的《中华人民共和国国民经济和社会发展第十个五年计划纲要》中，明确提出要发展慈善事业，加强对捐助资金使用的监管，这是我国首次将慈善上升到国家发展规划层面。2001 年底我国加入世界贸易组织后，大幅开放市场，加强了对外交流，这就为国外慈善力量的引入创造了条件。2004 年 3 月 8日《基金会管理条例》出台，该条例允许港澳台同胞和外国人设立基金会，允许境外基金会在中国内地设立代表机构，明确规定了基金会内部治理、财务会计制度和善款使用等内容，纠正了《基金会管理办法》将基金会定义为社会团体法人的规定，将基金会分为公募和非公募两类，并进行分类管理，对于规范和维护基金会，促进和鼓励社会力量参与慈善公益事业起到了积极作用。2004 年 6 月 1 日，著名旅美企业家——美国康龙集团总裁叶康松先生捐赠原始基金 200 万元发起的"温州市叶康松慈善基金会"获浙江省民政厅批准设立，这是新条例施行后第一个成立的地方性非公募基金会。这一时期国家层面对慈善事业的重视和支持程度也有所提高，在党和政府的重要会议报告、纲要中都明晰了慈善事业的地位和作用。2004 年 9 月 19 日，党的十六届四中全会上通过的《中共中央关于加强党的执政能力建设的决定》对于我国的慈善事业意义重大，因为这是党在重要文件中首次赋予慈善事业重要的社会功能。2005 年 3 月 5 日，温家宝总理在第十届全国人民代表大会第三次会议上作政府工作报告时提出要"支持慈善事业发展"。根据党中央、国务院关于支持和鼓励慈善事业发展的方针，2005 年和 2011 年我国民政部门制定和颁布了两个关于我国慈善事业发展的 5 年指导纲要。这两个纲要，尤其是 2011 年颁布的纲要对我国发展慈善事业的方针、指导思想、原则和目标任务都提出了一系列明确的规范和指引。2008 年是我国慈善事业发展史上具有标志性意义的一年，这一年里灾害频发，上万同胞蒙难，国人的慈善捐赠热情被大大调动起来，这一年被称为"中国慈善元年"[①]。长期研究慈善史的知名学者周秋光先生认为，以"这一年所出现的'全民慈善'为标志，中国慈善才开始由近代向现当代的第二次转型"[②]。

第四节　改革开放和社会主义现代化建设新时期的分配实践及影响

一　初次分配制度的实践及影响：采取多样化的收入分配形式，劳动报酬份额呈上升—稳定—下降—回升趋势

时代孕育理论，理论指导实践。改革开放以后，以公有制为主体、多种所有制经济长期共同发展的所有制结构，以及社会主义市场经济的发展，决定了这一时期的分配制度，除了以按劳分配为主体外，还需要多种分配方式并存，而公有制实现形式的多样化，也决定了分配形式的多样化。按劳分配在实践中表现为在农村实行家庭联产承包责任制，在城市企业中实行承包经营责任制。多种分配方式并存，按劳动力价值分配的收入，主要指在私营企业和外资企业中工作的劳动者得到的工资收入；按资

---

① 刘京主编《2008 中国慈善捐赠发展蓝皮书》，中国社会出版社，2009，第 19 页。
② 周秋光：《中华慈善的传承与转型发展》，《经济社会史评论》2016 年第 1 期，第 85~95 页。

本要素分配的收入，如利润收入；提供技术、信息等生产要素获得的收入，如凭借知识产权、技术转让或入股、信息咨询等方式获得的收入；此外还有管理和土地要素分配的收入；等等。发展社会主义市场经济，就必须遵循市场经济的规律，各种生产要素都要有相应的市场评价，这些生产要素的所有者都应得到相应的收入。

1978~2012 年，我国劳动报酬在 GDP 中的比重的演变趋势如图 6-1 所示。

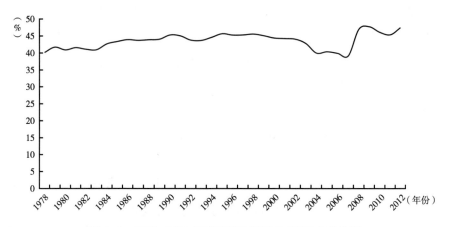

图 6-1　1978~2012 年我国劳动报酬在 GDP 中的比重

资料来源：1978~2007 年数据来自张车伟、张士斌《中国初次收入分配格局的变动与问题——以劳动报酬占 GDP 份额为视角》，《中国人口科学》2010 年第 5 期，第 24~35 页；2008~2012 年数据来自张车伟、赵文《国民收入分配形势分析及建议》，《经济学动态》2020 年第 6 期，第 3~14 页。

如图 6-1 所示，改革开放初期，经济体制开始由计划经济向市场经济转变。分配体制改革在农村和城市开始得到落实，打破了以往的平均主义。农村的家庭联产承包责任制，调动起了农民的生产积极性，生产效率大大提高。城市中企业有了经营自主权，按劳分配提高了职工的工作积极性，劳动报酬显著提高。这在图 6-1 中表现为 1978~1992 年我国劳动报酬在 GDP 中所占的比重整体呈上升趋势，从 1978 年的 40.15% 上升到 1990 年的极大值点 45.31%，提高了 5.16 个百分点。1992~2001 年劳动报酬在 GDP 中所占比重则趋于稳定，维持在 43.72%~45.69%。从 2002 年开始这一比重下降比较明显，从 2002 年的 44.08% 下降到 2007 年的

39.16%，下降了 4.92 个百分点。这是因为随着 2001 年我国加入世界贸易组织，我国的全球化脚步加快，全球化带来了资本的大规模国际流动，强化了劳动力在流动性方面的劣势，使资本拥有更强的讨价还价能力，从而有利于提高资本的回报，不利于劳动报酬的提高，进而导致劳动报酬份额不断下降。2008 年之后劳动报酬份额呈回升态势，这主要是由三个原因引起的。首先，针对从 2002 年开始我国劳动报酬份额下降比较明显这一突出问题，党的十七大报告提出，要逐步提高"两个比重"。为此国家采取了一系列举措，如逐步提高扶贫标准和最低工资标准，建立企业职工工资正常增长机制和支付保障机制以提高低收入者收入，创造条件让更多群众拥有财政性收入，保护合法收入、调节过高收入、取缔非法收入，等等。其次，出口受到冲击倒逼国内产业转型。2008 年国际金融危机使得发达国家的贸易支付能力受到很大影响，这对我国商品出口的影响非常明显。2005 年，在最终消费支出、资本形成总额、货物和服务净出口三大需求中，货物和服务净出口对国内生产总值增长的贡献率一度达到极大值 22.20%，2001 年到 2007 年平均达到了 10.24%。而到了 2009 年，货物和服务净出口对国内生产总值增长的贡献率降到了负的 37.40%。2010 年到 2012 年，货物和服务净出口对国内生产总值增长的贡献率平均为负的 0.77%。[①] 我国出口的商品主要是劳动密集型的，因此能够吸纳大量就业的劳动密集型产业受到巨大冲击。国内产业逐渐向非劳动密集型产业转型。最后，这一时期我国内部要素结构也发生了变化。2012 年前后，刘易斯拐点到来，新增劳动力数量逐渐减少，15~64 岁人口数量下降，劳动力市场供求渐趋平衡。在这三个因素的共同作用下，我国劳动力的工资不断上升，在图 6-1 中表现为 2008 年之后我国劳动报酬份额逐渐回升。

二　再分配制度的实践及影响

（一）1978~1992 年：设立完善个人所得税缩小收入差距，探索社会保障制度改革改善民生

个人所得税是调节收入分配、促进公平的重要工具。但我国最初建立

---

① 数据来源：《中国统计年鉴（2013）》。

个人所得税制是为了适应外资流入的需要，维护国家税收权益。因而在开征之初，个人所得税对收入分配的作用较小。1980 年在多数人月收入仅有数十元的情况下，每月 800 元的减除费用标准事实上将大多数人排除在外。即使后来仅针对国内居民的个人收入调节税，降低了减除费用标准，但 400 元的减除费用标准在很长时间内与多数人的收入仍有不小的差距。因此，在这一时期开征个人所得税对收入分配的调节作用确实存在，但是较微弱。此外，这一时期对企业职工养老保险制度的改革也具有重要意义。传统的养老保险完全由国家和企业承包，改革后实行国家、企业、个人三方共同负担，职工个人也要缴纳一定的费用。这一时期，我国逐步建立起基本养老保险与企业补充养老保险和职工个人储蓄性养老保险相结合的制度。作为社会保障体系的重要组成部分，企业职工养老保险制度是保障退休职工生活、维护社会安定的一项重要措施，对减轻国家和企业负担、促进经济体制改革以及合理引导消费具有重要作用。

（二）1992~2001 年：实施分税制财政管理体制，中央财政重获活力

这一时期再分配方面有重大影响的事件就是分税制改革。20 世纪 80 年代末 90 年代初，中国的中央财政出现了严重危机，财政收入占 GDP 的比重和中央财政收入占全国财政收入的比重迅速下降，中央政府面临前所未有的"弱中央"状态。正是这场财政危机，让党中央、国务院痛下决心改革。1994 年，一场具有深远影响的分税制改革在中国拉开了序幕。分税制的实行，使中国的财政秩序为之大改，中央财政重获活力。2000 年，国务院副总理李岚清在其文章《建立与社会主义市场经济相适应的公共财政》中充分肯定了分税制改革的积极作用。他认为我国 1993 年进行的财政体制改革，是整个宏观经济体制改革的中心环节。这次改革的成功之处体现在两个方面：一方面是初步建立了适应社会主义市场经济体制要求的财政体制框架，为新体制下政府实施宏观调控奠定了制度基础；另一方面是建立了财政增收机制，新税制对壮大国家财力发挥了重大作用。具体来说，分税制改革不仅使中央和地方财政收入各自实现了比较快的增长，而且提高了财政收入占国内生产总值的比重和中央财政收入占全国财政收入的比重。1994 年至 2002 年，中央财政收入年平均增长率为 17.3%，地方财政收入年平均增长率为 17.7%；财政收入占国内生产总值的比重从 1993 年的 12.3%提高到

2003 年的 18.6%①，中央财政收入占全国财政收入的比重由 1992 年的 28.1% 提高到 2001 年的 52.4%②。这就大大增强了中央和地方政府转移支付的能力以及中央财政对宏观经济的调控能力。1992~2001 年中央财政收入和地方财政收入占全国财政收入的比重见图 6-2 和图 6-3。

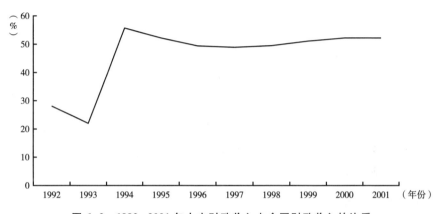

图 6-2　1992~2001 年中央财政收入占全国财政收入的比重

资料来源：《中国统计年鉴（2002）》。

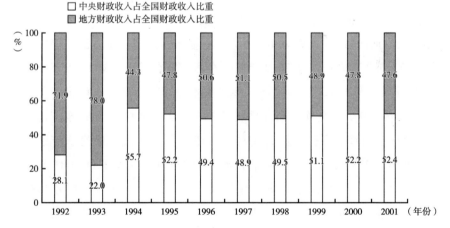

图 6-3　1992~2001 年中央财政收入和地方财政收入占全国财政收入的比重

资料来源：《中国统计年鉴（2002）》。

---

① 闫茂旭：《分税制改革与中国经济体制改革思路的转换》，《中共党史研究》2018 年第 12 期，第 65~82 页。

② 数据来源：《中国统计年鉴（2002）》。

（三）2001～2012 年：取消农业税解放农村生产力，建立健全社会保障体系惠及全民

进入 21 世纪到党的十八大我国相继取消了农业税、牧业税和特产税，每年减轻农民负担超千亿元，极大地调动了农民的积极性，促进了农业的发展，对整个经济社会的稳定和发展起到了重要作用。在社会保障方面，社会保险工作深入开展，社会保障体系建设取得重大进展，2008～2012年，社会保险参保人数和社会保险基金的收支基本都呈逐年递增态势（见图 6-4 和图 6-5）。人力资源和社会保障部发布的《2012 年度人力资源和社会保障事业发展统计公报》和《2012 年全国社会保险情况》显示，养老保险方面，截至 2012 年底，全国参加城镇职工基本养老保险的人数为 30427 万人。其中，参保职工 22981 万人，参保离退休人员 7446 万人。按照国务院部署，连续 8 年提高企业退休人员基本养老金水平，2012 年全国企业参保退休人员调整后的月人均基本养老金达到 1721 元。城乡居民养老保险实现了全覆盖，参保人数快速增长。全国城乡居民养老保险参保人数达到 48370 万人，其中 60 岁以下参保人数为 34987 万人。截至2012 年底，全国共有 13075 万城乡居民领取了基本养老金。在医疗保险方面，全国参加城镇基本医疗保险的人数为 53641.3 万人。其中，参加职工基本医疗保险的人数为 26485.6 万人；参加城镇居民基本医疗保险的人数为 27155.7 万人。截至 2012 年底，全国有定点医疗机构 12.1 万家，定点零售药店 15.2 万家。2012 年，职工基本医疗保险享受医疗服务总人次达 12.3 亿人次，住院医疗费用中统筹基金次均支付 6522 元，政策范围内住院医疗费用基金支付比例为 81%；城镇居民基本医疗保险享受医疗服务总人次达 2.3 亿人次，住院医疗费用中统筹基金次均支付 3081 元，政策范围内住院医疗费用基金支付比例为 64%。2012 年末参加医疗保险的农民工人数为 4996 万人。在失业保险方面，2012 年末，全国参加失业保险的人数为 15225 万人，其中参加失业保险的农民工人数为 2702 万人，年末全国领取失业保险金人数为 204 万人，全年共为 72 万名劳动合同期满未续订或提前解除劳动合同的农民合同制工人支付了一次性生活补助。在工伤保险方面，2012 年末，全国参加工伤保险的人数为 19010 万人，其中参加工伤保险的农民工人数为 7179 万人，全年认定（视同）工伤

117.4 万人，全年评定伤残等级人数为 51.3 万人，全年享受工伤保险待遇人数为 191 万人。在生育保险方面，2012 年末，全国参加生育保险的人数为 15429 万人，全年共有 353 万人次享受了生育保险待遇。《2012 年社会服务发展统计公报》显示，截至 2012 年底，全国有农村低保对象 5344.5 万人，相比 2007 年底增加了 1778.2 万人。全国有农村五保供养对象 545.6 万人，相比 2005 年底增加了 245.6 万人。逐渐健全的社会保障体系降低了城乡居民的生存风险，促进了社会的和谐稳定。

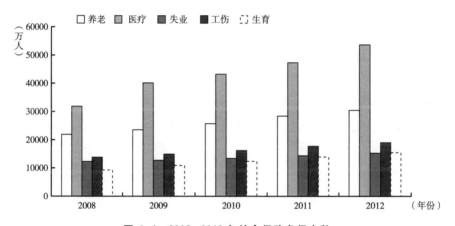

图 6-4　2008~2012 年社会保险参保人数

资料来源：《2012 年度人力资源和社会保障事业发展统计公报》。

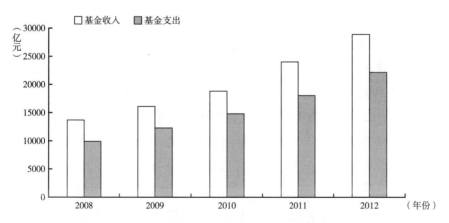

图 6-5　2008~2012 年社会保险基金收支情况

资料来源：《2012 年度人力资源和社会保障事业发展统计公报》。

三　三次分配制度的实践及影响

（一）1978~1992 年：鼓励支持基金会参与社会救济，配合政府扶助贫弱作用明显

改革开放之后，各领域开始拨乱反正，政府也转变了对慈善事业的态度，开始鼓励支持基金会参与社会福利救济。因此，这一时期出现了许多带有官方背景的基金会，它们在配合政府开展社会救济、扶助贫弱等方面发挥了积极作用。1989 年，中国儿童少年基金会设立"女童升学助学金"，资助贫困地区失学女童重返校园，成为中国最早开展助学活动的民间组织之一。该基金会还在一些贫困地区开办"春蕾女童班"，后来发展为"春蕾计划"。1989 年10 月，中国青少年发展基金会宣布启动"希望工程"，开始向社会各界募捐善款。1990 年 5 月 19 日，由中国青少年发展基金会援建的第一所"希望小学"在安徽省金寨县落成。1992 年 4 月 15 日，"希望工程——百万爱心行动"在全国范围内展开。1993 年，中国青少年发展基金会又设立"希望工程园丁奖"，专门奖励"希望小学"中有突出贡献的教师。中国残疾人福利基金会、中国扶贫基金会也开展了形式多样、成效显著的慈善公益活动。还有 1991 年华东地区水灾严重，港澳台同胞和内地民众同舟共济、患难相恤，纷纷倾囊相助，捐资献物救济灾区群众，共筹集善款 20 多亿元，这是大规模募集善款的良好开端，为后来全国各地建立慈善会、开展募捐活动做了前期预备与示范。

（二）1992~2001 年：大力发展民间慈善事业，中华慈善总会及其团体会员表现突出

随着 1992 年我国社会主义市场经济体制建立，我国的民间慈善事业发展加快，以慈善会为主体的由政府支持的民间慈善组织相继设立，在救灾捐赠方面表现突出。自 1998 年起，中华慈善总会历经了张北地震、1998 年抗洪赈灾、抗击非典、南方低温雨雪冰冻灾、西南地区旱灾、汶川地震、舟曲泥石流、玉树地震、芦山地震、鲁甸地震、印度洋海啸、中国台湾八八水灾、日本地震等十多次救灾捐赠活动。1999 年引入的美国"微笑列车"慈善项目以及 2003 年的"格列卫"药品援助项目，开辟了引入大型助医慈善项目的格局。目前，中华慈善总会已拥有涵盖救灾、扶

贫、安老、助孤、支教、助学、扶残、助医等八大方面的 60 多个慈善项目和基金，与团体会员共同搭建了遍布全国、规模巨大的慈善项目援助体系。据《中华慈善年鉴（2012）》统计，2012 年中华慈善总会及其团体会员中的 136 个慈善会全年接受慈善款物总额为 268.6458 亿元，比 2011 年的 222.14 亿元增加 46.5058 亿元，增幅为 20.9%；2012 年支出慈善款物总额为 234.34 亿元，比 2011 年的 203.31 亿元增加 31.03 亿元，增幅为 15.3%；2012 年实施慈善项目总数为 1375 个，比 2011 年增加 35 个，增幅为 2.6%；2012 年救助人数为 1235.7 万人，比 2011 年增加 21.9 万人，增幅为 1.8%。中华慈善总会充分发挥了慈善事业对社会保障制度的补充作用。

（三）2001~2012 年：加强慈善宣传，激发全民慈善热情

这一时期，我国在国家层面出台了一系列文件支持和鼓励慈善事业发展。2001 年 3 月 5 日第九届全国人民代表大会第四次会议批准的《中华人民共和国国民经济和社会发展第十个五年计划纲要》中明确提出要发展慈善事业，加强对捐助资金使用的监管，这是我国首次将慈善上升到国家发展规划层面。根据党中央、国务院关于支持和鼓励慈善事业发展的方针，2005 年我国民政部门制定和颁布了《中国慈善事业发展指导纲要（2006—2010 年）》，在 2011 年又跟进颁布了《中国慈善事业发展指导纲要（2011—2015 年）》。这两个纲要，对我国发展慈善事业的方针、指导思想、原则和目标都提出了一些明确的规范和指引。随着国家层面对慈善事业的重视和支持程度提高，国民的慈善热情高涨，2008 年是中国慈善事业发展史上具有标志性意义的一年，出现了"全民慈善"的新局面。2008 年初，我国南方广大地区遭遇了新中国成立以来罕见的持续低温、雨雪、冰冻天气，给贵州、湖北、湖南、安徽、江西、广西等 20 省区造成了重大人员伤亡和财产损失。几个月后的"5·12"汶川大地震更是牵动着全国人民的心。天灾无情，人间有爱，接连的大灾大难，激发了亿万国人的慈善捐赠和志愿服务热情，并让世界为之震惊。这一年，我国的慈善捐赠总额高达 1070 亿元，是 2007 年的 3.5 倍。值得一提的是，中国公民个人捐款达 458 亿元，首次超过企业捐赠（388 亿元），占捐款总额的 54%，改变了此前国内个人捐赠不超过总额的 20% 的格局。

从图 6-6 中可以看出，从 1997 年到 2012 年，我国的社会捐赠款物金额

虽然有起伏但整体呈上升趋势，说明随着国家对慈善作用的重视，社会大众的慈善热情被大大调动起来，从而使三次分配在我国收入分配中发挥越来越重要的作用。从捐赠资源流向来看，2007~2012年捐赠领域呈现多元分布格局（见图6-7）。教育、扶贫与社会发展和医疗是捐赠资源的三大主要流向领域，其中教育领域吸引捐赠资源最多，扶贫与社会发展领域次之，医疗领域排第三。慈善资源向扶贫与社会发展领域的高流入，有利于增加困难群体的收入，优化我国的收入分配格局。

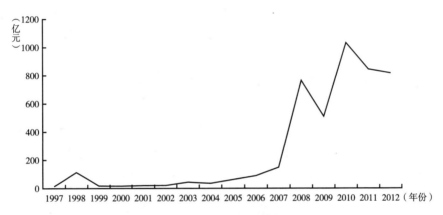

图6-6　1997~2012年社会捐赠款物金额合计

资料来源：国家统计局。

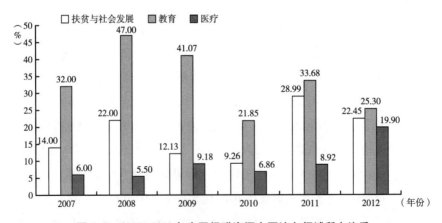

图6-7　2007~2012年全国捐赠资源主要流向领域所占比重

资料来源：民政部委托中民慈善捐助信息中心编制的《中国慈善捐助报告》（2007年、2008年、2009年、2010年、2011年、2012年）。

以上分别从初次分配、再分配、三次分配的角度考察了改革开放到党的十八大这一时期三个阶段里分配制度的实践情况及其影响，还需要一个总体的指标来衡量初次分配、再分配、三次分配的综合实施效果。本文选用居民人均可支配收入基尼系数作为衡量指标，分析分配制度的实施对不同时期我国居民收入差距的影响。

如图 6-8 所示，在 1978~1992 年这一时期我国居民的人均可支配收入基尼系数处于 0.3~0.4，表明这一阶段我国居民收入差距是相对合理的。随着 1992 年社会主义市场经济体制正式建立，各种生产要素，特别是资本、技术和管理的不同所带来的收益差距就体现出来了。从基尼系数上看，1992 年我国居民人均可支配收入基尼系数首次超过 0.4 的警戒线，此后一直到 2001 年整体呈上升趋势。这说明在这一阶段我国居民的收入差距不断拉大，再分配的收入调节作用无法阻止这一趋势。随着 2001 年我国加入世界贸易组织，我国的市场化程度和开放程度进一步提高，基尼系数仍然长期处于大于 0.4 的高位并总体呈上升趋势，到了 2008 年一度上升到最高点 0.491，接近 0.5 的水平，表明此时我国的收入分配已经呈现一种比较严重的不平等状态。虽然 2008 年后，我国的基尼系数出现了几年的缓慢下降，但下降幅度不大。这说明进入 21 世纪以后，随着国家

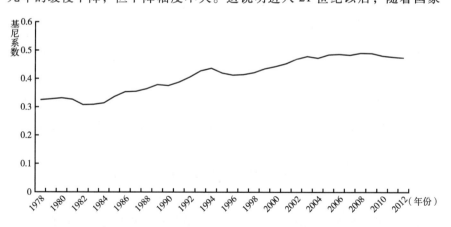

图 6-8 1978~2012 年中国居民人均可支配收入基尼系数

资料来源：1978~2002 年数据来自吴耀国、沈晓静、刘军荣《1978 年以来中国总体收入基尼系数的再估计》，《乐山师范学院学报》2022 年第 8 期，第 76~83 页；2003~2012 年数据来自国家统计局。

对三次分配的重视，慈善在配合再分配进行收入差距调节方面起了一定的积极作用，但是作用不够显著。

第五节　本章小结

从党的十一届三中全会到党的十八大这一时期，我国实现了翻天覆地的变化，不仅夯实了物质基础，更积累了弥足珍贵的精神财富。从"实践是检验真理的唯一标准"大讨论到建立家庭联产承包责任制，从社会主义市场经济体制的确立到创办经济特区，从全面建设小康社会到加强党的建设，我们国家经历了从农业农村改革到经济社会全方位变革、从对内搞活到对外开放的伟大飞跃。在这一时期，中国共产党团结带领中国人民，解放思想、锐意进取，创造出改革开放和社会主义现代化建设的伟大成就。回顾这一时期，依循社会存在决定社会意识、社会意识反作用于社会存在的思想路径，本章将这一时期划分为三个时间段，各个时间段的演化脉络如图6-9所示。

马克思历史唯物主义认为社会存在是第一性的，它决定社会意识，社会意识反映社会存在并对社会存在起促进或阻碍的作用。从改革开放到党的十八大的三个阶段，每个阶段都有各自的社会存在，这些社会存在决定了各个时期共产党的分配思想，而分配思想又对社会存在产生反作用。产生反作用的路径主要是在分配思想的指导下，共产党制定不同的分配制度来改变当时的社会存在，促使社会存在产生新变化，从而产生新的社会存在，新的社会存在又决定了新的分配思想并开启新的循环过程。

在经历了三年困难时期、十年内乱后，党、国家和人民遭受了新中国成立以来最严重的挫折和损失。1978年党的十一届三中全会的召开拉开了改革开放的序幕，我国开始积极融入全球市场。正是这样的社会存在决定了这一阶段我国在初次分配方面的思想是破除效率低下的平均主义思想，切实贯彻按劳分配，肯定其他分配方式的合法存在。这一时期提出允许一部分人先富起来，调动人们的生产积极性，极大提高生产力，快速发展国民经济，改善人民生活，然后先富带动后富逐步实现共同富裕。再分

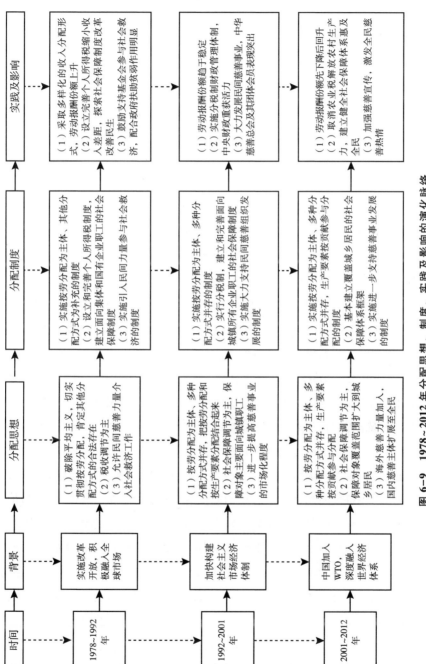

图 6-9　1978~2012 年分配思想、制度、实践及影响的演化脉络

配方面的思想是以税收调节为主，三次分配方面的思想是允许民间慈善力量介入社会救济工作。在上述分配思想的指导下，我国在初次分配方面实行了按劳分配为主体、其他分配方式为补充的分配制度；在再分配方面，设立和完善个人所得税制度，建立面向集体和国有企业职工的社会保障制度；在三次分配方面，实施引入民间力量参与社会救济的制度。在实践中，初次分配方面采取多样化的收入分配形式，劳动报酬份额呈上升趋势；再分配方面，通过设立完善个人所得税制度缩小收入差距，探索社会保障制度的改革，逐步建立起基本养老保险与企业补充养老保险和职工个人储蓄性养老保险相结合的制度，这对于保障退休职工生活、维护社会安定、减轻国家和企业的负担具有重要作用；在三次分配方面，这一时期政府不再包揽社会救济，开始引入民间力量参与，基金会成为生力军，它们大多数带有官方背景，在配合政府开展社会救济、扶助贫弱等方面发挥了积极作用。

随着 1992 年党的十四大明确了我国经济体制改革的目标，我国开始加快构建社会主义市场经济体制。正是这样的社会存在决定了这一阶段我国在初次分配方面的分配思想是按劳分配为主体、多种分配方式并存，把按劳分配和按生产要素分配结合起来；在再分配方面的分配思想是社会保障调节为主，保障对象主要面向城镇职工；在三次分配方面的分配思想是进一步提高慈善事业的市场化程度。在上述分配思想的指导下，我国在初次分配方面实行了按劳分配为主体、多种分配方式并存的分配制度；在再分配方面实行了分税制，建立和完善面向城镇所有企业职工的社会保障制度；在三次分配方面，实行了大力支持民间慈善组织发展的制度。在实践中，初次分配方面劳动报酬份额趋于稳定；再分配方面分税制改革的实行，使中国的财政秩序为之大改，中央财政重获活力，大大增强了中央和地方政府转移支付的能力以及中央财政对宏观经济的调控能力；三次分配方面，随着我国大力支持民间慈善组织的发展，中华慈善总会及其团体会员共同搭建了遍布全国、规模巨大的慈善项目援助体系，充分发挥了慈善事业对社会保障制度的补充作用。

2001 年底我国加入世界贸易组织后，大幅开放市场，深度融入世界经济体系。在这样的社会存在下，中共十六大提出要在 21 世纪头二十年，集中力量全面建设惠及十几亿人口的更高水平的小康社会，使经济更加发展、民主更加健全、科教更加进步、文化更加繁荣、社会更加和谐、人民生活更加殷实。全面建设小康社会，最根本的仍然是坚持以经济建设为中心，不断解放和发展社会生产力。因此，这一时期我国在初次分配方面的分配思想，一方面是继续坚持上一阶段的分配思想，即按劳分配为主体、多种分配方式并存；另一方面是进一步确立劳动、资本、技术、管理、土地等生产要素参与收益分配的原则，即生产要素按贡献参与分配，这种分配原则的确立能够调节生产要素的供求状况，使得稀缺的、在价值创造中贡献大的要素能够有更多的供给，有利于优化资源配置，提高经济效率，促进生产力的发展。在再分配方面的分配思想是社会保障调节为主，保障对象覆盖范围扩大到城乡居民。在三次分配方面的分配思想是吸引海外慈善力量加入，国内慈善主体扩展至全民。在这样的分配思想的指导下，我国在初次分配方面实行了按劳分配为主体、多种分配方式并存，生产要素按贡献参与分配的制度；在再分配方面，扩大社会保障政策保障范围，基本建立覆盖城乡居民的社会保障体系框架；在三次分配方面，实施进一步支持慈善事业发展的制度。在实践中，初次分配方面劳动报酬份额先下降后回升。再分配方面，进入21世纪到党的十八大这一时期我国相继取消了农业税、牧业税和特产税，每年减轻农民负担超千亿元，极大地调动了农民的积极性，促进了农业的发展，对整个经济社会的稳定和发展起到了重要作用；在社会保障方面，社会保险工作深入开展，社会保障体系建设取得重大进展，2008~2012年社会保险参保人数和社会保险基金的收支基本都呈逐年递增态势。三次分配方面，我国进一步支持鼓励慈善事业发展，从1997年到2012年，我国的社会捐赠款物金额虽然有起伏但整体呈上升趋势，社会大众的慈善热情被大大调动起来，一度出现"全民慈善"的新局面，使得三次分配在我国收入分配中发挥着越来越重要的作用。从收入差距方面看，1978~1992年这一阶段我国居民的收入差距是相对合理的。但是随着1992年社会主义市场经济体制正式建立以及2001年我国加入世界贸易组织，我国居民的收入差距不断拉大，收入分配已经呈现一种比较严重的不平等状态。虽然2008年后这种状况有所缓解，但是改善不明显。这说明进入21世纪以来，随着国家对三次分配的重视，慈善在配合再分配进行收入差距调节方面确实起到了一定的积极作用，但是作用不够显著。

第七章

2012年至今：中国特色社会主义新时代分配制度的进一步优化

随着中国特色社会主义进入新时代，国内外形势发生了巨大的变化。2011 年，我国国民生产总值正式超越日本，并且在总量上离世界第一的美国越来越近，成为世界第二大经济体。但整体发展方式仍以简单追加生产要素，发挥我国廉价劳动力的优势为主。随着我国人口红利优势减弱，各生产要素尤其是劳动力要素的成本逐步提高，导致我国的经济增速逐步放缓，增长动力减弱，生态问题凸显。在这种情况下，我国亟须在新时代调整分配结构，释放增长动能。在国际上，受国际金融危机的影响，世界经济增长动能普遍不足，反全球化、孤立主义、冷战思维抬头，"和平与发展"不再被公认为时代的主题。在此背景下，一个更好的分配制度可以显著增强我们的凝聚力与向心力，使我国更好地应对更加激烈的国际竞争。当前我国整体的收入分配思想、制度都发生了改变，从而更好地适应了现实发展格局，朝着共产主义的伟大理想向前又迈了一大步。

第一节　时代背景：中国迈入高质量发展阶段

2017 年 10 月，党的十九大报告提出："经过长期努力，中国特色社会主义进入了新时代，这是我国发展新的历史方位。"① 这是由党的十八

---

① 习近平：《决胜全面建成小康社会　夺取新时代中国特色社会主义伟大胜利——在中国共产党第十九次全国代表大会上的报告》，人民出版社，2017，第10页。

大以来我国所达到的全方位、开创性的历史性成就，所实现的深层次、根本性的变革所决定的。在国内，我国经济由高速增长阶段转向高质量发展阶段，同时提出了创新、协调、绿色、开放、共享五大发展理念，对于我国的发展方式、发展目标、发展结果都有了新的要求。在国外，世界正在经历百年未有之大变局，我们需要通过高质量发展来提升综合国力，从而更好地应对愈演愈烈的国际竞争。

一　国内环境的转变

在新时代，我国的国情发生了重大变化：第一，客观上我国的主要矛盾发生转变，不平衡不充分的发展成为亟须解决的问题；第二，我国两个百年目标交汇，主观上对分配结果有了更高的要求。

（一）主要矛盾的转变

党的十九大报告指出，我国社会主要矛盾已经由1981年党的十一届六中全会提出的"人民日益增长的物质文化需要同落后的社会生产之间的矛盾"，转化为"人民日益增长的美好生活需要和不平衡不充分的发展之间的矛盾"（见图7-1）。主要矛盾的转化是社会发展的必然结果。在社会生产方面，自改革开放以来，我国综合国力大幅提升，极大地解放和发展了生产力。国内生产总值由1978年的3678.7亿元增长到了2021年的1149237.0亿元，足足增长了311倍①，社会生产力水平总体上已经步入世界前列。然而在经济高速发展的同时，国内贫富差距逐渐拉大，发展不平衡不充分的问题逐渐凸显。根据国家统计局的数据，我国的基尼系数在2008年达到了0.491②，随后虽然略有下降，但是依然处于贫富差距较大（基尼系数0.4~0.5③）的范围内。地区间、行业间、城乡间的经济差距也十分明显。在人民需求方面，随着社会生产力的提高，人们基础的、低层次的物质文化需求已经基本得到满足。但是人民对物质文化生活以及民主、法治、公平、正义、安全、环境等各方面都提出了更高的要求。正

---

① 数据来源：国家统计局。
② 数据来源：国家统计局。
③ 《怎样理解基尼系数？全国居民基尼系数怎么查找？》，国家统计局网站，http://www.stats.gov.cn/zt_18555/zthd/sjtjr/d12kfr/tjzsqzs/202302/t20230216_1908899.html。

是基于对社会生产和人民需求两个方面变化的判断，我国才做出了主要矛盾已经改变的论断。

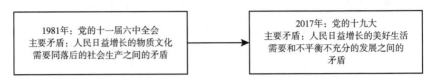

图 7-1　新时代我国主要矛盾的转变

(二) 两个百年目标的交汇

早在 1997 年，江泽民在党的十五大上就首次提出了"在中国共产党成立一百年时全面建成小康社会，在新中国成立一百年时建成富强民主文明和谐的社会主义现代化国家"①。新时代最初的八年，既是我国达成第一个百年奋斗目标——全面建成小康社会最后的八年，也是我国朝着第二个百年奋斗目标——建成富强民主文明和谐的社会主义现代化国家进发的八年。

党的十八大报告明确提出，"确保到 2020 年实现全面建成小康社会的宏伟目标"②。要想全面建成小康社会，最重要也最难的就在于全面。这就需要我们在确保发展的同时，在分配领域下大功夫。习近平总书记指出，"全面建成小康社会，最艰巨最繁重的任务在农村、特别是在贫困地区。没有农村的小康，特别是没有贫困地区的小康，就没有全面建成小康社会"③。在 2012 年，我国农村贫困人口数量依然有 9899 万人，农村贫困发生率达到了 10.2%④，无论是总量还是占比都是巨大的，完成第一个百年奋斗目标，我国面临艰巨的消灭贫困的任务。党的十九大报告指出，"我们既要全面建成小康社会、实现第一个百年奋斗目标，又要乘势而上

①　江泽民:《高举邓小平理论伟大旗帜，把建设有中国特色社会主义事业全面推向二十一世纪——在中国共产党第十五次全国代表大会上的报告（1997 年 9 月 12 日）》，《求是》1997 年第 18 期，第 2～23 页。
②　胡锦涛:《坚定不移沿着中国特色社会主义道路前进　为全面建成小康社会而奋斗——在中国共产党第十八次全国代表大会上的报告（2012 年 11 月 8 日）》，《人民日报》2012 年 11 月 18 日，第 1 版。
③　《习近平谈治国理政》，外文出版社，2014，第 189 页。
④　《中国的全面小康》，《人民日报》2021 年 9 月 29 日，第 10 版。

开启全面建设社会主义现代化国家新征程，向第二个百年奋斗目标进军"。无论是全面建成小康社会，还是建成社会主义现代化强国，都不仅仅是发展问题，还是分配问题。因此，我国的分配思想在主观上必然随着全面建成小康社会决胜期的到来而调整。

二　国际环境的转变：世界处于百年未有之大变局

习近平总书记指出："我国处于近代以来最好的发展时期，世界处于百年未有之大变局，两者同步交织、相互激荡。"[①] 大变局主要体现在科技革命、逆全球化与国际力量变化三个方面。[②]

首先，大数据、物联网、人工智能的应用与推广在新时代带来了新一轮的科技革命，世界正在加速进入数字化的时代。在生产力大发展的同时，生产方式也与之前大有不同，传统的生产要素如土地、劳动等的地位相对降低，大量简单劳动被机器所替代，财富逐步向少数人集中，收入分配差距有着进一步扩大的风险。

其次，自 2008 年国际金融危机后，逆全球化思潮逐步抬头，世界各国之间的贸易壁垒逐渐提高，惩罚性关税、技术封锁等时有发生。而我国自改革开放以来，一直积极主动参与国际分工，在 2006 年，我国经济的对外依存度达到了 67%，之后虽然有所下降，但是在 2011 年依然高达50%。[③] 全球环境的变化必然会进一步传导进入国内，对我国分配格局产生潜移默化的影响。

最后，国际力量变化是大变局中的最大变量，以中国为代表的新兴市场国家与发展中国家的经济总量和西方发达经济体的经济总量间的差距逐步缩小。同时，西方各国打着"人权"的旗号，以我国产品都是"血汗工厂""强制劳动"的产物为由，对我国的产品、企业进行打压。因此，我国必须以更稳定的发展、更公平的分配来应对这一来自国际的挑战。

---

① 《坚持以新时代中国特色社会主义外交思想为指导　努力开创中国特色大国外交新局面——李克强主持　栗战书汪洋王沪宁赵乐际韩正王岐山出席》，《人民日报》2018 年 6 月 24 日，第 1 版。
② 王一鸣：《百年大变局、高质量发展与构建新发展格局》，《管理世界》2020 年第 12 期，第 1~13 页。
③ 数据来源：国家统计局。

第二节　中国特色社会主义新时代分配
思想侧重点：共享共富

　　分配思想是连接现实背景与分配制度之间的桥梁，是分配领域社会意识的重要体现。随着中国特色社会主义进入新时代，主要矛盾的改变、全面建成小康社会目标的临近、大变局带来的外部压力都凸显了我国上一阶段收入分配的问题，孕育了我国在新时代共享共富的分配思想。其中，共享是手段，共富是目的，旨在通过共享的发展方式，让每个人都能从发展中获益，并最终达成共同富裕的目的。

　　党的十九大报告提出，"保证全体人民在共建共享发展中有更多获得感，不断促进人的全面发展、全体人民共同富裕"①，明确了新时代的分配主要围绕"共享"和"共富"两个主题来进行。早在 2012 年，党的十八大报告就提出确保"发展成果由人民共享"，强调了共享的分配思想。2015 年，党的十八届五中全会提出了"共享发展理念"，将共享与创新、协调、绿色、开放等其他发展理念并列起来，进一步明确了共享发展的思想。在 2013 年，党的十八届三中全会提出了"改革收入分配制度，促进共同富裕"的思想。在 2021 年，《中华人民共和国国民经济和社会发展第十四个五年规划和 2035 年远景目标纲要》中强调，要"更加积极有为地促进共同富裕"，扎实推进共同富裕，明确了共同富裕这一发展目标。2012 年以来的收入分配思想演变见表 7-1。

表 7-1　2012 年以来的收入分配思想演变

时间	文件	分配思想
2012 年 11 月 8 日	党的十八大报告	发展成果由人民共享
2013 年 11 月 12 日	《中共中央关于全面深化改革若干重大问题的决定》	改革收入分配制度，促进共同富裕

---

① 习近平：《决胜全面建成小康社会　夺取新时代中国特色社会主义伟大胜利——在中国共产党第十九次全国代表大会上的报告》，人民出版社，2017，第 23 页。

续表

时间	文件	分配思想
2015 年 10 月 29 日	《中国共产党第十八届中央委员会第五次全体会议公报》	共享发展理念
2017 年 10 月 18 日	党的十九大报告	保证全体人民在共建共享发展中有更多获得感，不断促进人的全面发展、全体人民共同富裕
2021 年 3 月 12 日	《中华人民共和国国民经济和社会发展第十四个五年规划和 2035 年远景目标纲要》	更加积极有为地促进共同富裕

在共享共富的整体分配思想下，我国对于初次分配、再分配、三次分配有着不同的分配思想，其中初次分配通过提高劳动收入占比与完善按要素分配的方式，达到公平与效率并重的目的；再分配则通过完善再分配调节机制、加大再分配调节力度与提高再分配精准性的方式，强调分配结果，更加重视公平；同时强调发挥三次分配的作用，调动社会资源对再分配结果进行再一次分配。而这三个层次的分配思想都旨在让分配结果更公平，让更多人享受到发展的成果，通过共享发展的方式，达到共同富裕的目的（见图 7-2）。

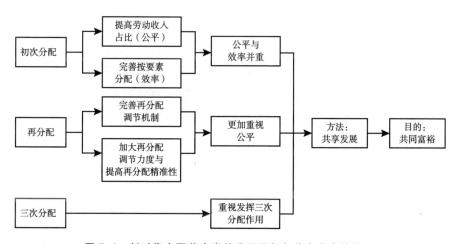

图 7-2　新时代中国共产党的分配思想与共享共富的关系

一　初次分配：公平与效率并重的分配思想

初次分配指的是财富在被创造出来之后进行的第一次分配，是相较于再分配和三次分配来说的。劳动者获得工资、公司获得利润、土地获得地租、资本获得红利都属于初次分配。也就是说，"初次分配表现为按劳分配与按生产要素分配相结合的直接分配，是分配制度中占比最大、覆盖面最广、影响最深的部分"。初次分配是三种分配中的基础与前提，其目的是使劳动等各种要素可以得到与其贡献匹配的报酬，从而进行更好、更有效的生产，是一国经济可以继续高速高质量发展的基础。若初次分配出了大问题，造成了严重不公，其他的再分配政策也难以发挥作用。党的十八大报告指出，"初次分配和再分配都要兼顾效率和公平"[1]。初次分配既要保证效率，确保经济的发展，也要保证公平，使得初次分配的结果为大众所接受。我国初次分配的思想主要涉及按劳分配和按要素分配两个部分。

（一）按劳分配：提高劳动报酬在初次分配中的比例

按劳分配为主体、多种分配方式并存是我国社会主义基本经济制度。在新时代，我国十分强调对劳动报酬的保护与劳动报酬的合理增长，并以此为抓手，确保广大劳动人民可以共享发展成果，共同走向富裕。我国是一个人口大国，也是一个劳动力大国，我国过去四十多年经济发展的奇迹离不开广大劳动人民的辛勤付出。然而根据托马斯·皮凯蒂在《21世纪资本论》中得出的结论，劳动报酬的增长率是要低于经济增长率的，也就是说，随着经济的增长，劳动报酬相对资本来说会逐步降低，使得将劳动报酬作为主要收入来源的广大人民群众无法共享发展成果。

为了解决劳动报酬占比不断下降的问题，确保将劳动报酬作为主要收入来源的人民群众的收入不会随着经济的增长而降低，党的十八大首次明确提出，"实现居民收入增长和经济发展同步、劳动报酬增长和劳动生产率提高同步，提高居民收入在国民收入分配中的比重，提高劳动报酬在初

---

[1]　胡锦涛：《坚定不移沿着中国特色社会主义道路前进　为全面建成小康社会而奋斗——在中国共产党第十八次全国代表大会上的报告（2012年11月8日）》，《人民日报》2012年11月18日，第1版。

次分配中的比重"①。从总量上将劳动报酬与经济增长率、劳动生产率捆绑起来，从而遏制劳动收入占比逐步降低的趋势。在具体实现方式上，强调保护劳动收入，明确多劳多得的原则。我国在党的十九大报告中强调，"鼓励勤劳守法致富"②。在党的十九届四中全会中更是提出，"坚持多劳多得，着重保护劳动所得，增加劳动者特别是一线劳动者劳动报酬，提高劳动报酬在初次分配中的比重"③。在具体方法上，我国通过"推行企业工资集体协商制度"④ "完善企业、机关、事业单位工资决定和增长机制"⑤ "完善艰苦边远地区津贴增长机制"⑥ 等方式达成提高劳动收入的目的。明确了两个"同步"、两个"提高"的实现路径，从而使人民群众可以共享国家发展成果，促进共同富裕。2012 年以来按劳分配思想相关表述见表 7-2。

表 7-2　2012 年以来按劳分配思想相关表述

时间	文件	分配思想
2012 年 11 月 8 日	党的十八大报告	努力实现居民收入增长和经济发展同步、劳动报酬增长和劳动生产率提高同步,提高居民收入在国民收入分配中的比重,提高劳动报酬在初次分配中的比重
2013 年 11 月 12 日	《中共中央关于全面深化改革若干重大问题的决定》	形成合理有序的收入分配格局。着重保护劳动所得,努力实现劳动报酬增长和劳动生产率提高同步,提高劳动报酬在初次分配中的比重

---

① 胡锦涛：《坚定不移沿着中国特色社会主义道路前进　为全面建成小康社会而奋斗——在中国共产党第十八次全国代表大会上的报告（2012 年 11 月 8 日）》，《人民日报》2012 年 11 月 18 日，第 1 版。

② 习近平：《决胜全面建成小康社会　夺取新时代中国特色社会主义伟大胜利——在中国共产党第十九次全国代表大会上的报告》，人民出版社，2017，第 46 页。

③ 《中共中央关于坚持和完善中国特色社会主义制度　推进国家治理体系和治理能力现代化若干重大问题的决定》，《人民日报》2019 年 11 月 6 日，第 1 版。

④ 胡锦涛：《坚定不移沿着中国特色社会主义道路前进　为全面建成小康社会而奋斗——在中国共产党第十八次全国代表大会上的报告（2012 年 11 月 8 日）》，《人民日报》2012 年 11 月 18 日，第 1 版。

⑤ 《关于深化收入分配制度改革的若干意见》，人民出版社，2013，第 7 页。

⑥ 中共中央文献研究室编《十八大以来重要文献选编》上，中央文献出版社，2014，第 537 页。

续表

时间	文件	分配思想
2015年10月29日	《中共中央关于制定国民经济和社会发展第十三个五年规划的建议》	坚持居民收入增长和经济增长同步、劳动报酬提高和劳动生产率提高同步,持续增加城乡居民收入
2017年10月18日	党的十九大报告	坚持在经济增长的同时实现居民收入同步增长、在劳动生产率提高的同时实现劳动报酬同步提高,拓宽居民劳动收入和财产性收入渠道
2019年10月31日	《中共中央关于坚持和完善中国特色社会主义制度　推进国家治理体系和治理能力现代化若干重大问题的决定》	坚持按劳分配为主体、多种分配方式并存。坚持多劳多得,着重保护劳动所得,增加劳动者特别是一线劳动者劳动报酬,提高劳动报酬在初次分配中的比重
2021年3月12日	《中华人民共和国国民经济和社会发展第十四个五年规划和2035年远景目标纲要》	坚持按劳分配为主体、多种分配方式并存,提高劳动报酬在初次分配中的比重。健全工资决定、合理增长和支付保障机制,完善最低工资标准和工资指导线形成机制,积极推行工资集体协商制度

(二) 按要素分配：市场决定，政府规范

按要素分配指的是在市场经济条件下，市场根据各生产要素的贡献大小，按照一定比例对生产要素所有者支付相应报酬的一种分配方式，是市场经济中最重要的分配方式。在社会主义阶段，按劳分配与按要素分配并存。在新时代，市场在初次分配中由"基础性"作用转变为"决定性"作用，就是要借助市场的效率优势，刺激各生产要素发挥其作用，促进经济发展。发展是分配的前提，只有做大了"蛋糕"，每个人才能分到更多。

在新时代，我国进一步完善了按要素分配的体制机制，拓宽了要素的范围，以更好地发挥生产要素价值，让生产要素所有者可以共享发展成果。《中共中央关于坚持和完善中国特色社会主义制度　推进国家治理体系和治理能力现代化若干重大问题的决定》中提出，"健全劳动、资本、土地、知识、技术、管理、数据等生产要素由市场评价贡献、按贡献决定

报酬的机制"①。首次将土地和数据纳入生产要素的范畴，将土地纳入生产要素可以进一步激活农村土地流转市场，为农村人口拓宽了要素收入渠道，使其可以更好地享受发展成果。而将数据纳入生产要素则体现了我国与时俱进，紧抓新一次科技革命核心，同时可以防止某些个体、公司利用数据管理规则不明确的漏洞，攫取广大人民群众的利益。2012 年以来按要素分配思想相关表述见表 7-3。

表 7-3　2012 年以来按要素分配思想相关表述

时间	文件	分配思想
2012 年 11 月 8 日	党的十八大报告	完善劳动、资本、技术、管理等要素按贡献参与分配的初次分配机制，多渠道增加居民财产性收入
2013 年 11 月 12 日	《中共中央关于全面深化改革若干重大问题的决定》	健全资本、知识、技术、管理等由要素市场决定的报酬机制，建立公共资源出让收益合理共享机制
2015 年 10 月 29 日	《中共中央关于制定国民经济和社会发展第十三个五年规划的建议》	完善市场评价要素贡献并按贡献分配的机制
2017 年 10 月 18 日	党的十九大报告	完善按要素分配的体制机制，拓宽居民劳动收入和财产性收入渠道
2019 年 10 月 31 日	《中共中央关于坚持和完善中国特色社会主义制度　推进国家治理体系和治理能力现代化若干重大问题的决定》	健全劳动、资本、土地、知识、技术、管理、数据等生产要素由市场评价贡献、按贡献决定报酬的机制
2021 年 3 月 12 日	《中华人民共和国国民经济和社会发展第十四个五年规划和 2035 年远景目标纲要》	探索通过土地、资本等要素使用权、收益权增加中低收入群体要素收入

二　再分配：更加重视公平的分配思想

再分配是初次分配的重要补充，政府在初次分配的基础上，通过税收、社会保障、转移支付等方式，对分配格局进行进一步调整。在新时代，我

---

① 《中共中央关于坚持和完善中国特色社会主义制度　推进国家治理体系和治理能力现代化若干重大问题的决定》，《人民日报》2019 年 11 月 6 日，第 1 版。

国的再分配思想较以前更加强调对于收入分配的调节作用，以期达到更加公平的分配结果。2012 年以来再分配思想相关表述见表 7-4。

表 7-4　2012 年以来再分配思想相关表述

时间	文件	分配思想
2012 年 11 月 8 日	党的十八大报告	加快健全以税收、社会保障、转移支付为主要手段的再分配调节机制
2013 年 11 月 12 日	《中共中央关于全面深化改革若干重大问题的决定》	完善以税收、社会保障、转移支付为主要手段的再分配调节机制，加大税收调节力度
2015 年 10 月 29 日	《中共中央关于制定国民经济和社会发展第十三个五年规划的建议》	加大再分配调节力度，加快建立综合和分类相结合的个人所得税制
2017 年 10 月 18 日	党的十九大报告	履行好政府再分配调节职能，加快推进基本公共服务均等化
2019 年 10 月 31 日	《中共中央关于坚持和完善中国特色社会主义制度　推进国家治理体系和治理能力现代化若干重大问题的决定》	健全以税收、社会保障、转移支付等为主要手段的再分配调节机制，强化税收调节，完善直接税制度并逐步提高其比重
2021 年 3 月 12 日	《中华人民共和国国民经济和社会发展第十四个五年规划和2035 年远景目标纲要》	加大税收、社会保障、转移支付等调节力度和精准性

要解决发展不平衡不充分的问题，仅仅依靠初次分配是远远不够的。只有通过国家的统筹规划，在城乡、区域、行业之间进行重新分配，充分发挥再分配的作用，才能更好地解决主要矛盾。

我国通过完善再分配调节机制、加大调节力度、提高精准性的方式使再分配的结果更加公平。一方面，完善的再分配调节机制是再分配结果更加公平的基础。党的十八大报告指出，"加快健全以税收、社会保障、转移支付为主要手段的再分配调节机制"①。只有再分配体制机制足够完善

---

① 胡锦涛：《坚定不移沿着中国特色社会主义道路前进　为全面建成小康社会而奋斗——在中国共产党第十八次全国代表大会上的报告（2012 年 11 月 8 日）》，《人民日报》2012 年 11 月 18 日，第 1 版。

合理，国家才能拥有足够的信息与能力做出合理的再分配决策。另一方面，有了完善的再分配调节机制，还需要更加严格的执行，加大再分配调节的力度、提高精准性，才能使再分配纠正初次分配的问题，达成更加公平的再分配结果，从而使得人们可以共享发展成果。

三 三次分配：重视发挥三次分配作用的分配思想

"第三次分配是在道德、文化、经济等力量影响下，个人、企业、社会组织等社会力量通过慈善捐赠与捐献、慈善服务等多种方式对社会资源和社会财富进行分配、促进社会资源流动的行为"[①]，是一种由政府引导、民间主导的分配方式。三次分配可以在一定程度上弥补初次分配、再分配的不足，促进社会财富公平分配。2012 年以来三次分配思想相关表述见表 7-5。

表 7-5 2012 年以来三次分配思想相关表述

时间	文件	分配思想
2012 年 11 月 8 日	党的十八大报告	完善社会救助体系,健全社会福利制度,支持发展慈善事业,做好优抚安置工作
2013 年 11 月 12 日	《中共中央关于全面深化改革若干重大问题的决定》	完善慈善捐助减免税制度,支持慈善事业发挥扶贫济困积极作用
2015 年 10 月 29 日	《中共中央关于制定国民经济和社会发展第十三个五年规划的建议》	支持慈善事业发展,广泛动员社会力量开展社会救济和社会互助、志愿服务活动。完善鼓励回馈社会、扶贫济困的税收政策
2017 年 10 月 18 日	党的十九大报告	完善社会救助、社会福利、慈善事业、优抚安置等制度
2019 年 10 月 31 日	《中共中央关于坚持和完善中国特色社会主义制度 推进国家治理体系和治理能力现代化若干重大问题的决定》	重视发挥第三次分配作用,发展慈善等社会公益事业
2021 年 3 月 12 日	《中华人民共和国国民经济和社会发展第十四个五年规划和2035 年远景目标纲要》	发挥慈善等第三次分配作用

---

① 张国清：《分配正义与社会应得》，《中国社会科学》2015 年第 5 期，第 21~39 页。

三次分配在新时代逐渐被提高到更加重要的地位。党的十九届四中全会提出，"重视发挥第三次分配作用，发展慈善等社会公益事业"①，具体通过完善制度与动员社会两个层面的举措来鼓励三次分配的发展。在完善制度层面上，我国在党的十八届三中全会提出"完善慈善捐助减免税制度"，在党的十八届五中全会提出"完善鼓励回馈社会、扶贫济困的税收政策"，在党的十九大报告中提出"完善社会救助、社会福利、慈善事业、优抚安置等制度"②。在动员社会层面上，在党的十八大强调"支持发展慈善事业"，在党的十八届五中全会提出，"支持慈善事业发展、广泛动员社会力量开展社会救济和社会互助、志愿服务活动"。

四　社会背景与分配思想的逻辑关系

正如马克思所提出的社会存在决定社会意识，在新时代的历史背景下必然会产生新的分配思想。正是由于国内主要矛盾转变、两个百年目标交汇、百年未有之大变局带来外部挑战，共享共富的分配思想才应运而生，为我国平衡充分的发展、两个百年目标的达成、自身硬实力的增强保驾护航。分配思想的转变是客观外部条件转变的必然结果。首先，主要矛盾的转变是分配思想发生改变的客观原因。在新时代，人民日益增长的美好生活需要和不平衡不充分的发展之间的矛盾成为主要矛盾。与之前"落后的生产力"这一单纯的发展问题不同，"发展不平衡不充分"是一个发展与分配相结合的问题。解决"发展不平衡不充分"的问题，客观上就要求我们用共享的发展方式发展各个落后地区、行业、产业等，从而使得发展平衡充分起来，以满足人民日益增长的美好生活需要。其次，全面建成小康社会的目标是我国分配思想转变的主观动力。于2021年全面建成小康社会这个百年奋斗目标是党对于全国人民的庄严承诺，为了达成这一宏伟目标，必须让更多的人参与分配，共享

① 《中共中央关于坚持和完善中国特色社会主义制度　推进国家治理体系和治理能力现代化若干重大问题的决定》，《人民日报》2019年11月6日，第1版。
② 习近平：《决胜全面建成小康社会　夺取新时代中国特色社会主义伟大胜利——在中国共产党第十九次全国代表大会上的报告》，人民出版社，2017，第47页。

发展带来的成果，这样才能使更多的人脱离贫困，达到小康乃至更好的生活水平。最后，百年未有之大变局的世界环境是我国分配思想转变的外部条件。科技革命提高了生产力水平，不仅有利于"做蛋糕"，也有利于"分好蛋糕"。而逆全球化的思潮与激烈的国际竞争要求我们经营好国内市场。中国特色社会主义新时代社会背景与中国共产党分配思想的逻辑关系见图7-3。

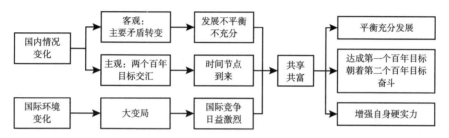

图7-3 中国特色社会主义新时代社会背景与中国共产党分配思想的逻辑关系

第三节 中国特色社会主义新时代分配
制度：不断完善的制度体系

分配制度是分配思想的延续，是社会意识反作用于社会存在的重要中介，分配思想只有通过形成一系列的制度并使制度加以执行才能真正影响我们的生活。在新时代追求共享共富的分配思想下，党进一步完善了分配制度。初次分配与再分配、三次分配协调推进，共同发挥作用是我国在新时代收入分配制度改革的重要特征。

一 进一步完善初次分配制度

党的十九届四中全会通过了《中共中央关于坚持和完善中国特色社会主义制度 推进国家治理体系和治理能力现代化若干重大问题的决定》，将"按劳分配为主体、多种分配方式并存"与"社会主义市场经济体制"纳入我国社会主义基本经济制度，进一步提高了分配在我国经济制度中的地位与影响力。

（一）进一步完善按劳分配制度：确保劳动者收入合理增长

这一时期按劳分配思想强调通过"保护劳动所得"与"保障工资合理增长"的方式来达成两个"同步"、两个"提高"的目的。因此，在这一时期的按劳分配制度也分为这两部分。

2012 年以来的按劳分配相关制度见表 7-6。

表 7-6　2012 年以来的按劳分配相关制度

时间	文件	分配制度
2012 年 11 月 8 日	党的十八大报告	深化企业和机关事业单位工资制度改革，推行企业工资集体协商制度，保护劳动所得
2013 年 2 月 1 日	《关于深化收入分配制度改革的若干意见》	深化工资制度改革，完善企业、机关、事业单位工资决定和增长机制
2013 年 11 月 12 日	《中共中央关于全面深化改革若干重大问题的决定》	健全工资决定和正常增长机制，完善最低工资和工资支付保障制度，完善企业工资集体协商制度
2018 年 3 月 22 日	《关于提高技术工人待遇的意见》	提高技能领军人才待遇水平、技术工人收入水平
2018 年 5 月 25 日	《关于改革国有企业工资决定机制的意见》	改革工资确定办法，完善工资与效益联动机制
2018 年 12 月 27 日	《中央企业工资总额管理办法》	坚持市场化改革，坚持利益导向原则
2019 年 10 月 31 日	《中共中央关于坚持和完善中国特色社会主义制度推进国家治理体系和治理能力现代化若干重大问题的决定》	坚持多劳多得，着重保护劳动所得，增加劳动者特别是一线劳动者劳动报酬，提高劳动报酬在初次分配中的比重
2019 年 12 月 25 日	《关于促进劳动力和人才社会性流动体制机制改革的意见》	提高劳动力流动水平，拓展劳动力流动空间
2019 年 12 月 30 日	《保障农民工工资支付条例》	规范农民工工资支付行为，保障农民工按时足额获得工资
2021 年 7 月 16 日	《关于维护新就业形态劳动者劳动保障权益的指导意见》	明确劳动者权益保障责任，健全保障制度，优化保障服务

具体政策上，为了保护劳动所得，我国在2019年印发了《保障农民工工资支付条例》，确保农民工劳动报酬可以被按时足额支付。2021年我国印发了《关于维护新就业形态劳动者劳动保障权益的指导意见》，明确了各种新型就业形态中的劳动者权益保障责任，健全了保障制度，优化了保障服务。确保劳动者权益可以跟上时代的发展。为了保障工资合理增长，我国于2018年3月印发了《关于提高技术工人待遇的意见》，通过提高技能领军人才的待遇水平、提高技术工人收入水平、拓宽技术工人成长通道等方法，提高一线技术工人的收入。随后陆续印发了《关于改革国有企业工资决定机制的意见》《中央企业工资总额管理办法》，通过工资决定制度市场化改革，完善工资与效益的联动机制，直接将劳动者收入水平与企业效益连接，从而促进国企、央企中的一线工人收入与企业效益同步增长，达成两个"同步"、两个"提高"。2019年印发了《关于促进劳动力和人才社会性流动体制机制改革的意见》，拓展劳动力流通空间，激发劳动力流动活力。

（二）进一步完善生产要素参与收入分配制度：市场决定，政府规范

在新时代，我国虽然更加强调分配结果的公平，但是也将按要素分配纳入基本分配制度，确立了市场在按要素分配中起决定性作用，同时拓宽了要素的范围，将土地和数据纳入生产要素的范围。而在具体制度中，我国更多的聚焦于土地要素上。土地牵扯广大农村人口，我国对于土地要素市场化的推进是最复杂、牵扯最多，也是最重要的。制度构建上强调通过构建土地要素流转市场的方式来发挥其生产要素的功能，我国于2014年、2016年先后印发了《关于引导农村土地经营权有序流转发展农业适度规模经营的意见》《关于完善农村土地所有权承包权经营权分置办法的意见》，逐步推进形成土地"所有权、承包权、经营权"三权分置的格局，引导土地经营权有序流转，提高土地要素的市场化水平，从而优化土地资源配置，使广大农村人口可以从土地中获利，同时提高劳动生产率，促进经济发展。随后于2019年印发了《关于保持土地承包关系稳定并长久不变的意见》，确保了土地制度的稳定性。2020年印发了《关于调整完善土地出让收入使用范围优先支持乡村振兴的意见》，强调土地出让收入对于农业农村的支持。2012年以来按要素分配相关制度见表7-7。

表 7-7　2012 年以来的按要素分配相关制度

时间	文件	内容
2014 年 11 月 20 日	《关于引导农村土地经营权有序流转发展农业适度规模经营的意见》	实现所有权、承包权、经营权三权分置，引导土地经营权有序流转，优化土地资源配置和提高劳动生产率
2015 年 8 月 31 日	《促进大数据发展行动纲要》	加强公共数据共享，统筹规划大数据基础设施建设，推动大数据产业发展，形成大数据产品体系
2016 年 10 月 30 日	《关于完善农村土地所有权承包权经营权分置办法的意见》	完善"三权分置"办法，有序推进"三权分置"格局的形成
2016 年 11 月 7 日	《关于实行以增加知识价值为导向分配政策的若干意见》	充分发挥市场作用，实行以增加知识为导向的分配政策，激发科研人员创新创业积极性
2019 年 11 月 26 日	《关于保持土地承包关系稳定并长久不变的意见》	确保农村土地承包长久不变，充分保障农民土地承包权益
2020 年 4 月 9 日	《关于构建更加完善的要素市场化配置体制机制的意见》	破除要素流动机制体制障碍，健全要素市场体系，实现要素价格市场决定
2020 年 9 月 23 日	《关于调整完善土地出让收入使用范围优先支持乡村振兴的意见》	提高土地出让收入用于农业农村比例

　　其他生产要素相关制度也遵循了相同的思路，将市场化作为改革的主要方向。2015 年，国务院印发了《促进大数据发展行动纲要》，开始探索数据要素参与分配的方式，并通过加强公共数据共享、统筹规划大数据基础设施建设等方式，推动大数据产业发展，形成大数据产品体系。2016年，中共中央、国务院发布《关于实行以增加知识价值为导向分配政策的若干意见》，充分发挥市场作用，提高知识要素在收入分配中的比例，从而刺激科研人员的创新创业积极性，以提高回报的方式促进知识要素产量的提升。在 2020 年，中共中央、国务院印发了《关于构建更加完善的要素市场化配置体制机制的意见》，对要素市场化进行了完整的规划，强调破除阻碍要素流动的体制机制障碍，健全要素市场体系，实现要素价格市场决定的目标。

二 进一步完善再分配制度

我国从税收、社会保障、转移支付三个方面发布、调整了大量的制度，以达到完善制度、强化调节的目的。

（一）进一步完善税收制度

税收对于公民的收入分配有着明显的调节作用。我国在新时代一直强调加强税收对于收入分配的调节作用，先后提出要"加大税收调节力度"①、"建立综合和分类相结合的个人所得税制"、"强化税收调节，完善直接税制度并逐步提高其比重"② 等政策，其目的就是通过更加强有力的税收调节，实现"增低、调高、扩中"，以形成"橄榄型"分配格局。

在具体制度方面，我国对税收调节进行了深度改革，包括清理和规范旧制度、建立新制度、完善新制度三个阶段。

在第一阶段（2013~2016 年），我国对过去的税收调节制度进行了规范和清理。2014 年，国务院发布了《关于清理规范税收等优惠政策的通知》，整理规范了过去不完善、不明晰的税收优惠政策，为形成全面完整的税收体系做准备。2015 年，中共中央办公厅、国务院办公厅发布了《深化国税、地税征管体制改革方案》，理清税收职责划分，创新纳税服务机制。2016 年，国务院印发了《全面推开营改增试点后调整中央与地方增值税收入划分过渡方案》，对 2012 年逐步开始推行的"营改增"试点进行补充与调整，在确保现有财力格局不变的前提下，更加注重对欠发达地区的支持。

在第二阶段（2017~2018 年），我国开始强调税收的监管与新税收规则的推行。2017 年，国务院印发了《关于完善反洗钱、反恐怖融资、反逃税监管体制机制的意见》，强调对于逃税问题的监管。2018 年，国务院印发了《个人所得税专项附加扣除暂行办法》，增加了子女教育、继续教育、大病医疗、住房贷款利息、住房租金、赡养老人等 6 项专项附加扣

---

① 中共中央文献研究室编《十八大以来重要文献选编》上，中央文献出版社，2014，第 537 页。

② 习近平：《关于〈中共中央关于坚持和完善中国特色社会主义制度 推进国家治理体系和治理能力现代化若干重大问题的决定〉的说明》，《中国民政》2019 年第 21 期，第 17~19 页。

除，是我国利用税收调节收入分配的重要体现。同年我国修订了《中华人民共和国个人所得税法实施条例》，完善经营所得应纳税所得额的计算方法。同时，我国还将个人所得税的起征点由 2011 年的 3500 元提高到了 2018 年的 5000 元（见图 7-4）。至此，我国税收改革的大体框架建立。

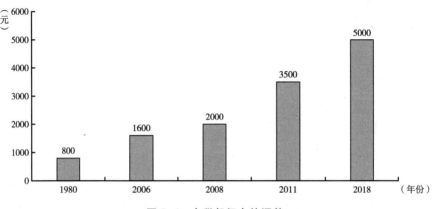

图 7-4　个税起征点的调整

在第三阶段（2019 年以来），我国依然出台了相关政策对税收制度进行完善。2019 年，国务院印发了《实施更大规模减税降费后调整中央与地方收入划分改革推进方案》，强调在保持增值税中央地方"五五分享"比例的前提下，完善退税分担机制，后移消费税征收环节。2021 年，中共中央办公厅、国务院办公厅印发了《关于进一步深化税收征管改革的意见》，优化税收征管、监管体系，同时强调推进税收数字化、智能化的改造。2022 年，国务院印发了《关于设立 3 岁以下婴幼儿照护个人所得税专项附加扣除的通知》，增加了税收专项扣除项目。2012 年以来的税收相关制度见表 7-8。

表 7-8　2012 年以来的税收相关制度

时间	文件	内容
2014 年 12 月 9 日	《关于清理规范税收等优惠政策的通知》	全面规范税收等优惠政策，促进形成全国统一的市场体系

续表

时间	文件	内容
2015 年 12 月 24 日	《深化国税、地税征管体制改革方案》	理清税收征管职责划分，创新纳税服务机制，提高纳税服务水平
2016 年 4 月 29 日	《全面推开营改增试点后调整中央与地方增值税收入划分过渡方案》	保持现有财力格局不变，注重调动地方积极性，兼顾好东中西部利益关系，加大对欠发达地区支持力度
2017 年 8 月 29 日	《关于完善反洗钱、反恐怖融资、反逃税监管体制机制的意见》	完善跨境异常资金监控机制，预防打击跨境金融犯罪活动
2018 年 12 月 18 日	修订《中华人民共和国个人所得税法实施条例》	明确对符合居民个人标准的境外人士的税收优惠，完善经营所得应纳税所得额的计算方法，明确相关事项政策界限
2018 年 12 月 13 日	《个人所得税专项附加扣除暂行办法》	增加了子女教育、继续教育、大病医疗、住房贷款利息、住房租金、赡养老人等 6 项专项附加扣除
2019 年 10 月 9 日	《实施更大规模减税降费后调整中央与地方收入划分改革推进方案》	保持增值税"五五分享"比例稳定，完善增值税退税分担机制，后移消费税征收环节，并稳步下划地方
2021 年 3 月 24 日	《关于进一步深化税收征管改革的意见》	优化税收征管体制，完善税务监管体系，推进税收数字化、智能化改造
2022 年 3 月 28 日	《关于设立 3 岁以下婴幼儿照护个人所得税专项附加扣除的通知》	设立 3 岁以下婴儿照护个人所得税专项附加扣除

（二）进一步完善统一化的社会保障制度

社会保障是确保人民共享发展成果，推进共同富裕的重要制度安排，由基本公共服务、养老和医疗保障体系、兜底救助体系、住房供应和保障体系等多项内容构成。我国的社会保障制度经过几十年的发展，在保障民生方面发挥着至关重要的作用。

在新时代，我国对社会保障制度的改革主要体现在相关制度的统一化、规范化上。2016 年，国务院印发了《关于整合城乡居民基本医疗保险制度的意见》，对城乡医疗保险的覆盖范围、筹资政策、保障待遇、医保目录、定点管理、基金管理进行统一管理，开始逐步推进我国公共服务的均等化。2017 年，国务院印发了《"十三五"推进基本公共服务均等化规划》，提出建立国家基本公共服务清单制，确定了公共教育、劳动就业创业、社会保险、医疗卫生、社会服务、住房保障、公共文化体育、残疾人服务等八个领域的 81 个公共服务项目，并以此作为政府履行职责和公民享有相应权利的范畴，为我国基本公共服务设立了明确的标准。2018 年 2 月，国务院印发了《基本公共服务领域中央与地方共同财政事权和支出责任划分改革方案》，以理清财政事权和支出责任划分，明确基本公共服务领域中央与地方财政事权范围，制定基本公共服务保障国家基础标准，调整完善转移支付制度。同年 7 月，中央审议通过了《关于建立健全基本公共服务标准体系的指导意见》，提出从国家、行业、地方、基层服务机构 4 个层面构建基本公共服务标准体系的总体框架。2020 年 3 月，中共中央、国务院印发了《关于深化医疗保障制度改革的意见》，提出完善公平适度的待遇保障机制，完善基本医疗保险制度，实行医疗保障待遇清单制度，健全统一规范的医疗救助制度，完善重大疫情医疗救治费用保障机制。随后针对新冠疫情的特殊情况，印发了《中央应对新型冠状病毒感染肺炎疫情工作领导小组关于进一步做好疫情防控期间困难群众兜底保障工作的通知》，强调保障疫情防控期间困难群众基本生活，坚持应保尽保、保障到位。同时保障好陷入临时困境外来人员基本生活。2021 年，国家发展改革委等 21 部门联合发布《国家基本公共服务标准（2021 年版）》，对于基本公共服务建立了清晰的国家标准，涵盖幼有所育、学有所教、劳有所得、病有所医、老有所养、住有所居、弱有所扶等百姓最为关心的"七有"，以及优军服务保障、文体服务保障"两个保障"，共 9 个方面 22 大类 80 个服务项目，并明确了每个项目的服务对象、服务内容、服务标准、支出责任和牵头负责单位，进一步细化了我国的基本公共服务标准。2021 年，国务院印发了《"十四五"残疾人保障和发展规划》，明确于 2025 年形成多形式的残疾人就业支持体系、更加完备的残疾人基本公共服务体系，残疾人事业基础保障条件明显改善，质量效益不断提升。2021 年底，国务院印发了《"十四五"城乡社区服务体系建设规划》，提出建立以各类社区服务设施为依托，以满足村（社区）居民生活需求、提高生活品质为目标，以公共服务、便民利民服务、志愿服务为主要内容的服务网络和运行机制。2022 年，中共中央、国务院印发了《关于构建更高水平的全民健身公共服务体系的意见》，强调要健全全民健身组织网络，推动全民健身公共服务城乡区域均衡发展。2012年以来的社会保障相关制度见表 7-9。

表 7-9 2012 年以来的社会保障相关制度

时间	文件	内容
2016 年 1 月 12 日	《关于整合城乡居民基本医疗保险制度的意见》	统一城乡医疗保险的覆盖范围、筹资政策、保障待遇、医保目录、定点管理、基金管理
2017 年 3 月 1 日	《"十三五"推进基本公共服务均等化规划》	提出建立国家基本公共服务清单制,确定了公共教育等八个领域的81 个公共服务项目,并以此作为政府履行职责和公民享有相应权利的范畴
2018 年 1 月 27 日	《基本公共服务领域中央与地方共同财政事权和支出责任划分改革方案》	理清财政事权和支出责任划分,明确基本公共服务领域中央与地方财政事权范围,制定基本公共服务保障国家基础标准,调整完善转移支付制度
2018 年 7 月 6 日	《关于建立健全基本公共服务标准体系的指导意见》	从国家、行业、地方、基层服务机构 4 个层面构建基本公共服务标准体系的总体框架
2020 年 3 月 5 日	《关于深化医疗保障制度改革的意见》	完善公平适度的待遇保障机制,完善基本医疗保险制度,实行医疗保障待遇清单制度,健全统一规范的医疗救助制度,完善重大疫情医疗救治费用保障机制
2020 年 3 月 7 日	《中央应对新型冠状病毒感染肺炎疫情工作领导小组关于进一步做好疫情防控期间困难群众兜底保障工作的通知》	保障疫情防控期间困难群众基本生活,坚持应保尽保、保障到位。同时保障好陷入临时困境外来人员基本生活

续表

时间	文件	内容
2020 年 8 月 25 日	《关于改革完善社会救助制度的意见》	建立健全分层分类的社会救助体系,夯实基本生活救助,健全专项社会救助
2021 年 3 月 30 日	《国家基本公共服务标准(2021 年版)》	对于基本公共服务建立了清晰的国家标准,并明确了每个项目的服务对象、服务内容、服务标准、支出责任和牵头负责单位
2021 年 7 月 21 日	《"十四五"残疾人保障和发展规划》	形成多形式的残疾人就业支持体系、更加完备的残疾人基本公共服务体系
2021 年 12 月 27 日	《"十四五"城乡社区服务体系建设规划》	建设以公共服务、便民利民服务、志愿服务为主要内容的服务网络和运行机制
2022 年 3 月 23 日	《关于构建更高水平的全民健身公共服务体系的意见》	健全全民健身组织网络,推动全民健身公共服务城乡区域均衡发展

(三) 进一步完善转移支付管理制度

在我国,转移支付既包括中央和地方之间的转移支付,也包括政府直接对居民的转移支付。与社会保障主要提供服务不同,转移支付更多的是直接以货币的形式发放,是更直接的收入再分配形式。"政府对居民的转移支付主要以困难补助、农业补助以及养老金等形式发放到居民手中,能够直接增加居民收入,影响社会收入分配状况及居民收入预期"①,是新时代再分配制度的重要体现。

我国在新时代的转移支付制度更加强调对农业农村以及其他落后地区的支持作用。2015 年,国务院印发了《关于改革和完善中央对地方转移支付制度的意见》,提出合理划分中央和地方事权与支出责任,推进转移支付制度改革,形成以均衡地区间基本财力、由地方政府统筹安排使用的一般性转移支付为主体,一般性转移支付和专项转移支付相结合的转移支付制度,以解决

---

① 朱德云、王溪:《政府转移支付对农村居民家庭消费的影响研究》,《审计与经济研究》2022 年第 1 期,第 106~114 页。

之前中央和地方权责不清晰、转移支付结构不合理的问题。2019 年，财政部印发了《农村综合改革转移支付绩效管理办法》与《农业相关转移支付资金绩效管理办法》，提出通过规范和加强农业农村转移支付绩效管理、建立健全激励和约束机制，提高资金使用效益和农业农村转移支付帮扶效益。2021 年，财政部等 5 部门联合印发了《中央生态环保转移支付资金项目储备制度管理暂行办法》，进一步规范和加强中央生态环保转移支付资金管理，充分发挥生态环保资金职能作用。2022 年，财政部印发了《中央对地方均衡性转移支付办法》，进一步规范中央对地方均衡性转移支付的分配、使用和管理，明确了均衡性转移支付的测算方法、使用范围。同时还印发了《中央对地方重点生态功能区转移支付办法》，加强重点生态功能区转移支付的分配、使用和管理，明确重点生态功能区转移支付的支持范围、资金使用原则、补助测算方法。2012 年以来的转移支付相关制度见表 7-10。

表 7-10 2012 年以来的转移支付相关制度

时间	文件	内容
2015 年 2 月 2 日	《关于改革和完善中央对地方转移支付制度的意见》	优化转移支付结构，完善一般性转移支付制度，从严控制专项转移支付，规范专项支付分配和使用
2019 年 3 月 29 日	《农村综合改革转移支付绩效管理办法》	规范和加强农村综合改革转移支付绩效管理，提高资金使用效益
2019 年 5 月 29 日	《农业相关转移支付资金绩效管理办法》	建立健全激励和约束机制
2021 年 8 月 23 日	《中央生态环保转移支付资金项目储备制度管理暂行办法》	进一步规范和加强中央生态环保转移支付资金管理，充分发挥生态环保资金职能作用
2022 年 4 月 13 日	《中央对地方均衡性转移支付办法》	进一步规范中央对地方均衡性转移支付的分配、使用和管理
2022 年 4 月 13 日	《中央对地方重点生态功能区转移支付办法》	加强重点生态功能区转移支付的分配、使用和管理

三 进一步完善发展三次分配制度

我国在新时代十分强调三次分配的发展，并且在分配思想中多次提出完善相关法律法规。我国发布、修改了一系列关于公益慈善的法律法规。

2014 年，国务院印发了《关于促进慈善事业健康发展的指导意见》，鼓励和支持以扶贫济困为重点开展慈善活动，培育和规范各类慈善组织，加强对慈善组织和慈善活动的监督管理。2015 年，财政部、海关总署和国家税务总局公布了《慈善捐赠物资免征进口税收暂行办法》，规范对慈善事业捐赠物资的进口管理。2016 年，第十二届全国人民代表大会第四次会议通过了《中华人民共和国慈善法》，为各项慈善行为确立了法律规范，提供了法律保障，促进了慈善事业的发展。其中第三章第二十三条规定："慈善组织通过互联网开展公开募捐的，应当在国务院民政部门统一或者指定的慈善信息平台发布募捐信息，并可以同时在其网站发布募捐信息。"这为我国慈善事业与互联网相互结合，以及互联网慈善事业蓬勃发展提供了法律保障。2017 年，全国人大常委会通过了《全国人民代表大会常务委员会关于修改〈中华人民共和国企业所得税法〉的决定》，修改了关于公益性捐赠的条款，将第九条修改为"企业发生的公益性捐赠支出，在年度利润总额 12% 以内的部分，准予在计算应纳税所得额时扣除；超过年度利润总额 12% 的部分，准予结转以后三年内在计算应纳税所得额时扣除"。增加了公益性捐赠对于纳税扣除的时间范围，进一步加大了对慈善事业的税收减免。2020 年，财政部、税务总局、民政部发布了《关于公益性捐赠税前扣除有关事项的公告》，细化了我国公益性捐赠税前扣除有关事项。2012 年以来的三次分配相关制度见表 7-11。

表 7-11   2012 年以来的三次分配相关制度

时间	文件	内容
2014 年 12 月 18 日	《关于促进慈善事业健康发展的指导意见》	鼓励和支持以扶贫济困为重点开展慈善活动，培育和规范各类慈善组织，加强对慈善组织和慈善活动的监督管理
2015 年 12 月 23 日	《慈善捐赠物资免征进口税收暂行办法》	支持慈善事业发挥扶贫济困积极作用，规范对慈善事业捐赠物资的进口管理

续表

时间	文件	内容
2016 年 9 月 1 日	《中华人民共和国慈善法》	为各项慈善行为确立了法律规范,提供了法律保障
2017 年 2 月 24 日	《全国人民代表大会常务委员会关于修改〈中华人民共和国企业所得税法〉的决定》	企业发生的公益性捐赠支出,在年度利润总额 12% 以内的部分,准予在计算应纳税所得额时扣除;超过年度利润总额 12% 的部分,准予结转以后三年内在计算应纳税所得额时扣除
2020 年 5 月 13 日	《关于公益性捐赠税前扣除有关事项的公告》	细化了我国公益性捐赠税前扣除有关事项

综上所述,社会存在决定社会意识,社会意识也会反作用于社会存在。分配制度是分配思想的直接体现,是连接思想和实践之间的桥梁。分配思想只有通过形成可以落到实处的分配制度并使制度加以执行,才会对我们的现实生活产生影响。这一时期,我国在初次分配中强调公平与效率并重,并确立了提高劳动收入占比和完善按要素分配体系这两个具体方向。为了提高劳动收入占比,我国在这一时期制定了一系列制度来明确企业、机关、事业单位如何利用市场化的方式来确定工资的多少和增长方式,同时着重强调保护劳动所得。为了完善按要素分配体系,我国在这一时期明确了要素的范围,同时完善了要素市场化交易制度。在再分配方面,我国更加重视公平,在思想上强调完善调节机制、加大调节力度、提高精准性。在税收方面,我国通过改革国地税、统一全国税收体系的方式完善税收制度,从而提高税收收缴率,有效防止偷税漏税问题;通过调整个税起征点、增加税收减免等方式减轻低收入人群的税收负担。在社会保障方面,我国在这一时期提出了对各种社会保障制度,例如社保、医保等进行统一管理,同时强调各项公共服务服务,例如养老服务、社会服务、全民健身服务等的均等化。在转移支付方面,我国完善了中央与地方之间的转移支付制度,缩小区域之间的收入差距,同时对农业、生态等领域出台了专项转移支付的办法。在三次分配方面,我国大力支持发挥三次分配作用,从法律层面明确了各项慈善行为的规范,为慈善活动提供了法律保障;并且为各项慈善事业提供了专项税收减免。这一系列分配制度的出台,指导了我国的实践,达到了显著的效果。

第四节　中国特色社会主义新时代的分配实践及影响

制度只有通过实践才能真正对现实的社会存在产生影响。在新时代，我国在分配领域进行了大量的相关实践并取得了显著的成果。

一　初次分配相关实践及影响

初次分配的相关实践主要体现在精准扶贫、保障劳动者权益、整治垄断问题三个方面。

（一）开展精准扶贫，消除绝对贫困

精准扶贫是我国打赢脱贫攻坚战，全面建成小康社会，实现第一个百年奋斗目标的重要举措。2013 年 11 月，习近平在湖南湘西考察时首次提出"实事求是、因地制宜、分类指导、精准扶贫"。随后 2014 年中共中央办公厅、国务院办公厅印发了《关于创新机制扎实推进农村扶贫开发工作的意见》，对精准扶贫做出了具体的要求。

精准扶贫是相对于粗放式扶贫而言的，其重要特点是对扶贫对象实行精细化管理和扶持，通过对贫困人口的精准识别、精准管理，对扶贫资源进行精细化的配置，从而进行更加科学、有效的扶贫，以实现"扶真贫、真扶贫、脱真贫、真脱贫"。在精准扶贫中，产业扶贫是消除贫困最重要、最具创新性的扶贫方案，以将资源开发与扶贫工作结合起来，在新时代利用互联网、大数据等信息手段，以发展产业的方式，将贫困人口手中的各类生产要素利用起来，使其参与生产并获得相应的报酬，从而达到扶贫的效果。

经过 8 年的精准扶贫，全国实现了现行标准（每人每天 1.9 美元）下 9899 万农村人口全部脱贫，832 个贫困县全部摘帽，12.8 万个贫困村全部出列。到 2020 年底，各少数民族自治区与多民族省份 3121 万贫困人口全部脱贫，28 个人口较少民族实现整族脱贫。[①] 2021 年 2 月 25 日，我国政府正式宣布实现了"消除农村绝对贫困"的目标。

（二）支持劳动者权益保障，确保劳动收入稳中有升

自党的十八大我国提出两个"同步"、两个"提高"以来，确保劳动

---

① 《中国的全面小康》，《人民日报》2021 年 9 月 29 日，第 10 版。

收入伴随经济增长以及劳动生产率同步提高就一直是我国社会的重要目标。

首先，我国制定了一系列工资协商制度，提高劳动者议价能力，同时将劳动者工资与效益挂钩，确保工资与经济发展同步同向。然后，我国在这一时期通过了一系列法律法规保护劳动者权益，对于拖欠农民工工资等损害劳动者权益、违反劳动法的行为从严从重处罚。根据国家统计局数据，我国劳动报酬争议案件受理数由 2012 年的 225981 件上升到了 2020 年的 462729 件，案件受理数增长了 1 倍多（见图 7-5）。说明了随着我国劳动者报酬保护体制的完善、渠道的畅通，劳动报酬相关案件逐年增加，法律手段在我国劳动者报酬保护体系中发挥越来越重要的作用。

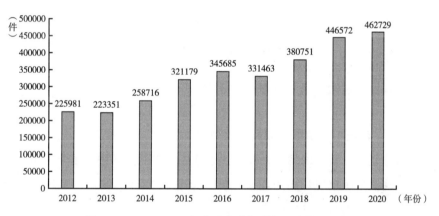

图 7-5　2012~2020 年我国劳动报酬争议案件受理数

资料来源：国家统计局。

我国城镇单位就业人员平均工资由 2012 年的 46769 元上涨到了 2020 年的 97379 元，年均增长率达到了 9.6%，超过了 GDP 的年均增长率 8.3%，以及居民消费价格指数年均增长率 2.1%。① 这表明在一系列工资协商制度的协助下，我国城镇单位就业人员平均工资有着较为明显的提升。2020 年，国内生产总值为 1013567 亿元，相较于 2011 年增长了 2.1 倍，2020 年城镇单位就业人员平均工资为 106837 元，较 2011 年增长了

---

① 数据来源：国家统计局。

2.56倍，增长速度超过了国内生产总值。① 在这一时期，我国劳动者报酬占比也逐步提高，如图7-6所示，从2011年的45.61%提高到了2020年的52.35%，彰显了我国两个"同步"、两个"提高"政策正在稳步落实。

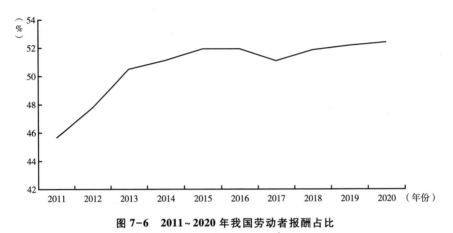

图7-6   2011～2020年我国劳动者报酬占比

注：劳动者报酬占比 =（劳动者报酬/国内生产总值）×100%。
资料来源：国家统计局，前瞻数据库。

（三）整治平台垄断，规范资本分配

随着经济、科技的发展，互联网逐渐成为人们生活中最重要的生产生活工具。根据国家统计局的数据，2012年到2020年，我国的互联网普及率从42.1%上升到了70.4%②，孕育了一大批互联网巨头。它们利用互联网平台赢家通吃的特点，往往采用低价抢占市场，随后利用其垄断势力攫取大量利润，最终导致广大互联网从业者无法获得与其贡献相匹配的报酬，使消费者失去了自由消费的权利，收入朝着少数人不断集中。这些乱象反映出了我国市场经济的不健全与不完善，尤其是在反垄断方面。以下几种行为被定位为典型的垄断行为。

第一，"二选一"行为，即企业通过其市场地位优势，为其竞争对手设立额外的市场壁垒，从而谋取高额利润。2011年腾讯与360爆发的"3Q大战"、2017年京东诉天猫案等都属于"二选一"行为。

---

① 数据来源：国家统计局。

② 数据来源：国家统计局。

第二，大数据杀熟行为，即经营者通过大数据分析对用户进行定位描摹，形成精准的用户画像，并为其提供特定价格的商品或服务，实现"千人千面"的定价方式。[①]

第三，平台封禁行为，即平台利用技术手段禁止其他经营者的链接或内容在平台分配或展示的行为。[②]

2020 年底，中央开始多次提出"强化反垄断，防止资本无序扩张"。随后，在 2021 年 4 月 10 日，国家市场监督管理总局对阿里巴巴集团处以182.28 亿元的罚款，正式拉开我国互联网反垄断的序幕。随后，我国接连对美团、扬子江药业、公牛集团等多个公司开出了反垄断罚单，对互联网企业的多笔违规收购、合并进行了处罚。我国的反垄断体系机制也在不断健全，在政府层面，2021 年 11 月 18 日，国家反垄断局成立；在法律层面，2021 年 10 月 23 日，《中华人民共和国反垄断法（修正草案）》开始公开征求意见，修改的主要内容就是关于互联网垄断行为的规制与加大处罚力度。互联网平台经济正式进入强监管时代。随后于次年 1 月，国家市场监督管理总局反垄断官网再一次公布了 13 件行政处罚案件，时间横跨 6 年，涉及腾讯、阿里、京东等各大互联网巨头。

二　再分配相关实践及影响

再分配的相关实践主要表现在公共服务均等化、打破城乡社保壁垒、查处偷税漏税、强化生态转移支付等四个方面。

（一）建立均等化的公共服务体系

根据国家"十二五"规划，公共服务指的是建立在一定社会共识基础上，由政府主导提供与经济社会发展水平和阶段相适应的、旨在保障全体公民生存和发展基本需求的服务。公共服务体系具有明显的兜底性，对于保障困难群体、弱势群体的生存、发展权益有着至关重要的作用，也是再分配体系的重要组成部分。

---

① 文铭、莫殷：《大数据杀熟定价算法的法律规制》，《北京航空航天大学学报》（社会科学版）2023 年第 2 期，第 59~66 页。

② 殷继国：《互联网平台封禁行为的反垄断法规制》，《现代法学》2021 年第 4 期，第143~155 页。

　　党的十八届三中全会提出了"推进城乡基本公共服务均等化""城镇基本公共服务常住人口全覆盖"等改革任务，各项公共服务指标都有明显改善。截至 2020 年底，我国基本医疗保险制度趋于完善，城乡基本医疗保险与大病保险大大提升了中低收入群体的医疗保障水平；我国学前教育毛入学率、义务教育巩固率分别达到了 85.2%、95.2%，新增劳动力人均受教育年限也达到了 13.8 年，较 2009 年提高了 1.4 年；同时，城乡医疗卫生体系、公共卫生体系的建设也大大提高了居民预期寿命，达到了 77.3 岁，并且在 2019 年底突如其来的新冠疫情中发挥着至关重要的作用。[①]

　　（二）统一城乡社会保障体系

　　我国各项基本公共服务不断发展，同时均等化水平不断提高。城市与乡村的各项基本保障逐步拉平。

　　2012 年 8 月，新型农村社会养老保险制度和城镇居民社会养老保险制度全覆盖工作全面启动。2014 年，李克强总理在国务院会议上正式宣布将新型农村社会养老保险和城镇居民社会养老保险合并，建立全国统一的城乡居民基本养老保险制度，打破了城乡养老壁垒，更好地保障了城乡居民的老年基本生活。自合并以来，相关参保人数逐年增加，如图 7-7 所示，由 2014 年的 50107.5 万人增长到了 2021 年的 54797.0 万人。2016 年，国务院发布了《关于整合城乡居民基本医疗保险制度的意见》，整合城镇居民基本医疗保险和新型农村合作医疗两项制度，建立统一的城乡居民基本医疗保险制度，并逐步开始试行。

　　在打破城乡社会保障壁垒的同时，我国基本社会保障水平持续提高。到 2021 年 6 月，我国已有 10.14 亿人参加了基本养老保险，2.22 亿人参加了失业保险，2.74 亿人参加了工伤保险，基本医疗保险覆盖超过 13 亿人[②]，实现了应保尽保。

　　（三）利用大数据精准查处偷税漏税

　　税收是国家主要的收入来源，近年来，我国在减税降费，降低低收入

---

① 《中国的全面小康》，《人民日报》2021 年 9 月 29 日，第 10 版。

② 《中国的全面小康》，《人民日报》2021 年 9 月 29 日，第 10 版。

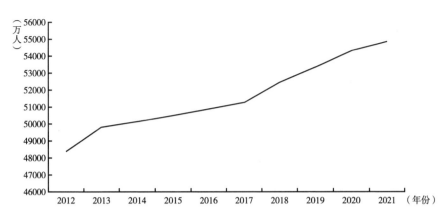

图7-7　2012~2021年我国城乡居民社会养老保险参保人数

资料来源：国家统计局。

群体的税收负担的同时坚决打击偷税漏税，避免高收入群体逃避税收责任。根据全国税务工作会议披露，2021年，税务部门依法查处虚开骗税企业44万户，挽回税收损失909亿元，抓获犯罪嫌疑人43459人，5841名嫌疑人慑于高压态势投案自首。①

借助我国数字经济的蓬勃发展，依托大数据进行的精准分类监管已经成为我国税收稽查的主要手段。大数据分析通过对纳税人从设立到注销全周期的申报数据、缴款数据、发票数据、涉税违法违章数据的分析整理，发现其中的异常数据，堵住税收漏洞。阴阳合同、转换收入性质等偷税漏税手段在大数据的监管之下无所遁形，纷纷暴露。2021年杭州税务机关通过大数据分析发现了著名网络主播薇娅偷逃税款7亿元，在警告无果后，处以13.41亿元的罚款。② 2022年上海税务局第四稽查局同样通过大数据分析发现了邓伦在2019~2020年偷逃个人所得税4765.82万元，最终依法对其追缴税款、加收滞纳金并罚款1.06亿元。③

---

① 《税务多部门合作严堵偷税漏税》，《华夏时报》2022年1月17日，第7版。
② "央视新闻"微博账号，2021年12月20日，https://weibo.com/2656274875/47165-10087481591。
③ "央视新闻"微博账号，2022年3月15日，https://weibo.com/2656274875/47473-13647979785。

（四）建立生态转移支付体系

国家在对个人的财政支付上，除了加大之前就有的农业补助、困难补助、养老金等传统转移支付力度以外，还重点增加了生态转移支付。生态转移支付具体表现为政府为那些提供了生态环境公共产品的地区及当地群众提供专项转移支付。生态环境属于公共产品，有着较高的正外部性。但是在 21 世纪初的以经济建设为中心的时代，各地都急于发展经济而忽略对生态环境的保护，出现了明显的"公地悲剧"，导致生态环境急剧恶化。为了解决这一问题，我国以"两山论"为基础，通过生态转移支付的手段，将"绿水青山"的正外部性内化，使其真正成为"金山银山"。大多数情况下，生态环境与经济发展水平成反比。在此之前，拥有绿水青山的乡村地区的发展往往存在成本高、对环境破坏大的问题。简单粗暴的发展既得不到好的效果，又破坏生态环境，而生态转移支付的政策，既可以保护生态环境，又可以让当地居民增加收入，还发挥了各地的比较优势，是我国再分配体系的典型政策。

三　三次分配相关实践及影响

以慈善事业为主体的三次分配在新时代也呈现了与以往不同的特点。

（一）推动地方慈善机构发展

我国慈善事业在具体实现层面，坚持国家引导、企业主导、社会参与的联动体系，于 2016 年确立了每年 9 月 5 日为"中华慈善日"。我国社区基金会资产在 2019 年达到了 5.3 亿元，相较于 2012 年的 0.13 亿元增长了近 40 倍①，逐步成为社区资源整合、特定公共服务的重要执行者、供给者，在我国再分配体系中发挥着越来越重要的作用。

各地方慈善机构近年来发展迅速，接受善款数量逐年稳步提升。根据 2015～2020 年的《中华慈善年鉴》，2020 年中华慈善总会与其收录的 101 家慈善会全年接受慈善款物总额为 344.02 亿元，接受慈善款物总额自 2017 年达到峰值后略有回落，然后一直保持稳定。但是，中华慈善总会和其团体会员慈善机构接受慈善款物的比例则有了较大的变化，中华慈善

---

① 数据来源：《中国社区基金会数据报告》，2021 年 7 月。

总会接受慈善款物自 2017 年之后逐年下降，但是其团体会员慈善机构接受的慈善款物在新时代依旧逐年上升（见图 7-8）。

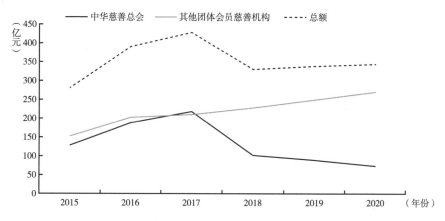

图 7-8 2015~2020 年中华慈善总会及其团体会员接受社会捐赠款物

资料来源：2015~2020 年《中华慈善年鉴》。

（二）鼓励互联网慈善发展

随着我国互联网信息技术和网络社交媒体的发展，互联网成为慈善公益活动的重要工具，有着逐渐取代传统慈善捐赠的趋势。2016 年《中华人民共和国慈善法》颁布，为互联网慈善提供了制度保障。现在已经有腾讯公益、京东公益、水滴公益等 30 家平台被民政部指定为互联网募捐平台。互联网慈善的发展大幅降低了公益活动的参与成本，扩大了慈善活动的覆盖范围。

我国在互联网募集的善款每年增长率都在 20% 以上，2020 年发布的《中国网络慈善发展报告》显示，2019 年 20 家指定互联网平台的募捐在社会募捐总量中的占比达到了 4.1%，募集的善款超过 54 亿元，比上年增长了 68%，较十年前增长了 90 倍。互联网慈善正在成为普通人参与慈善活动的重要渠道和主要方式。

总之，在新时代收入分配思想、制度的指引下，通过以上三个层面的分配实践，我国的收入分配格局有了明显的改善，人均可支配收入基尼系数整体呈下降趋势，由 2012 年的 0.474 降为 2020 年的 0.468（见图 7-9）。我国的城镇人均可支配收入由 2012 年的 24127 元增长到了 2021 年的 47412 元，年均增长率 7.8%。而农村居民的可支配收入由 8389 元上涨到了 18931 元，年均增长率达到了9.5%①，增速明显高于城镇居民，我国的城乡收入差距在一定程度上缩小。这些都得益于我国在收入分配领域的各项有力举措，是社会意识对社会存在反作用的重要体现。

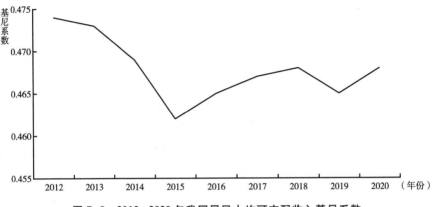

图 7-9　2012~2020 年我国居民人均可支配收入基尼系数

资料来源：国家统计局。

第五节　本章小结

社会存在决定社会意识，社会意识是社会存在的反映并反作用于社会存在。不同的时代背景（社会存在）决定了不同的分配思想（社会意识）的诞生，分配思想通过形成相应的分配制度，在实践过程中对人们的生活造成影响，继而反作用于社会存在。

如图 7-10 所示，由于国内外环境（社会存在）的变化，我国做出了中国特色社会主义进入新时代的重大论断。在国内，一方面人民日益增长的美好生活需要和不平衡不充分的发展之间的矛盾成为主要矛盾，使得我们必须重视起"分蛋糕"的问题。另一方面我国在党的十八大确立了两个百年奋斗目标，要于建党一百年全面建成小康社会，

① 数据来源：国家统计局。

于新中国成立一百年建成富强民主文明和谐的社会主义现代化强国，对"分蛋糕"这一分配问题提出了具体的要求。在国外，世界正在经历百年未有之大变局，国家间经济、科技、意识形态竞争日趋激烈，一个良好的收入分配结构是国家竞争力的保证。国内外、主客观条件都要求我国有一个更加均衡、合理、公平的收入结构，也孕育了新时代以"共享共富"为核心的分配思想（社会意识）。

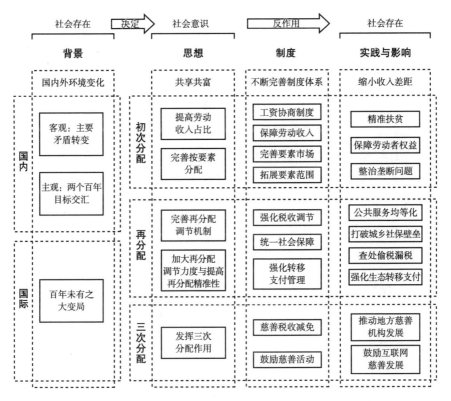

图 7-10　中国特色社会主义新时代分配思想、制度、实践及影响的演化脉络

在以共享发展为方法、共同富裕为目标的整体分配思想下，在初次分配、再分配、三次分配的领域中都衍生了分配思想。在初次分配中，强调效率与公平并重，市场发挥决定性作用，具体确立了"提高劳动收入占比、完善按要素分配"的分配思想；在再分配中，更加强调公平，以政府为主导，具体确立了"完善再分配调节机制、加大再

分配调节力度与提高再分配精准性"的分配思想；在三次分配中，强调政府引导、民间主导，具体确立了"发挥三次分配作用"的分配思想。正是由于在初次分配、再分配、三次分配中都有明确的分配思想，我国在这一时期的分配制度也体现出了初次分配、再分配、三次分配并重的思想。在初次分配中，出台了一系列政策以"完善工资协商制度，保障劳动收入""完善要素市场，拓展要素范围"；在再分配中，从制度层面"强化税收调节""统一社会保障""强化转移支付管理"；在三次分配中，以"慈善税收减免""鼓励慈善活动"为主要制度保障。而分配思想通过分配制度最终影响实践的过程，也是社会意识反作用于社会存在的过程。随着各层面制度的落地，各层面制度在实践方面都产生了重要影响。在初次分配中，进行了精准扶贫、保障劳动者权益、整治垄断问题的相关实践；在再分配中，进行了公共服务均等化、打破城乡社保壁垒、查处偷税漏税、强化生态转移支付的相关实践；在三次分配中，也出现了地方慈善机构发展、互联网慈善兴起的现象。各项实践均对我们的现实生活产生了巨大的影响，带领我们朝着共同富裕的目标前进。

第八章

经济思想史视阈下百年分配制度演化的
特点、逻辑及其现实影响

第一节　百年分配制度的演化特点

中国的分配制度在百年中经历多次演化、革新，在这许多的变化之中，又伴随一些始终不变的因素，这便是中国分配制度的演化特点。

一　始终坚持党的领导

党的领导是中国经济实现创新发展的最根本保证，党历来重视对经济工作的领导。毛泽东强调，要加强党对三大改造工作的领导和对国民经济体系调整工作的指导。改革开放后，邓小平强调，党的领导，是坚持四项基本原则的核心。习近平更是将党对经济工作的领导地位提升到了新的高度。分配工作是经济工作的重要有机组成，分配制度创建、完善和发展的每一步都离不开党的领导，这是中国分配制度百年演化的最重要特征。

在马克思主义思想的洗礼中成长起来的中国共产党，无论是在革命时期还是在经济建设时期，都能准确认清所面对的主要矛盾，并围绕其安排各项经济工作，制定合理有序的分配制度，以满足人民的真正需求和国民经济的健康发展。中国是世界上拥有人口最多的国家，只有坚持中国共产党的集中统一领导，才能使全国人民拧成一股绳，劲往一处使，解决中国在经济发展过程中面临的各种问题。分配制度的百年发展历程表明，坚持中国共产党的领导，是分配制度不断革新、经济建设不断取得辉煌成就的根本所在。党在不同时期背景下对中国社会现实的正确判断，使党制定了各种与现实相适应的分配制度，并保证了分配政策在演化过程中的一致性和连贯性。党依靠核心领导地位协调各方利益，发挥我国的制度优越性。实践证明，只有坚持党的领导，才能不断推动中国经济向前发展。

中国共产党有别于其他政党的重要标志便是敢于自我革命，这也是中国共产党保持青春活力的重要支撑。中国分配制度在百年历程中走过不少弯路，同时也在失败中实现自我革新。"党的伟大不在于不犯错误，而在于从不讳疾忌医，积极开展批评和自我批评，敢于直面问题，勇于自我革命。"① 分配制度在落实过程中并非带来的都是好的结果，那些不当的分配制度所造成的影响便推动了分配制度的自我革新。1931 年土地革命时期，在土地分配问题中，《关于土地问题的决议案》主张"地主不分田，富农分坏田"，引发了地主和富农的激烈反抗，在之后党对土地的分配政策重新进行了调整，主张按人口平均分配土地，从而解决了地主的生存问题。党的十一届三中全会对平均主义的拨乱反正，是党的历史上具有深刻意义的自我革命。在分配方面，破除了计划经济时期的平均主义倾向，重新将按劳分配确立为主要的分配方式，并辅之以多种生产要素按其贡献大小参与分配，激发了广大劳动者的积极性，推动了社会主义市场经济的平稳运行与发展。

二　始终坚持人民立场

马克思主义同其他学说最显著的区别在于，其理论能直接反映广大人民群众的根本利益。马克思认为人是主体性的存在，人民群众创造了历史，同时是社会进步的动力源泉，坚持人民立场是马克思主义政党的本质要求。《共产党宣言》为什么问世 170 多年而不衰，不仅是因为马克思主义具有与时俱进的品质，更是因为其坚持的人民立场，这正是《共产党宣言》的生命力所在。

---

① 《中国共产党第十九届中央委员会第六次全体会议文件汇编》，人民出版社，2021，第101 页。

中国有深厚的以民为本的文化积淀，《尚书》言"民为邦本，本固邦宁"、管子曰"政之所兴，在顺民心"、唐太宗之"民贵君轻"、张载愿"为生民立命"等，都体现了中华文化中以民为本的深厚情怀，对党在分配制度变革中的人民立场产生了深刻的内在影响。在新民主主义革命时期，年轻的中国共产党就已经把坚守人民立场、维护人民利益作为一切革命运动的出发点。土地革命时期，中国共产党为了群众不再被地主剥削，领导人民群众"打土豪、分田地"，使人民群众获得了政治上、经济上的解放，调动了人民群众参与革命斗争和经济建设的积极性。人民是社会革命"真正的铜墙铁壁"，毛泽东同志充分肯定了人民群众的主体地位，主张广大干部在任何时候都要与人民群众保持血肉联系。以毛泽东同志为核心的中国共产党的第一代中央领导集体，始终将依靠群众、为了群众作为矢志不渝的奋斗目标。改革开放以后，以邓小平同志为核心的党的第二代中央领导集体继续坚守人民立场，发挥人民在社会主义现代化建设中的积极作用，极大增强了人民群众的使命感和荣誉感，开启了中国的现代化征程。为了提高农民收入，中国共产党由局部到全国推行家庭联产承包责任制，允许除劳动之外的其他生产要素按贡献参与分配，从而提高了生产要素所有者的收入，创造了更多条件提高人民的财产性收入。"三个有利于"、"三个代表"重要思想、"以人为本"都是党坚守人民立场的理论体现。

新时代，随着人民群众主体意识和国家综合国力不断提升，党中央提出"以人民为中心"的思想。江山就是人民、人民就是江山，打江山、守江山，守的是人民的心。这一思想，是对一代又一代共产党人奋斗精神的继承和发展，体现了马克思主义政党的人民性。中国分配制度的百年变革，也是围绕维护广大人民的利益而进行的，中国共产党始终是中国人民切身利益的忠实捍卫者。坚持人民立场，我们才得以完成全面建成小康社会这一历史重任，历史性地解决"绝对贫困"这一重大问题，创造新的世界奇迹。人民是党的力量之源，是党执政的最大底气和最深根基。在一切经济工作中，党都必须始终坚持人民立场，尊重人民的主体地位，有能力从人民那里汲取智慧和力量。只有坚持发展为了人民，发展依靠人民，人民共享发展成果，使中国经济发展始终立足于满足人民需要，中国的经济发展才能更加稳定，在面对各种困难时才能更有自信和底气。

三　尊重国情，从实际出发，致力于解决社会主要矛盾、实现共同富裕

实事求是，是马克思主义活的灵魂，"是中国共产党人认识世界、改造世界的根本要求"①。实事求是也是中华民族几千年优秀哲学思想的精髓，孔子"子绝四：毋意、毋必、毋固、毋我"、老子"道法自然"、荀子"知有所合谓之智"、王廷相"知行并举"等，都是崇尚实践出真知的思想典范。坚持实事求是，是中国共产党一贯的行事准则，是中国共产党百年经济工作的理论基石，是中国共产党领导人民进行革命、建设、改革的制胜法宝。

中国分配制度是中国共产党对中国各个时期的具体国情有了深刻把握，对各阶段的生产力实际发展水平和社会主要矛盾进行精准分析之后，才得以确立的。尽管收入分配政策一直在改变，但中国共产党为人民谋幸福、为民族谋复兴的初心没有改变，带领全体人民实现共同富裕的目标从未改变。作为中国共产党实事求是路线的主要创建者，毛泽东在《实践论》等一系列文章中系统阐述了实事求是思想，指出"要做到实事求是，就必须大兴调查研究之风，必须下马看花"②。新中国成立后，党中央继续坚持实事求是，寻求马克思主义理论与中国现实的"二次结合"，但是在分配制度落实过程中产生了严重的平均主义倾向，导致与实事求是路线偏离。1978 年以后，以邓小平同志为核心的党的第二代中央领导集体重新确立实事求是思想路线。这一阶段，中国的分配制度开始重视发展生产力，建立并完善社会保障体系，寻求多种渠道增加居民财产性收入，以满足人民日益增长的物质文化需要。经验证明，"什么时候坚持实事求是，党就能够形成符合客观实际、体现发展规律、顺应人民意愿的正确路线方针政策，党和人民事业就能够不断取得胜利；反之，离开了实事求是，党

---

① 习近平：《在纪念毛泽东同志诞辰 120 周年座谈会上的讲话》，人民出版社，2013，第15 页。

② 温济泽、李言、金紫光等编《延安中央研究院回忆录》，中国社会科学出版社、湖南人民出版社，1984，第 36~37 页。

和人民事业就会受到损失甚至严重挫折"①。为了实现全面建成小康社会的百年目标，中国共产党发起脱贫攻坚战，采取精准扶贫、易地扶贫等多种方式帮助贫困人口顺利脱贫，从而消除了全国范围内的绝对贫困问题，实现了脱贫攻坚战的全面胜利。党始终坚持分配制度改革要以人民利益为出发点，谋求分配制度改革的进一步深化以提升人民的生活水平，脚踏实地，带领人民走向共同富裕。

四　博采众长，在自主探索的同时借鉴其他国家先进成果和经验

思想不是固执不变的僵化体系，从其形成来看，思想在与实践的辩证互动中进行自我反思和发展，在实践中自我完善，从而能够辩证地看待客观事物的本质属性。马克思主义认为，人类对客观事物的认识是一个动态开放的过程，没有一种认知能够一成不变适用于各种情况，否则其便是空洞不切实际的。真理越辩越明，经得起推敲和反复辩驳才能最终成为真理，并继续深入发展，避免成为僵化的教条。将马克思主义与中国具体实际相结合探索中国社会主义分配制度，是党自主探索的一大成果，但一味走自主探索之路只会造成自身思想的固守和僵化。中国的分配制度改革本身较其他国家起步较晚，因此其他国家在分配制度方面的先进理论和改革经验对我们来说是快速赶超其他国家的必要借鉴。

中国的社会主义分配制度在一步步走向成熟的过程中，一直以先进的分配思想和理论为指导，并不断与其他国家进行对话交流，借鉴其他国家的成功经验为自己所用，从而形成了包容人类智慧结晶的分配思想和制度体系。马克思主义政治经济学的诸多优秀著作在百年来深刻启迪了中国共产党人的经济建设，在各个时期党的分配制度制定中也发挥着重要的指导作用。除了马克思主义相关理论，中国共产党也在广泛学习其他国家的各种先进理论。亚当·斯密、大卫·李嘉图、马歇尔、萨伊等著名经济学家关于分配的论述，都是中国分配制度理论得以形成的理论源泉。毛泽东指出："我们的方针是，一切民族、一切国家的长处都要学，政治、经济、

---

① 习近平：《坚持实事求是的思想路线》，《学习时报》2012年5月28日，第1版。

科学、技术、文学、艺术的一切真正好的东西都要学。"① 改革开放政策的实行，更有助于中国共产党向世界上其他先进国家学习经济建设的经验。西方经济学的许多经典理论与方法对我国的经济体制改革产生了深刻的影响。可以说，中国各阶段的分配制度都是众多先进分配思想有效结合的成果，是对国外众多先进思想的本土化创新。党的十八大提出构建人类命运共同体，更是要求我们敞开思想的大门，冲破僵化思维的禁锢，以开放包容的姿态对世界各国先进分配制度的思想和经验取其精华、去其糟粕，使我国的分配制度向着更合理的方向发展。

五　围绕现实，动态调整公平与效率的关系

对公平和效率关系的正确认识是分配制度改革的一个重要环节，良好分配制度的形成离不开对公平与效率问题的正确处理。中国社会主义道路的最终指向是共同富裕，"共同"侧重公平，"富裕"侧重效率，要最终实现共同富裕，公平和效率一个也不能少。纵观中国分配制度的百年变革史，中国共产党破除了"鱼与熊掌不可兼得"的固化思维，坚持公平与效率相统一，根据不同时期的具体发展情况，动态调整公平与效率的关系。在经济生活中，公平决定效率，只有人人都能够公平地以投入换取回报，人们才会提高自己的工作效率；效率反作用于公平，工作效率提升使资源优化配置，从而有助于实现更高层次的公平。

新民主主义革命时期，中国共产党最初在处理公平和效率时带有明显的平均主义色彩，但在后期认识到其弊端之后进行了纠正。新中国成立以后，中国共产党在处理公平与效率的关系上同样更注重公平，分配制度整体上明显向平均主义方向演化，这种思想从整风运动开始，到人民公社时期最为严重。1978 年后，中国共产党开始探索对收入分配制度的改革，重新认识公平与效率的关系。党的十三大提出在提高效率的前提下体现社会公平，党的十四届三中全会提出效率优先、兼顾公平。党的十六大提出初次分配重效率、再分配重公平，党的十六届五中全会提出要特别关注就业和分配过程的公平，党的十七大提出初次分配和再分配都要处理好效率

---

① 《毛泽东著作选读》下册，人民出版社，1986，第 740 页。

和公平的关系，再分配更加注重公平。如果说 1978~2012 年这段时期分配制度更加侧重于效率，那么进入新时代，分配制度则更加注重公平。党的十八大提出发展成果应由全体人民共享，后来又进一步提出要缩小收入分配差距，增加低收入者的收入。这一时期"共享"理念的提出充分体现了党对公平问题的关注。梳理中国分配制度的百年历程，可以看出坚持公平与效率统一始终是党的一项基本原则，党针对不同时期的具体国情对公平和效率有不同程度的侧重，从而实现公平与效率兼得，共同推动经济建设。

第二节　百年分配制度演化的历史逻辑、理论逻辑与实践逻辑

自 1921 年创立以来，中国共产党在不同的历史时期推出了不同的分配制度，回顾百年来这些分配制度的演化过程，不难看出蕴含其中的历史逻辑、理论逻辑及实践逻辑。

一　百年分配制度演化的历史逻辑

就历史逻辑而言，百年分配制度的演化是中国共产党在特定历史时空中以制度为载体呼应时代命题的动态过程。换言之，百年分配制度演化的历史逻辑即中国共产党在特定历史时空中以制度为载体对时代命题的呼应。

社会存在决定社会意识，社会意识又会反作用于社会存在。各个时期的分配制度一经产生，便成为一种社会存在，但这种社会存在的产生必须置于更宽泛的考察过程才能被准确解读。中国共产党是其分配制度的制定主体，中国共产党在各个历史时期的分配思想决定了各个时期的分配制度，而中国共产党在各个时期的分配思想又取决于各个历史时期的社会大背景及中国共产党的生存处境。显然，中国共产党各个时期的分配思想这一社会意识是社会存在的产物，但社会意识一经产生，马上又会反作用于社会存在。受中国共产党各个时期分配思想的影响，各个时期的分配制度应时而生，并通过中国共产党的分配实践改变社会大背景及中国共产党的

处境，形成新的社会存在，进而开启下一轮的演化，如此，动态运动不止。从这个意义上来说，中国百年分配制度演化亦是社会存在与社会意识动态互动过程的有机组成。

自 1921 年，中国共产党筚路蓝缕，经历了新民主主义革命时期、社会主义革命和建设时期、改革开放和社会主义现代化建设新时期、中国特色社会主义新时代等不同的历史时期。每一个历史时期皆是特定的时空，皆有特定的时代命题，中国共产党所面临的社会大环境与自身的处境皆是不同的，以上种种不同决定了每一个历史时期的分配制度不同。换句话说，各个时期的分配制度是中国共产党以制度形式对时代命题的呼应。新民主主义革命时期，中国共产党要呼应反帝反封建的时代命题，以制度解决生产资料分配不均成为必然选择。新中国成立至 1978 年，社会主义革命和建设时期，中国共产党要呼应短期内立国、发展社会主义经济的时代命题，以制度使各种生产要素流向国家急需发展的领域亦成必然。1978～2012 年是中国改革开放、不断融入国际经济秩序的时期，中国共产党需呼应使中国进一步富起来、进一步体现社会主义优越性的时代命题，以制度提升效率的同时保证公平成为中国共产党的首选。2012 年以来，在中国特色社会主义新时代，国际风云变幻莫测、中国经济步入新常态，中国共产党需呼应使中国强起来、高质量发展的时代命题，以制度促使共同富裕目标的实现成为中国共产党的时代选择。这些在不同历史时期呼应时代命题的不同分配制度以时间维度组合起来，就构成了中国百年分配制度的演化。

二　百年分配制度演化的理论逻辑

就理论逻辑而言，中国百年分配制度演化是马克思主义收入分配思想与制度理论的中国化发展、创新过程。换言之，中国百年分配制度演化的理论逻辑即马克思主义收入分配思想与制度理论的中国化发展。

马克思主义是中国共产党的指导思想，马克思主义的收入分配思想与制度理论自然也在各个历史时期深刻影响中国的分配制度，但中国共产党最难能可贵之处就在于，并没有照搬照抄马克思主义分配思想与制度，而是将之与中国革命与实践相结合，对其进行了创新性的中国化发展，从而在各个不同的历史时期，供给了既契合马克思主义分配宗旨又符合中国实际国情的分配制度，在国际范围内丰富了马克思主义分配思想与制度，形成了深受马克思主义影响又别具一格的中国特色社会主义分配理论。

马克思重点研究的是资本主义社会的生产关系及社会发展规律，对于包括分配关系在内的社会主义生产关系涉及较少，但在1875年所写的《哥达纲领批判》中，他明确地提出了相关构想。马克思认为共产主义社会存在两个发展阶段，一个是低级阶段，一个是高级阶段，不同阶段的分配制度完全不同。在低级阶段，新社会刚从资本主义社会脱离出来，还带有旧社会的痕迹，虽然生产资料由全社会共同占有，但社会产品在进行必要扣除之后还需实行等量劳动相交换的原则，实行按劳分配。在高级阶段，生产力发展，物质资料极大丰富，劳动成为生活第一需要而非谋生手段，脑力劳动与体力劳动的对立消失，此时，社会产品实行按需分配。马克思主义分配思想明确了共产主义社会分配的社会性、复杂性与阶段性，这成为中国共产党在各个时期制定分配制度的理论依据。

中国共产党在各个时期制定分配制度的过程中，充分结合中国革命与实践的具体情况，在坚持马克思主义分配宗旨的同时，因地制宜、因时制宜地凝练出符合中国实际情况的分配思想与制度理论。新民主主义革命时期，反帝反封建是中国革命的主要任务，中国共产党的分配思想不断动态调整，从没收生产资料、实现公平分配到以政府为主体进行要素分配，再到军队优先分配、人民合理负担，最后转为消灭私人占有、实行公有。社会主义革命和建设时期，解放与发展社会主义生产力成为现实重大需求，中国共产党的分配思想又从新中国成立初期的多元分配转至按劳分配为主。改革开放和社会主义现代化建设新时期，中国社会主义现代化建设实践进入市场驱动阶段，激活各种生产要素成为迫切现实需求，中国共产党的分配思想进一步转至按劳分配为主、多种分配方式并存，市场在资源配置过程中起基础性作用。进入中国特色社会主义新时代，高质量发展成为现实需求，侧重公平的社会保障体系构建成为衡量高质量发展的重要指标，因而，中国共产党，一方面注重效率，坚持按劳分配与按生产要素分配相结合，进一步让市场在资源配置过程中起决定性作用；另一方面，完善与公平相关的分配制度，侧重共同富裕，最终形成了如下分配思想：提高劳动报酬在国民收入中的比重，促进劳动收入与劳动生产率一同增长，优化行业之间、岗位之间的劳动收入格局，完善社会保险、社会救济、社会优抚和社会福利等社会保障制度，完善最低工资制度，以精准扶贫政策全面消除贫困等。按时间顺序，把中国共产党在各个时期的分配思想有机组合起来，就形成了中国百年分配制度的指导思想的演化，也是马克思主义分配思想的中国化过程。

三　百年分配制度演化的实践逻辑

就实践逻辑而言，中国百年分配制度演化是中国共产党以共同富裕为目标、以人民为中心，用制度对各时期社会利益关系进行的调整。换言之，中国百年分配制度演化的实践逻辑即中国共产党以共同富裕为目标、以人民为中心，用制度对各时期社会利益关系进行的调整。

共同富裕是社会主义的本质规定与最终目标。社会主义本质论的内容即解放生产力、发展生产力、消灭剥削、消除两极分化，最终达到共同富裕。随着生产力的不断发展，社会主义最终要实现的是消除剥削与两极分化的普遍富裕。以人民为中心是中国特色社会主义政治经济学的根本立场，是社会主义革命与实践的基本出发点，是社会主义制度优越性的集中体现。人民群众是历史的创造者，是历史发展的根本动力。赢民心者赢天下，人民的人心向背决定着社会发展的基本走向。分配制度与利益关系密切相关，作为有能力供给分配制度的主体，为了实现最终的共同富裕目标，坚持以人民为中心的根本立场，中国共产党在不同历史时期，不断通过分配制度调整整个社会的利益关系。

自中国共产党成立以来，百年分配制度演化过程中的共同富裕目标与人民立场始终如一，各时期的分配制度也很好地调整了其所在阶段的社会利益关系。值得强调的是，人民群众的内涵随着革命形势的变化而不断丰富与拓展。新民主主义革命时期，中国共产党团结一切可以团结的人民群众，人民群众的内涵不断变化：以知识分子与工人为主（中国共产党创立初期）→以工人阶级为主，包括工、农、知识分子、小资产阶级、民族资产阶级等在内的广大民众（国民革命时期）→以工农为主体，重点是农民（土地革命时期）→一切抗日的爱国群众（抗日战争时期）→一切反对国民党反动统治、反对官僚资产阶级与地主阶级的民众（解放战争时期）。总之，中国共产党在这段时期内将所有反帝反封建的爱国人士争取过来，使其加入新民主主义革命的阵营中，并成功走出了一条农村包围城市的革命道路。在分配制度方面，中国共产党以农民为主体的分配制度从减租减息发展到按人口平均分配土地，为最广大的受压迫受剥削的农民群众争取利益；以工人为主体的分配制度从同工同酬、动态调整工人工资制度发展至激励性的差异化工资制度，为工人争取更多利益；以民族资本家为主体的分配制度也从没收帝国主义在华资本、支持民族资本发展转变为劳资两利制度，为民族资本家争取发展空间与利益。社会主义革命与建设时期，中国共产党保障所有拥护中国共产党领导、拥护社会主义的最广大人民群众的根本利益。为进一步解放与发展生产力，中国共产党通过三大改造建立了以公有制为主体的社会主义所有制，生产决定分配，随着社会主义所有制形成，以按劳分配为主的分配制度自然产生。中国共产党用按劳分配为主的分配制度保障了全体社会主义劳动者、社会主义事业建设者的根本利益。改革开放和社会主义现代化建设新时期，为了更有效地融入更大的国际市场，吸引各种优势国际生产要素流入中国，在更大程度上解放与发展生产力，中国共产党进一步丰富人民群众的内涵，包括个体户、私营企业主、外资企业、爱国华侨等在内的所有为社会主义现代化建设贡献力量的阶级、阶层、社会团体都是人民群众的有机组成。在分配制度方面，用按劳分配为主、多种分配方式并存的制度调整社会大众利益，服务于我国的社会主义现代化建设。进入中国特色社会主义新时代，中国共产党又将一切有利于中国高质量发展的主体充分调动起来。在分配制度方面，中国共产党通过进一步完善社会主义分配制度、把按劳分配与按生产要素分配相结合，解决人民日益增长的美好生活需要和不平衡不充分的发展之间的矛盾，为实现共同富裕不断调整社会利益关系。同样，按时间顺序考察中国共产党在各个历史阶段以分配制度调整社会利益关系的分配实践，不难发现，中国共产党坚守人民立场、为实现最终的共同富裕目标而不断解放与发展生产力的实践一以贯之。

第三节　百年分配制度演化的理论与实践意义

中国社会主义分配制度经历百年自我革新与突破，是被实践检验了的有利于中国发展的分配制度，在理论与实践上都有极为重要的意义。

一　百年分配制度演化的理论意义

（一）揭示了中国奇迹的制度基础，为分配制度改革与发展提供理论支撑

正确认识中国的经济增长，必须考虑中国的收入分配制度，这样才能客观认识中国经济的高速发展和新时代中国经济的高质量发展。从贫弱的旧中国到世界第二大经济体，100年来，中国共产党领导中国人民艰苦奋斗，先后创造了中国革命奇迹和中国经济发展奇迹。

新民主主义革命时期，中国共产党创造性地将马克思主义基本原理同中国实际相结合，形成了系统的新民主主义经济理论，这是中国人自主探索符合中国特色的革命道路和经济理论的重大飞跃，为向社会主义的转化奠定了基础。社会主义制度的建立更为中国未来的发展进步奠定了深厚的制度基础。改革开放40多年，我国经济高速发展，创造了震惊世界的中国经济发展奇迹，在此期间，中国共产党打破了单一公有制结构的束缚，积极探索多种所有制实现形式，建立了以按劳分配为主、多种分配方式并存的分配制度。

中国奇迹曾被许多国内外学者研究，但较少有学者从收入分配的角度出发思考中国经济奇迹以及中国经济的发展问题。通过回顾研究中国分配制度的演化历程及实践经验，我们得到的启示是，将收入分配纳入经济增长的分析框架，才能真正理解中国经济为何能实现高速增长。按劳分配是社会主义的分配原则，在效率优先、发展经济的同时兼顾公平、坚持维护社会公平正义。分配制度的实践经验还告诉我们激励对于提高经济效率有重要作用，"人们对激励总会做出正确反应"。因此，中国奇迹的产生也绝对离不开分配制度的激励效用。新时代，经济的转型升级同样离不开完善的激励机制推动，这也要求收入分配体制改革进一步深入推进，不断完

善中国特色收入分配制度理论体系，为中国经济发展提供更完善的理论指导和激励机制。经济新常态下，要加强分配制度改革与全面深化改革的联动发展，从而最终创设一个机会公平、规则公平、权利公平的分配环境，构建合理的收入分配新格局，使人人皆可公平享有发展成果。

（二）丰富和发展马克思主义分配理论，为社会主义基本经济制度理论发展做出新贡献

马克思主义分配理论是经实践证明的科学理论，具有深厚的理论内涵和缜密的组织结构。在马克思主义按劳分配理论中，分配是再生产过程的四大环节之一，其理论基石是劳动价值论，主要分配方式是按劳分配，最终是为了实现公平分配。中国共产党始终以此理论为指引，在经济建设过程中不断推动其中国化发展。分配制度的发展演化与所有制结构的演化保持协调，遵循了生产与分配的辩证统一关系，为马克思主义分配理论注入了新的生机与活力。

中国的分配制度始终以社会主义初级阶段的基本国情为基础，虽然在长达一个世纪的时间里不断演化，但它不仅始终坚持了马克思关于生产资料所有制决定分配方式和权利的基本观点，还创造性地结合了除按劳分配外，按生产要素贡献参与分配的新分配模式，这使得分配理论在社会主义市场经济中获得了更加丰富多样的实践形式，极大地丰富了马克思主义分配理论。

党的十九届四中全会将分配制度确立为社会主义基本经济制度，这是党对马克思主义分配理论的又一创新之举。党的十九大报告对分配问题的讨论主要集中在以下三个方面：一是要推动收入分配更加合理有序，坚持完善按劳分配与按要素分配相结合的体制机制；二是支持艰苦奋斗致富，保护合法收入，取缔非法收入，扩大中等收入群体，增加低收入群体的收入，调节过高收入；三是健全再分配调节机制，拓宽居民财产性收入来源渠道。在马克思、恩格斯对未来世界的畅想中，"代替那存在着阶级和阶级对立的资产阶级旧社会的，将是这样一个联合体，在那里，每个人的自由发展是一切人的自由发展的条件"[1]。仅仅把生产资料所有制制度作为

---

[1] 《马克思恩格斯选集》第 1 卷，人民出版社，1995，第 294 页。

社会主义基本经济制度是远远不够的，因此，党的十九大将分配制度上升为中国特色社会主义基本经济制度，具有理论上的必然性，是对马克思主义分配理论的新发展。同时，中国分配制度的演化创新也为中国特色社会主义政治经济学注入了新的发展活力和内生动力。

（三）为发展经济学提供微观基础，为其他国家解决收入不平等问题贡献中国方案

发展经济学也十分关注经济增长与收入分配之间的关系。一直以来，西方发展经济学理论在谈论收入分配与经济发展时始终坚持"涓滴效应"和"库兹涅茨倒 U 形假说"。两者都假定了市场机制的运行最终会使得收入分配均衡或趋同，然而现实是随着经济的发展，许多国家并没有出现收入差距缩小的趋势。要想消除贫困和缩小收入分配差距，经济增长是必要基础，但我们无法肯定经济增长能自动或必然带来贫困减少或收入分配差距缩小。因此，发展经济学主张将收入分配问题与贫困的现实相结合，特别关注人口占比更大的低收入群体的贫困问题，并且关注结构性因素如何影响收入分配，关注生产方式变革、社会福利水平等与收入分配的关系。

中国是目前全球最大的发展中国家，也是发展经济学的研究对象，在中国分配制度的演化过程中，邓小平同志提出了"先富带动后富"的新理念，与"涓滴效应"有异曲同工之妙，在解决收入分配差距拉大的问题上中国同样借鉴了诸如福利经济学的相关理论。中国对于公平和效率二者关系的看法也不断改变，中国的分配理论跳出了单一的"公平论"和"效率论"，创造性地提出了"公平和效率都要兼顾"的理念，引导分配制度改革始终为经济发展和收入差距缩小服务，探索既有利于经济增长又有利于收入分配差距缩小的经济发展模式。这种思路的提出较好地解决了收入分配研究领域公平和效率不可兼得的问题，从而有助于丰富发展经济学的理论体系，并为世界上其他国家解决收入分配不平等问题贡献中国思路和中国方案。

二　百年分配制度演化的现实意义

（一）分配各环节成效凸显，为实现全体人民共同富裕提供制度保障

市场机制主导的初次分配、政府机制主导的再分配和社会机制主导的三次分配是中国收入分配的三大环节，共同服务于分配公平。在中国分配制度的演化历程中，三大分配环节协同能力不断提高，分配机制不断完善，取得了一定的成效。

1. 初次分配：居民收入水平不断提高，收入来源愈加丰富

初次分配是最基础的分配，是收入分配的第一环节，是个人收入的最主要来源，由市场自发调控。初次分配重视效率，我国的分配制度在演化过程中由单一的按劳分配方式逐渐转向允许各种分配方式并存，让资本、技术、数据等生产要素可以按贡献进行分配，这直接关系到国家、企业（集体）和个人的经济利益，因此初次分配过程需要兼顾三方利益，从而更好地调动各方积极性。1978 年，改革开放的大幕拉开，我国经济进入腾飞阶段，劳动者报酬从 1978 年的 1984 亿元上升至 2018 年的 476220 亿元，实现了近 240 倍的高速增长。到 2019 年，城镇单位就业人员工资总额达到 154296 亿元，平均工资也达到 90501 元。[1] 可见，我国居民收入水平得到了显著提高。

改革开放前我国实行按劳分配制，劳动者收入渠道较少。改革开放后，为了改善人民的生活条件，除了提高劳动者工资水平外，还开拓了更多渠道丰富居民收入来源，如鼓励各生产要素按贡献参与分配。虽然使劳动报酬占比有所下降，但是居民可以通过自己的要素获得另一部分收入，总体上居民收入是提高的。党的十七大报告提出"创造条件让居民拥有更多财产性收入"，如利息、红利、房租等，使更多人进入中等收入群体行列。党的十八大以来，党中央多次提出要拓宽居民各项收入渠道，多措并举提高人民收入水平，不断缩小收入差距。

2. 再分配：税制和社会保障体系不断完善

再分配，即二次分配，是通过税收和社会保障等手段调节分配的过程。我国税收调节收入分配的方式同样与经济发展阶段相适应，随着经济发展水平的提高，税收制度也不断完善。新中国成立前中国共产党并没有建立完整的税收体系，税收工作主要是为了减轻人民负担。1950 年，面临新中国成立初期严峻的经济形势，中央人民政府发布《全国税收实施

---

① 数据来源：由《中国统计年鉴（2020）》相关数据整理计算得到。

要则》，建立了我国第一部税收体系，形成了多税种、多层次的复合税制格局，对收入分配产生了较明显的调控作用，但计划经济时期经济形势的变化使多层次的复合税制格局严重简化，税收对收入分配的调控作用被严重削弱。改革开放以后，开放的经济形势再次推动了新一轮税制改革，我国重新建立了多税种、多层次的税收体系，以所得税为主，重新恢复对收入分配的调控作用，并积极推动各项事业健康发展。个人所得税体量实现较快增长，这种上升态势有利于调节过高的收入。1994年的税制改革奠定了我国现行税制结构的基础，历经多年改革，税收法律体系不断健全，收入征管流程日益规范，税制结构日益优化，不断顺应国际税制的改革趋势。目前我国的税收体系仍存在结构性失衡问题，流量税占比过大，所得税尤其是个人所得税占比过低，在缓解收入差距逐渐拉大的问题方面仍有欠缺。因此，"十四五"时期，税制结构调整成为改革的一大重点，使我国的税制体系向更有利于收入分配调节的方向迈进。

社会保障在我国收入分配领域发挥着巨大作用，是实现社会公平的有效途径。在分配制度的演化过程中，社会保障体系也在不断完善，致力于保障人民生活，加大保障力度，提高保障有效性。新中国成立前，中国共产党通过一些文件如《最近职工运动议决案》等救助失业工人、灾民难民。新中国成立后，中国的社会保障体系开始建设，1951年政务院颁发《中华人民共和国劳动保险条例》，标志着我国劳动保险制度建立，随后，劳动保障范围不断扩大。1956年设立了"五保"制度，向农村孤老幼残提供保障，自此，社会保障制度在中国农村得以形成。计划经济时期社会保障体系的社会化功能遭到严重削弱，至党的十一届三中全会召开，才重新建立社会化的社会保障制度。改革开放初，由于法制不健全，立法滞后，社会保障事业发展较为缓慢。20世纪90年代起，结合具体国情和建立多层次社会保障体系的需要，中共中央出台了一系列文件对社会保障制度进行优化。这些实践为社会保障管理体制改革积累了丰富的经验。1998年，劳动和社会保障部成立，对社会保障实现了社会化管理，还成立了全国社会保障基金理事会，一系列政策的实行推动了社会保障改革的深入发展。社会保障发展到当下，通过兜底线、保基本、社会救助等，对2020

年消除绝对贫困发挥了无可替代的作用。党的十八大提出全覆盖、保基本、多层次、可持续的社会保障工作方针，要求实现人人享有社会保障的基本目标。"十三五"期间，我国建成全球规模最大的社会保障体系，基本医疗保险覆盖超 13 亿人，基本养老保险覆盖近 10 亿人。[①]

3. 三次分配：慈善事业迅猛发展

三次分配是分配领域的"第三只手"，对前两次分配有不可或缺的补充作用。虽然三次分配的概念在 1994 年才提出，但慈善事业已在中国有相当长的历史。晚清义赈使传统慈善事业开始向近代慈善事业过渡，战争时期，救济难民是慈善事业的最重要内容，并且其他慈善事业也愈加丰富。但计划经济时期的大包大揽使中国的慈善事业在长达 30 多年的时间里销声匿迹，在此期间，中国没有一个真正意义上的民间慈善组织。

改革开放的快速发展为慈善事业的复兴提供了条件，以 1981 年的中国儿童少年基金会成立为起点，中国的慈善事业开始复兴并迅速发展，主要表现在以下几个方面。一是慈善机构规模不断壮大。民政部数据显示，截至 2020 年底，全国社会组织总量为 89.44 万个，其中社会团体 37.5 万个，社会服务机构 51.1 万个，基金会 8385 个。2020 年，全国社会公益资源总量为 4100 亿元，呈现喷涌之势，其中社会捐赠总量 1520 亿元，志愿者服务贡献价值折算为 1620 亿元，彩票公益金总量为 960 亿元。二是慈善活动愈加活跃。慈善事业的社会作用不断增强，成为社会保障的强有力辅助。为贫困儿童发起的"希望工程"、为残疾儿童发起的"微笑列车工程"、为干旱地区群众发起的"慈善雨水工程"等一系列慈善项目使大批弱势群体受益。三是民众慈善意识不断增强。经济发展使人们的手头更加宽裕，人们参与慈善的热情和能力不断提高，志愿服务队伍不断壮大。慈善观念不断深入群众，慈善理念得到大众普遍认同，越来越多的人积极参与慈善事业的队伍。2020 年，我国注册与非注册志愿者总量有 2.31 亿人，其中实名注册志愿者总数达 1.92 亿人，志愿团体 79 万个，累计志愿

---

① 《2022 全国两会调查结果出炉：依法治国、从严治党、社会保障最受关注》，农业农村部网站，2022 年 3 月 3 日，https：//www.moa.gov.cn/ztzl/2022lhjj/zdgz_ 29089/202203/t20220303_ 6390413.htm。

服务时间 37.19 亿小时。① 四是慈善组织运作更加规范化。国内一些规模较大的慈善机构，已经建立起了相对成熟的资金管理、财务审计和社会监督等制度，并且聘请专业顾问对机构的日常运作进行监督。工作范围和救助群体也不断扩大，逐渐形成了规范化、社会化、常态化的工作格局。五是国家对慈善事业的支持力度不断加大。国家出台了一系列相关的法律法规，鼓励支持慈善事业的发展，为慈善事业提供了良好的发展环境。习近平总书记在 2021 年 12 月的中央经济工作会议上提到，要"支持有意愿有能力的企业和社会群体积极参与公益慈善事业"，充分体现了党和国家对慈善事业发展的重要关注。在未来，三次分配仍将发挥其在分配领域的重要作用，助力共同富裕美好目标的最终实现。

（二）市场与政府协调配合，共同推动中国经济高质量发展

中国分配制度自产生到不断完善，最终形成中国特色社会主义分配制度，并在党的十九届四中全会上升为基本经济制度。坚持按劳分配为主体，有利于劳动者公正地获取收入。随着社会主义市场经济体制不断完善，劳动力市场的竞争机制也会鼓励劳动者努力提高自身能力水平，同时实现社会自主创新能力提高和人力资本积累。党的十五大召开之后，党开始允许并鼓励土地、资本、技术等其他生产要素按贡献参与分配，保护要素持有者对要素的所有权，从而提高各主体参与社会生产活动的积极性，为经济注入源源不断的活力。新时代，我们更加强调要由市场来决定资源配置，使各生产要素在市场的调控下配置到最合适的位置。同时，强调发挥好政府在资源配置中的宏观调控作用，通过恰当的分配制度调节收入差距，扩大中等收入群体规模，为经济高质量发展创造更好的环境。

新时代，面对新的发展问题，为了满足人民越来越多样化的需要，化解我国社会主要矛盾，经济必须更好地实现高质量发展。人是发展的主体，是发展的动力，更是发展的目的。走社会主义道路要求我们坚持人民立场，实现人的自由与解放，中国社会主义分配制度正是符合人民需求、维护人民利益且能够激发人民奋斗精神的制度。中国分配制度的演化也是

---

① 杨团、朱健刚主编《慈善蓝皮书：中国慈善发展报告（2021）》，社会科学文献出版社，2022。

以人民群众的实际需求为依据，以满足人民需求为目的。只有人的需求得到满足，作为市场活动主体和发展主体的人才能更具活力，发挥更大的积极性，从而使市场经济充满生机。党的十九届四中全会将分配制度上升为社会主义基本经济制度，更有利于充分调动广大劳动人民和要素所有者的生产积极性，为新常态下的市场经济源源不断注入活力，推动中国经济高质量发展。

（三）不断缩小收入差距，助力共同富裕目标的实现

中国分配制度经历百年变革，始终坚持人民立场，致力于缩小人民之间的贫富差距。针对地主阶级和官僚资产阶级"所占有的生产资料，极为巨大，以致垄断了全国的经济命脉"① 等现实情况，中国共产党根据不同时期的现实情况提出没收官僚资本等主张，重新分配生产资料，消灭剥削，保障人民公平享有生产资料和消费资料。三大改造完成后，党领导人民确立了社会主义制度。中共八大指出，当前经济文化发展已无法满足人民的需要，党的工作重心围绕新的社会矛盾转向集中力量发展生产力。改革开放以后，邓小平指出我们的生产力水平还远不能满足国家和人民的需要，落后的社会生产无法满足人民日益增长的物质文化需要。中国的分配制度改革以马克思劳动价值论确立的按劳分配为依据，但在社会主义市场经济体制之中，创造价值和财富的，除了劳动，还有其他生产要素，在分配中涉及贡献程度的问题，这就需要处理好效率和公平的关系。由于种种因素，我国收入差距不可避免地扩大，因此，需要一系列分配制度改革才能有效保障公平，推动共同富裕的实现。党的十八大提出，实现"两个同步"、提高"两个比重"，强调发挥分配制度的优势，发挥再分配的调节作用，不断缩小收入差距，从而在实现经济增长的同时保证人民共享发展成果，推动形成"橄榄型"分配格局。

土地作为人民手中最重要的生产资料，其变化最能体现收入差距缩小这一实际情况。土地改革前，地主和富农占农村人口不到10%，却占有70%~80%的土地，而占农村人口90%的贫农、雇农、中农及其他人民，却只占有20%~30%的土地，他们终年劳动，不得温饱。至土改结束后，

① 《毛泽东文集》第5卷，人民出版社，1996，第61页。

中国农村的土地占有情况才发生了根本性的变化：占农村人口约90%的贫农、中农（雇农已不复存在）占有全部耕地的90%以上，原来的地主和富农只占有全部耕地的8%左右，另有2%的土地为农村其他人所占有（包括部分公用土地），广大人民真正成为土地的主人。当前，我国的新一轮土地改革又见成效，通过对农村土地制度的改革，赋予集体土地与国有土地同等的使用权利，从而淡化城乡土地的二元属性，进一步推动城乡融合发展。截至2020年底，全国农村承包地确权登记颁证超96%，2亿农户领到了土地承包经营权证。自2014年起，历时五年，全国2838个县（市、区）的3.4万个乡镇55万多个行政村基本完成承包地确权登记颁证。① 党中央各项工作有序协调统筹，切切实实提高了农民的获得感。

共同富裕是社会主义优于资本主义的根本所在，中国特色社会主义的本质要求即是实现共同富裕。在提高生产力、积累社会财富的同时也要调节好分配，通过健全分配制度体系，推动初次分配、再分配、三次分配协同发展，使得发展成果人人可享。社会保障体系应以政府为主导，不断加强共享发展能力，并积极发挥社会主义市场经济中商业保险的辅助作用。新时代，为了完成反贫困这一重大任务，2013年，我国提出精准扶贫概念，并于2017年将其列为三大攻坚战之一。2021年全国脱贫攻坚总结表彰大会上，习近平总书记庄严宣告，中国取得了脱贫攻坚战的全面胜利，现行标准下9899万农村贫困人口全部脱贫，832个贫困县全部摘帽，12.8万个贫困村全部出列，区域性整体贫困得到解决，消除了绝对贫困，创造了足以彪炳史册的世界奇迹。中国人民距离实现共同富裕的伟大目标更近了。

---

① 《全国农村承包地确权登记颁证超96%　2亿农户领到土地承包经营权证》，《人民日报》2020年11月10日，第1版。

参考文献

白永秀、王颂吉：《中国共产党 100 年经济思想的主线、发展阶段与理论体系》，《西北大学学报》（哲学社会科学版）2021 年第 3 期。

白永秀、周博杨、王泽润：《中国共产党百年分配思想演进的历史逻辑、理论逻辑与实践逻辑》，《中国经济问题》2021 年第 3 期。

本书编写组：《中国共产党简史》，人民出版社、中共党史出版社，2021。

《蔡和森文集》，人民出版社，1980。

陈国涛、杨虎涛：《中国共产党百年经济思想与实践——中国政治经济学界的研究》，《政治经济学评论》2022 年第 3 期。

陈坚、王钦双：《往事回眸：共和国成长记事》，人民出版社，2011。

陈少强、覃凤琴：《新中国成立 70 年的税收治理逻辑》，《税务研究》2019 年第 10 期。

陈宗胜、张杰：《新中国前 30 年中国居民收入差别估算及影响因素分析——兼及改革开放前后中国居民收入基尼系数总趋势及比较》，《中国经济史研究》2021 年第 2 期。

《邓小平文选》第 2 卷，人民出版社，1994。

丁俊萍、梁毅：《百年来党的建设主题和主线的历史演进及其特点》，《毛泽东研究》2021 年第 3 期。

东北解放区财政经济史编写组：《东北解放区财政经济史资料选编》第 1 辑，黑龙江人民出版社，1988。

董淑兰、张汇军：《制造业企业发展质量测度与分析——来自 A 股上市公司 2018—2020 年的经验数据》,《嘉兴学院学报》2022 年第 4 期。

恩格斯:《反杜林论》,人民出版社,2015。

《马克思恩格斯全集》第 18 卷,人民出版社,1964。

樊润德、路敦荣编《晋绥根据地资料选编》第 1 集,中共吕梁地委党史资料办公室编印,1983。

范丹:《农村土地制度:变迁历程、基本特征与经验启示——基于百年党史的视角》,《农业考古》2021 年第 4 期。

房绍坤、周敏敏:《中国共产党农地制度百年变革的规律、经验与模式》,《求是学刊》2021 年第 4 期。

傅博娜:《按生产要素分配是发展市场经济的必然要求》,《中共石家庄市委党校学报》2003 年第 9 期。

国家统计局编《中国统计年鉴(1983)》,中国统计出版社,1984。

甘小武、邹进文、朱华雄:《土地革命时期中国共产党的财政思想研究》,《经济理论与经济管理》2021 年第 9 期。

高海燕:《20 世纪中国土地制度百年变迁的历史考察》,《浙江大学学报》(人文社会科学版)2007 年第 5 期。

高志仁、邹文娇:《新中国个人收入分配制度变迁及其动因分析》,《文史博览(理论)》2008 年第 3 期。

《关于深化收入分配制度改革的若干意见》,人民出版社,2013。

国家税务局编《税收工作文献汇编(1978—1992 年)》,法律出版社,1993。

海南行政区财经税收史领导小组办公室、海南行政区档案馆编《琼崖革命根据地财经税收史料选编》一,海南人民出版社,1984。

韩保江:《中国发展模式是怎样"炼成"的——基于中国改革开放史的考察与思考》,《经济研究参考》2013 年第 8 期。

韩文龙、唐湘:《三次分配促进共同富裕的重要作用与实践进路》,《经济纵横》2022 年第 4 期。

韩喜平、何况:《中国共产党百年分配制度变革及其人民立场》,《经济纵横》2021 年第 5 期。

韩杨:《中国粮食安全战略的理论逻辑、历史逻辑与实践逻辑》,《改革》2022 年第 1 期。

贺卫华、罗利远：《中国共产党百年经济政策与构建新发展格局》，《石河子大学学报》（哲学社会科学版）2021 年第 4 期。

洪文杰：《党的"耕者有其田"土地制度的历史考察》，《兰台世界》2011 年第 11 期。

洪银兴：《中国共产党百年经济思想述评》，《东南学术》2021 年第 3 期。

洪银兴：《中国共产党领导新中国的经济发展思想演进》，《管理世界》2021 年第 4 期。

胡锦涛：《坚定不移沿着中国特色社会主义道路前进　为全面建成小康社会而奋斗——在中国共产党第十八次全国代表大会上的报告（2012 年 11 月 8 日）》，《人民日报》2012 年 11 月 18 日，第 1 版。

胡寅寅：《"生命共同体"理念的马克思主义哲学阐释》，《思想政治教育研究》2021 年第 3 期。

华北人民政府秘书厅：《华北人民政府一年来工作报告》，中国第一历史档案馆资料室，1949。

黄明锋、祈海军、韩小卫：《论和谐社会的公正概念》，《学理论》2010 年第 1 期。

姬旭辉：《从"共同富裕"到"全面小康"——中国共产党关于收入分配的理论演进与实践历程》，《当代经济研究》2020 年第 9 期。

《建国以来毛泽东文稿》第 6 册，中央文献出版社，1992。

《建国以来毛泽东文稿》第 9 册，中央文献出版社，1996。

江苏省财政厅、江苏省档案馆财政经济史编写组合编《华中抗日根据地财政经济史料选编（江苏部分）》，档案出版社，1984。

江泽民：《高举邓小平理论伟大旗帜，把建设有中国特色社会主义事业全面推向二十一世纪——在中国共产党第十五次全国代表大会上的报告》，《求是》1997 年第 18 期。

蒋贤斌、赖红羽：《坚持与调适：新民主主义革命时期中国共产党税收理念的演变》，《中国井冈山干部学院学报》2019 年第 5 期。

晋绥边区财政经济史编写组、山西省档案馆：《晋绥边区财政经济史资料选编》（金融贸易编），山西人民出版社，1986。

康士勇、马文燕：《加入WTO对北京市工资收入的影响及对策》，《首都经济》2000年第12期。

孔祥利、谌玲：《社会主义经济理论发展：从单一公有制到基本经济制度》，《当代经济研究》2021年第3期。

李本公、姜力：《救灾救济》，中国社会出版社，1996。

《李大钊选集》，人民出版社，1959。

李楠：《我国收入分配制度的演进及其对收入差距变动的影响》，《江汉论坛》2005年第2期。

李万甫：《共和国70年税制变迁：历程、脉络和经验》，《财政研究》2019年第10期。

李新、陈铁健主编《中国新民主主义革命史长编——最后的决战（1947—1949）》，上海人民出版社，1997。

李子联：《中国收入分配制度的演变及其绩效（1949-2013）》，《南京大学学报》（哲学·人文科学·社会科学）2015年第1期。

《列宁全集》，人民出版社，2016。

林源、马金华：《中国百年税制体系的演变——以五四运动为逻辑起点》，《财政监督》2019年第22期。

刘灿：《中国特色社会主义收入分配理论》，《政治经济学评论》2022年第4期。

刘京主编《2008中国慈善捐赠发展蓝皮书》，中国社会出版社，2009。

刘录开、钟廷豪主编《中国革命根据地商业史》中国商业出版社，1997。

刘美婵：《税收制度与企业资源配置关系——以铁路运输企业为例》，硕士学位论文，北京交通大学，2010。

刘荣材：《中国共产党百年经济思想历史进程的逻辑起点与理论脉络》，《广东财经大学学报》2021年第6期。

刘胜强、孔颖、朱卫平：《建党一百年来中国税收制度改革历程回顾》，《财政监督》2021年第18期。

刘文勇：《社会主义收入分配的思想演进与制度变迁研究》，《上海经济研究》2021年第1期。

刘欣、景占魁主编《晋绥边区财政经济史（1937 年 7 月—1949 年 9 月）》，山西经济出版社，1992。

刘佐：《中国税制改革 50 年》，《当代中国史研究》2000 年第 7 期。

龙玉其：《中国收入分配制度的演变、收入差距与改革思考》，《东南学术》2011 年第 1 期。

陆和健：《1949-1952 年的农业税收与新中国国民经济的恢复》，《扬州大学税务学院学报》2004 年第 2 期。

《马克思恩格斯文集》第 7 卷，人民出版社，2009。

《马克思恩格斯全集》第 26 卷，人民出版社，2014。

马克思、恩格斯：《德意志意识形态》，人民出版社，1961。

《马克思恩格斯全集》第 10 卷，人民出版社，2012。

《马克思恩格斯全集》第 25 卷，人民出版社，2012。

《马克思恩格斯选集》第 1 卷，人民出版社，2012。

《马克思恩格斯选集》第 2 卷，人民出版社，2012。

《马克思恩格斯选集》第 3 卷，人民出版社，2012。

《马克思恩格斯选集》第 4 卷，人民出版社，2012。

马克思：《哥达纲领批判》，人民出版社，2015。

马克思：《资本论》第 3 卷，人民出版社，2018。

马修文：《如何在高质量发展中促进共同富裕》，《党课参考》2021 年第 18 期。

《毛泽东文集》第 5 卷，人民出版社，1996。

《毛泽东文集》第 6 卷，人民出版社，1999。

《毛泽东选集》第 3 卷，人民出版社，1991。

《毛泽东选集》第 4 卷，人民出版社，1991。

《毛泽东文集》第 8 卷，人民出版社，1999。

《毛泽东文集》第 7 卷，人民出版社，1999。

孟桢：《百年来中国共产党领导分配制度改革的理论基础、历程全景及其基本经验》，《湖南社会科学》2022 年第 1 期。

欧健：《共同富裕：历史方位、现实图景与实现机制》，《河南社会科学》2022 年第 1 期。

潘毅刚：《"稳字当头"话调控》，《浙江经济》2021年第12期。

彭必源：《中国共产党社会主义分配思想的三次大转变》，《湖北行政学院学报》2004年第4期。

齐守印、赵文海主编《财经大业——对移驻西柏坡前后中共中央统一财经进程的考察》，中国财政经济出版社，2012。

权衡：《经济新常态与收入分配：影响机制、发展趋势和应对措施》，《中共中央党校学报》2017年第5期。

权衡：《中国收入分配改革40年：实践创新、发展经验与理论贡献》，《中共中央党校学报》2018年第5期。

荣兆梓、李艳芬：《积累率政治经济学：改革开放前三十年的中国故事》，《政治经济学报》2019年第2期。

沈坤荣、施宇：《中国的"有效市场+有为政府"与经济增长质量》，《宏观质量研究》2021年第5期。

《十八大以来重要文献选编》上，中央文献出版社，2014。

史卫、李妮娜：《毛泽东的财政四问与中国共产党财政理论的构建》，《财政科学》2021年第4期。

史卫民、曹姣：《中国共产党百年征程中农村土地制度的探索与经验》，《财经科学》2021年第8期。

《斯大林全集》，人民出版社，2020。

宋湛、文魁：《中国共产党劳动思想和实践百年回顾》，《管理世界》2021年第12期。

孙健：《中国经济史——近代部分（1840—1949年）》，中国人民大学出版社，1989。

孙玲玲：《十六大以来中国共产党社会分配理论与政策研究》，硕士学位论文，山东师范大学，2009。

谭中和：《建国70年中国工资收入分配制度变迁与改革实践—历程、经验与愿景》，《中国劳动》2019年第2期。

唐茂华、陈丹：《农村土地制度变迁的政策过程及现实困境》，《农村经济》2011年第3期。

王诚尧：《建国以来税收制度的建立和改革概况（上）》，《财政研究》1983 年第 1 期。

王广深、王金秀：《论公平、效率与收入差距三位一体的辩证关系》，《经济问题探索》2007 年第 9 期。

王俊秋：《中国慈善与救济》，中国社会科学出版社，2008。

王琳：《当代中国共产党人共同富裕思想研究》，博士学位论文，北京交通大学，2014。

王明前：《中央革命根据地财政体系演变新探》，《中国经济史研究》2011 年第 2 期。

王婷、苏兆霖：《中国特色社会主义共同富裕理论：演进脉络与发展创新》，《政治经济学评论》2021 年第 6 期。

魏宏运主编《晋察冀抗日根据地财政经济史稿》，档案出版社，1990。

文铭、莫殷：《大数据杀熟定价算法的法律规制》，《北京航空航天大学学报》（社会科学版）2021 年第 5 期。

吴丰华、白永秀、周江燕：《中国共产党 90 年分配思想：阶段划分与成果梳理》，《经济学动态》2011 年第 6 期。

武力、温锐：《新中国收入分配制度的演变及绩效分析》，《当代中国史研究》2006 年第 4 期。

武力主编《中华人民共和国经济史》上册，中国经济出版社，1999。

习近平：《坚持以新时代中国特色社会主义外交思想为指导，努力开创中国特色大国外交新局面》，《人民日报》2018 年 6 月 24 日，第 1 版。

习近平：《决胜全面建成小康社会 夺取新时代中国特色社会主义伟大胜利——在中国共产党第十九次全国代表大会上的报告》，人民出版社，2017。

《习近平谈治国理政》，外文出版社，2014。

习近平：《在庆祝中国共产党成立 100 周年大会上的讲话》，《求是》2021 年第 14 期。

习近平：《在庆祝中国共产党成立 100 周年大会上的讲话》，《人民日报》2021 年 7 月 2 日，第 2 版。

习近平：《在全国脱贫攻坚总结表彰大会的讲话》，《人民日报》2021 年 2 月 26 日，第 2 版。

谢地、武晓岚：《以实现共同富裕为目标探索合理的收入分配制度——建党百年收入分配理论演进与实践轨迹》，《学习与探索》2021 年第 10 期。

徐道稳：《改革开放以来中国慈善事业的转型发展——以国家发展战略为分析视角》，《社会科学》2021 年第 1 期。

徐键：《分税制下的财权集中配置：过程及其影响》，《中外法学》2012 年第 4 期。

许银英、贺汉魂：《马克思财富分配正义思想的共享精神研究》，《政治经济学研究》2021 年第 4 期。

延安时事问题研究会编《抗战中的中国政治》，上海人民出版社，1961。

杨承训：《中国特色社会主义基本分配制度与新民生观》，《毛泽东邓小平理论研究》2016 年第 7 期。

杨德明、金淞宇、林丹滢、马晴、夏小燕：《企业实施"互联网+"能促进高质量就业吗?》，《财务研究》2020 年第 6 期。

杨和平：《中国共产党百年来土地制度的演进及启示》，《安徽行政学院学报》2021 年第 5 期。

杨志勇：《收入分配与中国个人所得税制改革》，《涉外税务》2009 年第 10 期。

叶初升、施颖：《发展经济学视野中的收入分配问题》，《江西社会科学》2005 年第 11 期。

殷承祯：《财政部军管会主任殷承祯在全国工商税制改革座谈会上的讲话国家税务总局办公厅》，载《全国税务工作会议主要领导讲话汇编（1949-1994）》，中国税务出版社，1995。

殷继国：《互联网平台封禁行为的反垄断法规制》，《现代法学》2021 年第 4 期。

尤国珍：《现代化视阈下毛泽东按劳分配思想变动的再思考》，《毛泽东思想研究》2019 年第 5 期。

于维力：《中国共产党尊重和发挥人民群众首创精神的逻辑分析》，《思想理论教育导刊》2021 年第 6 期。

余冰玉：《略论中央苏区的税收工作》，《经济研究参考》2014 年第

40 期。

曾宪斌：《改革开放后我国慈善事业复兴的审视与思考》，《新经济》2021 年第 8 期。

曾耀辉：《建党初期财税思想、政策与实践》，《中国税务》2020 年第 7 期。

张宝英：《新中国 70 年收入分配制度改革回眸与展望》，《经济研究参考》2019 年第 18 期。

张国清：《分配正义与社会应得》，《中国社会科学》2015 年第 5 期。

张晶：《中国共产党早期社会建设思想研究》，硕士学位论文，浙江工商大学，2016。

张亮：《改革开放 40 年中国收入分配制度改革回顾及展望》，《中国发展观察》2019 年第 1 期。

张亮：《我国收入分配领域改革：进展、问题及政策建议》，《发展研究》2018 年第 10 期。

张亮：《我国收入分配制度改革的历程回顾及其经验总结》，《发展研究》2016 年第 11 期。

张守文：《税制变迁与税收法治现代化》，《中国社会科学》2015 年第 2 期。

张希坡：《革命根据地的工运纲领和劳动立法史》，中国劳动出版社，1993。

张新生：《我国二元经济与多元过渡社会保障模式探析》，《农业经济》2008 年第 10 期。

赵畅：《现代化中国方案的鲜明特色和方法论意义》，《邓小平研究》2021 年第 6 期。

赵丽莎：《耕者有其田：中国共产党的土地分配与社会整合》，《老区建设》2021 年第 12 期。

赵凌云、冯兵兵：《中国共产党百年经济工作的基本经验与启示》，《中南财经政法大学学报》2021 年第 4 期。

赵凌云主编《中国共产党经济工作史（1921—2011 年）》，中国财政经济出版社，2011。

中共中央党史研究室：《中国共产党的九十年》，中共党史出版社、党建读物出版社，2016。

中共中央党史研究室：《中国共产党历史》第 2 卷（上册），中共党史出版社，2011。

《中共中央关于坚持和完善中国特色社会主义制度　推进国家治理体系和治理能力现代化若干重大问题的决定》，《人民日报》2019 年 11 月 6 日，第 1 版。

中共中央文献研究室编《建国以来重要文献选编》第 10 册，中央文献出版社，1994。

中共中央文献研究室编《建国以来重要文献选编》第 13 册，中央文献出版社，1996。

中共中央文献研究室编《毛泽东传》第 4 册，中央文献出版社，2011。

中共中央文献研究室编《改革开放三十年重要文献选编》下，中央文献出版社，2008。

中共中央文献研究室编《十八大以来重要文献选编》上，中央文献出版社，2014。

《中共中央关于全面深化改革若干重大问题的决定》，人民出版社，2013。

《中国的土地改革》编辑部、中国社会科学院及经济研究所现代经济史组编《中国土地改革史料选编》，国防大学出版社，1988。

《中国共产党第十九届中央委员会第六次全体会议文件汇编》，人民出版社，2021。

中国人民解放军政治学院党史教研室编印《中共党史参考资料》第 2 册，政治学院党史教研室印，1979。

中国社会科学院、中央档案馆编《1953—1957 年中华人民共和国经济档案资料选编（财政卷）》，中国物价出版社，2000。

中国社会科学院近代史研究所翻译室编译《共产国际有关中国革命的文献资料（1919—1928）》第 1 辑，中国社会科学出版社，1981。

中国社会科学院经济研究所中国现代经济史组：《第一、二次国内革命战争时期土地斗争史料选编》，人民出版社，1981。

中华全国总工会编《中共中央关于工人运动文件选编》下，档案出版社，1986。

中央档案馆编《解放战争时期土地改革文件选编（1945—1949年）》，中共中央党校出版社，1981。

中央档案馆编《中共中央文件选集》第 1~17 册，中共中央党校出版社，1989。

周超：《中国共产党百年农村土地政策演进及现实意义研究》，《商丘师范学院学报》2022 年第 1 期。

周秋光、曾桂林：《中国慈善简史》，人民出版社，2006。

周秋光：《现代中国社会保障制度与慈善事业 70 年发展进程及其思考》，《中南大学学报》（社会科学版）2020 年第 6 期。

周文、肖玉飞：《中国共产党百年经济实践探索与中国奇迹》，《政治经济学评论》2021 年第 4 期。

周文兴：《改革开放以来我国总体收入分配变动趋势及对策》，《经济学家》2004 年第 3 期。

周正本、朱珠、花实：《中国近代工人阶级和工人运动》第 14 册，中共中央党校出版社，2002。

朱德云、王溪：《政府转移支付对农村居民家庭消费的影响研究》，《审计与经济研究》2022 年第 1 期。

朱方明、贾卓强：《共担、共建、共享：中国共产党百年分配思想演进与制度变迁》，《经济体制改革》2021 年第 5 期。

祝晏君：《工资收入分配》，中国劳动社会保障出版社，2001。

后　记

　　分配制度是现实社会生产关系的重要组成，是影响现实社会发展与实践的重要因素。自 1921 年成立以来，中国共产党一路风雨兼程、筚路蓝缕，历经各种考验，带领全国人民不断进行社会主义建设的实践，并取得了举世瞩目的成绩，这种成绩的取得与其各个时期应时而变的分配制度不无关系。走过百年风雨征程之后，适时地总结回顾尤为必要，本书尝试在经济思想史视域下对当代中国百年分配制度的演化进行初步梳理与分析，以期抛砖引玉。

　　本书是团队合作的成果，团队成员以西北大学经济管理学院的教师及硕士研究生为主。赵麦茹副教授、何爱平教授负责全书框架设计、逻辑构建、写作指导、统筹协调等工作。具体章节写作分工如下：第一章由赵麦茹、柳冲编写；第二章由廖光杰编写；第三章由朱学佳编写；第四章由杨红丹编写；第五章由高山编写；第六章由薛娜娜编写；第七章由赵治博编写；第八章由赵麦茹、张春晓编写。

图书在版编目（CIP）数据

经济思想史视域下中国分配制度演化研究／赵麦茹，
何爱平著.－－北京：社会科学文献出版社，2023.6
　ISBN 978-7-5228-1923-5

　Ⅰ.①经…　Ⅱ.①赵…②何…　Ⅲ.①收入分配-分
配制度-研究-中国　Ⅳ.①F124.7

中国国家版本馆 CIP 数据核字（2023）第 102450 号

经济思想史视域下中国分配制度演化研究

著　　者／赵麦茹　何爱平

出　版　人／王利民
组稿编辑／周　丽
责任编辑／王玉山
文稿编辑／赵亚汝
责任印制／王京美

出　　　版／社会科学文献出版社·城市和绿色发展分社（010）59367143
　　　　　　地址：北京市北三环中路甲 29 号院华龙大厦　邮编：100029
　　　　　　网址：www.ssap.com.cn
发　　　行／社会科学文献出版社（010）59367028
印　　　装／三河市尚艺印装有限公司

规　　　格／开　本：787mm×1092mm　1/16
　　　　　　印　张：18.5　字　数：292 千字
版　　　次／2023 年 6 月第 1 版　2023 年 6 月第 1 次印刷
书　　　号／ISBN 978-7-5228-1923-5
定　　　价／128.00 元

读者服务电话：4008918866